Frank Hills

D1734442

Geheimakte Bürgerkrieg

Drohende bewaffnete Konflikte
auf deutschem Boden

Phantom Fremdenfeindlichkeit - Band 2

Allen, die an der Mitarbeit dieses Buches beteiligt waren, möchte ich an dieser Stelle nochmals einen herzlichen Dank aussprechen, darunter Georg Belau, der mir eine wertvolle Hilfe war. Sie handeln getreu der Worte unseres Herrn und Erlösers: „Sammelt euch nicht Schätze auf Erden, wo Motte und Rost sie verzehren und wo Diebe einbrechen und stehlen; sondern sammelt euch Schätze im Himmel, wo weder Motte noch Rost sie verzehren und wo Diebe nicht einbrechen und stehlen." (Mt 6, 19f)

© Verlag Anton A. Schmid
Postfach 22; 87467 Durach
Credo: Pro Fide Catholica
Druck: Eigendruck
Printed in Germany 2013

ISBN 978-3-938235-52-2
A. Schmid, Oberstr. 57, 56341 Filsen. keine Korrespondenzadresse
Internet: verlag-anton-schmid.de
Tel/Fax: 0831/2 18 95

Frank Hills

Geheimakte Bürgerkrieg

Drohende bewaffnete Konflikte auf deutschem Boden

Phantom Fremdenfeindlichkeit - Band 2

Pro Fide Catholica

„Nach der EU-Statistik-Behörde stellen von den türkischen Asylbewerbern 82 Prozent ihren Antrag in Deutschland, von den Irakern 50 Prozent. Die Hälfte aller Asylbewerber innerhalb der EU flüchten nach Deutschland."

Kurier der christlichen Mitte, Mai 1998

„Die 'offene Republik' als Voraussetzung für eine multikulturelle Gesellschaft entspringt ... der Kritik an der Nationalstaatsidee. Sie führt zu einer Auflösung des Staatsvolkes im Sinne einer Nation zugunsten eines Vielvölkerstaates. Solche Ideen leben sich sehr gut: Offene Grenzen, universale Rechte, Weltbürgertum, Verfassungspatriotismus. Das sind Worte mit positivem Beigeschmack. Wer möchte einer solchen Idee nicht folgen?

Leider handelt es sich dabei um eine Utopie. Ähnlich den kommunistischen Visionen gebricht es dieser Idee an dem, was sie möglich machen würde: den Menschen, die so empfinden, denken und wollen. Wenn die Menschen Engel wären, hätte sogar der Sozialismus funktioniert. Da sie es nicht sind, wird auch die multikulturelle Gesellschaft nicht funktionieren."

Heinrich Lummer, Deutschland soll deutsch bleiben, S. 58

„Multikulturalismus wird als Hammer benutzt, um willfährige Völker zu schmieden, die sich gehorsam der Neuen Weltordnung beugen. Der Multikulturalismus ist für die postmoderne Kriegführung eine unübertroffene Waffe, woraus sich sein heutiger Gebrauch gegen alle westeuropäischen Staaten, Kanada, Australien und Neuseeland erklärt. Willkürliche Aufsplitterung dieser Staaten in einander bekämpfende Gruppierungen und der daraus folgende Verlust nationaler Identität und nationalen Willens sind Voraussetzungen für die Errichtung der Weltregierung."

The Spotlight, Washington D. C., 18.8.97, S. 14;
zit. nach Deutschland,Folge 9/10 – 1997, S. 7

Inhaltsverzeichnis

Band 2

Band 1

* Der Bürgerkrieg wirft seine dunklen Schatten voraus

Es mehren sich aus ganz Deutschland die Stimmen, die die negativen Früchte der „multikulturellen Gesellschaft" auf den Punkt bringen. Hören wir dazu einen bezeichnenden „Hilfeschrei aus Köln-Ostheim" vom 8. März 2007: „Wir müssen leider schon viele Jahre mitansehen, wie sich unser Lebensbereich zum schlechten hin verändert und wir als Anwohner, im speziellen im Bereich der Weinheimerstraße, Heppenheimerstraße, Bensheimerstraße, kaum Möglichkeiten haben, das zu verhindern. Offenbar fehlt es den Anwohnern in Ostheim an einer entsprechenden Lobby, die dafür sorgt, daß ein über Jahrzehnte zusammengewachsenes Wohnviertel erhalten und ausreichend geschützt wird ... Seit mindestens acht Jahren muß ich mich mit der Problematik Umweltverschmutzung, Ruhestörung, rücksichtsloses Rasen, Sachbeschädigung, Einbruch, Gewalt, Drogen (Handel und Konsum), Beleidigung, Bedrohung (seit jüngster Zeit auch mit der Androhung von Brandstiftung und Schußwaffengebrauch) beschäftigen ... Die Abgeschiedenheit, die unsere Straßen unweit des Busbahnhofes offenbar bieten, zieht regelmäßig Jugendliche an, die in vielen Fällen hier bei uns Drogen konsumieren oder auch verdealen. Hierbei werden die Jugendlichen, welche fast ausnahmslos türkischer oder arabischer Herkunft sind, sehr lautstark. Beschwert man sich, bekommt man zu hören: 'Halt die Schnauze, Du Hurensohn!' Nicht immer leicht, hier sachlich zu bleiben, nach diesen vielen Jahren fast unmöglich! ...

Es kam in unseren Straßen in den vergangenen Jahren auch schon mehrfach zu einer Zusammenrottung einer großen Anzahl von Jugendlichen, so daß man das Gefühl eines Aufstandes bekommen konnte (ca. 30-40 Personen). Meine Frau bekam mit, daß es sich hier um Treffen handelte, denen dann später Massenschlägereien mit offenbar feindlichen Gangs folgen sollten ... Zustände, wie gerade in der Presse zu sehen auf Schulen in Berlin, spiegeln für mich genau diese Jugendlichen wider, wie ich sie hier aus Ostheim kenne. Köln hat dieselben Probleme, sie sind nur noch nicht öffentlich. Es sind in Berlin ebenfalls türkischstämmige und arabischstämmige Jugendliche, die den Terror verursachen [Anm.: Diese Zustände herrschen mittlerweile in vielen größeren Städten unseres Landes vor, wie zwei

Beispiele aus Frankfurt, das erste datiert vom 12. Mai 2007, zeigen: „Bei einer Schlägerei zwischen zwei Jugendgruppen ist ... im Stadtteil Höchst ein 16jähriger durch einen Messerstich in den Rücken lebensgefährlich verletzt worden. Die Auseinandersetzungen hatten in einem Lebensmittelmarkt begonnen. Markt-Mitarbeiter konnten Schlimmeres verhindern, so die Polizei."[1]

Zu einer Massenschlägerei unter Bulgaren kam es am Abend des 18. Juni 2007 in der Mainmetropole. Dabei wurde ein 23jähriger mit einem Messer schwer verletzt. „Wie die Polizei mitteilte, hatten sich rund 20 Männer in einem Park im Bankenviertel geprügelt. Danach schleppte sich der 23jährige mit zwei Stichen in Bauch und Nacken in eine Spielhalle. Zehn Personen wurden vorübergehend (!) festgenommen"[2], was die Ausländer indes nicht sonderlich zu interessieren schien, denn nur einen Tag später kam es in der Frankfurter Innenstadt erneut zu einer Massenschlägerei. „Nach Polizeiangaben prügelten sich Dutzende Bulgaren aus noch unbekanntem Grund. Sie schlugen mit Eisenstangen und Holzlatten aufeinander ein. Ein Mann wurde schwer verletzt. Beim Eintreffen der Polizei waren die Schläger schon verschwunden."[3]

Eine Meldung von vor mehr als 10 Jahren aus der Tageszeitung „Die Welt" (28.7.97) unter der Schlagzeile „Massenschlägerei in Berlin-Wedding" zeigt, wie lange solche Auswüchse des multikulturellen Zusammenlebens in Deutschland schon vorherrschen: „Eine Massenschlägerei haben sich mehrere türkische und arabische Familien in der Nacht zu Sonntag in Berlin-Wedding geliefert. Dabei wurde ein Türke durch einen Messerstich verletzt, er schwebe aber nicht in Lebensgefahr. Ein Mann wurde unter Tatverdacht festgenommen. Der Anlaß der Auseinandersetzungen war zunächst nicht geklärt. An der Keilerei in der Liebenwalder Straße beteiligten sich nach Polizeiangaben bis zu 30 Personen. Rund 150 Schaulustige verfolgten die Auseinandersetzungen. Die Polizei hatte mehr als 50 Beamte im Einsatz. Ein Polizist feuerte einen Warnschuß in die Luft ab. Drei Beamte wurden bei den Handgreiflichkeiten verletzt, zwei von ihnen mußten vom Dienst abtreten."] ...

Unzählige Häuser wurden in den vergangenen Jahren aufgebrochen und ausgeräumt. Unseres vor drei Jahren, als wir im Urlaub waren. Wir haben für die Sicherheitsschlösser alleine an Material 1500 Euro bezahlt. Seitdem verlassen wir das Haus immer mit gemischten Gefühlen. ... Nach einer heißen Diskussion, die ich mir hätte sparen können, weil sich ein 16- bis 17jähriger Türke von einem Deutschen halt nichts sagen läßt, rief meine Frau die Polizei. Ich erstattete Anzeige wegen Betreten fremden Eigentums und Bedrohung. Präzise: Es wurde mir damit gedroht, daß man mein Haus anzünden würde. Das ist bisher der Gipfel in mehr als acht Jahren Absturz eines Viertels. Ich sehe darin ganz klar die Bedrohung meines Lebens, das meiner Frau und meines Kindes! ... Ach halt, ich vergaß, wir müssen doch tolerant sein, vor allem bei Minderheiten. Bin ich nicht schon die Minderheit, wenn ich von einem Türken oder Araber als 'Scheiß-Deutscher' beschimpft werde ...

Gerade die Vorfälle aus jüngster Zeit lassen mich und meine Frau ernsthaft darüber nachdenken, in letzter Konsequenz wegzuziehen. Wir müssen dabei auch und vor allem an unseren 5jährigen Sohn denken ... Unser Sohn, der im Sommer eingeschult wird, soll nicht von seinem Kinderzimmer aus auf eine Gruppe degenerierter Jugendlicher schauen, die vor unserem Haus kiffen, sich schlagen, herumbrüllen und bei denen jedes zweite Wort 'Hurensohn' ist ... Viele andere Eltern aus Ostheim suchen schon nach Alternativen, ihre Kinder nicht in Ostheim auf die Grundschule schicken zu müssen! Warum wohl? Weil die Schulen aufgrund des hohen Ausländeranteils gar nicht mehr in der Lage sind, ihren Stoff durchzubekommen. Außerdem soll mein Kind ohne Verletzungen wieder zu Hause ankommen. In Köln-Zollstock wurden einem Erstkläßler schon in den ersten zwei Wochen zwei Zähne ausgeschlagen ...

Durch das mittägliche Pöbeln ist es meinen anderen direkten Nachbarn nicht mehr möglich, sich mittags etwas hinzulegen. Die Eheleute sind jeweils über 90 Jahre alt. Als die alte Frau, die nebenbei eine Gehbehinderung hat, zur Haustür ging, sah sie in der Toreinfahrt Jugendliche stehen, die dort Lärm machten. Als sie diese aufforderte, ihr Grundstück zu verlassen, bekam sie folgende Antwort: Halt's Maul, du alte Nazisau! Wie gesagt, die Frau ist über 90 Jahre. Der Altersschnitt ist eh sehr hoch, so daß auch sonst wenig Gegenwehr zu erwarten ist ... "[4]

Oberstaatsanwalt Roman Reusch nahm ebenfalls kein Blatt vor den Mund, als er in einem „Spiegel"-Interview (Ausgabe vom 7. Mai 2007, S. 42-46) zu der multikulturellen Wirklichkeit in der Bundesrepublik Deutschland mutig Stellung bezog: „Gehen Sie doch mal durch Berliner Viertel wie Neukölln. Da gibt es Ecken, in die sich selbst die Polizei nur noch mit mehreren Streifenwagen traut. Ein einzelner Wagen ist dort sofort von einer Menschentraube umgeben. **Die Jugendlichen betrachten die Polizei als fremde Besatzungsmacht – wie Iraker in Bagdad die Amerikaner, getreu dem Motto: 'Macht euch weg hier, das ist unser Kiez!'** ...

Die Schläger von heute nutzen nicht nur ihre Füße und Fäuste, **die greifen ohne Hemmung zum Messer. Da reicht ein schiefer Blick, und die Klinge wird gezückt.** ...

Wir haben festgestellt, daß die herkömmlichen Methoden unsere Klientel kaum erreichen. **Freizeitarbeit, Ermahnungsgespräche, Betreuungsweisung, soziale Trainingskurse, das alles perlt an denen ab. Selbst Verhandlungen vor Gericht lassen sie in gelangweilt-belästigter Attitüde über sich ergehen.** Erst wenn sie mal im Knast saßen, bessern sie sich in der Regel. ...

Wir haben schlicht und ergreifend zu viel von der falschen Sorte. ...

Knapp 80 Prozent meiner Täter haben einen Migrationshintergrund, 70 Prozent sind orientalische Migranten. Jeder Einzelne dieser ausländischen Täter hat in diesem Land nicht das Geringste verloren. Jeder, der sich in dieser Weise aufführt, verdient es, dieses Landes verwiesen zu werden. Hier sind die gesetzlichen und praktischen Möglichkeiten einfach erbärmlich gering. **Unser Gesetz strotzt von Ausweisungsschutz über Ausweisungsschutz** [Anm.: Ganz einfach aus dem Grunde, weil unsere Politiker auf Biegen und Brechen so viele Ausländer wie nur irgend möglich in Deutschland ansiedeln wollen, selbst wenn es sich bei diesen um die kriminellsten Subjekte handeln sollte!] ...

Fragen Sie mal eine Verkäuferin bei Schlecker, die schon dreimal von einer Horde jugendlicher Migranten überfallen worden ist, mit der Waffe eins übergezogen bekommen hat und jetzt jeden Morgen

Beruhigungsmittel nimmt, um weiterarbeiten zu können – weil sie es sich nicht leisten kann, nicht zu arbeiten. Das ist eine Heldin des Alltags! **Was können all die Opfer dafür, daß der Staat die Täter aus falsch verstandener Rücksicht nicht ausweist?** Ich fürchte, wir nehmen auf die Falschen Rücksicht. ...

Es gab in den zurückliegenden Jahren eine ganz klare Tendenz, dieses Problem der Migration unter den Teppich zu kehren. Man hatte wohl die keineswegs unbegründete Befürchtung, daß ein offener Umgang mit diesen Zahlen zu Fremdenfeindlichkeit führen kann."[5]

Gilles Duhem, bis Ende 2006 Quartiermanager im Berliner Rollberg-Viertel, übte in einer Ausgabe des „Focus" vom März 2007 am Umgang der Justiz mit ausländischen Jungkriminellen gleichermaßen scharfe Kritik: „Im Umgang mit solchen Kids regiert eine Mafia der Gutmenschen. Selbst brutalste Serientäter kommen immer wieder mit geradezu absurden Bewährungsurteilen davon. Araber, Türken, Ex-Jugoslawen, die mit einem völlig anderen Rechtsverständnis aufwachsen, sehen sie als Freisprüche an. Die kommen aus dem Gerichtssaal und begehen am folgenden Tag ihre nächste Straftat. Den Richtern aus der Generation der Achtundsechziger ist offensichtlich das Schicksal dieser Serienverbrecher wichtiger als das der Bürger auf der Straße. **Damit versagt der Staat bei der Aufgabe, seine Bürger vor Gewalt und Verbrechen zu schützen.**"[6]

Kein Wunder also, wenn etwa der „Focus" auf seiner Internetseite vom 5. März 2007 von einem „täglichen Terror auf Berlins Straßen" spricht, dem sich vorwiegend Deutsche ausgesetzt sehen, und hierzu ein repräsentatives Beispiel bringt, bei dem die 21jährige Jennifer P. und der 35jährige Kay L. um ihr Leben fürchteten. „Sie waren ungewollt mit Aynur E. in Streit geraten. Der junge Mann hatte die Türkin auf der Badstraße versehentlich angerempelt. Daraufhin prügelte Aynur mit ihrer Handtasche auf Kay ein und holte via Handy Verstärkung.

Das deutsche Pärchen flüchtete sich in einen Lidl-Supermarkt. 'Es dauerte keine fünf Minuten, bis unser Laden voll mit Ausländern war', berichtet Verkäuferin Denise Schmiechen. 50 junge Männer 'türkischer Nationalität', die vor dem Supermarkt tobten, zählte die Polizei. Es herrschte Lynchstimmung. Die Beamten hörten, wie aus der Menge gerufen wurde: **'Ihr lebt nicht mehr lange, wir schlitzen euch deutsche Schweine auf!'**

Die Meute drang in den Supermarkt vor. Kay L. schnappte sich einen Besen und brach ihn ab, um sich gegen die Angreifer zu verteidigen. Nur durch den Einsatz zahlreicher Beamter konnte die Situation einigermaßen beruhigt werden: Polizisten mußten den Bürgersteig räumen und das Paar aus dem Geschäft unter Rufen eskortieren, wie **'Wir bringen euch um, ihr deutschen Drecksschweine! Das ist unser Bezirk, verpißt euch!'** Für die Verkäuferinnen sind solche Beschimpfungen Alltag: 'Gerade **die jungen Ausländer beleidigen uns ständig'**, sagt Melanie Dayan. Manchmal reiche es, wenn ein Artikel ausverkauft sei."[7]

„Auch den Stadtteil Pankow hat es inzwischen erwischt: Eigentlich eine bürgerliche Gegend mit Schwimmbad direkt am Schloßpark. Der Ausländeranteil ist hier relativ gering. Doch seit zwei Jahren habe sich die Struktur der Badegäste radikal geändert, berichtet ein Mitarbeiter. 'Aus dem Wedding kommen neuerdings viele junge Ausländer.' Das hat Folgen: **Die arabischen und türkischen Jugendlichen stehen in großen Gruppen zusammen, verbreiten eine bedrohliche Atmosphäre. 'Oft pöbeln sie deutsche Jungs und Mädchen an.'**

Mit der Folge, daß diese jetzt das Pankower Bad meiden – spätestens seit im Sommer 2006 die Situation völlig eskalierte: Rund '200 jugendliche Ausländer', wie ein internes Polizeifernschreiben vermerkt, 'randalierten'. Absperrseile und Haltestangen wurden aus der Verankerung gerissen, die Schwimm-Meister mußten das Bad von der Polizei räumen lassen."[8]

Im Gegensatz zu Deutschland gibt es in Ländern wie Südafrika tatsächlich ausländerfeindliche Gewalt. Dort kam es im Mai 2008 zu einer Pogromstimmung gegen
Migranten. Mit Macheten, Knüppeln, Messern, Pistolen und selbst Kalaschnikows
durchforschten Banden Townships und Hochhäuser auf der Suche nach Einwande-
rern (das Photo zeigt Bewohner des Townships Reiger Park, die Jagd auf Ausländer machten). Dutzende Menschen wurden von den randalierenden Banden in den
armen Schwarzensiedlungen der südafrikanischen Millionenstadt massakriert,
mehr als 10 000 Menschen mußten fliehen.

Kommt es in der BRD zu einer Schlägerei, an der Deutsche und Ausländer beteiligt sind, stürzen sich Politik und Medien förmlich darauf und sprechen etwa von
„Jagdszenen auf Ausländer", so auch im August 2007 als acht Inder während eines
Altstadtfestes im sächsischen Mügeln mit Deutschen aneinandergerieten – hier
einige der indischen Beteiligten. Hinterher stellte sich heraus, daß die vermeintlichen Opfer gar nicht so unschuldig waren, wie anfangs dargestellt wurde.

(Quellenhinweise: **Oben:** Fuldaer Zeitung, 20.5.08; **Unten:** Nation & Europa,
Oktober 2007, S.9)

Die bundesdeutsche Politik braucht das Phantom Fremdenfeindlichkeit, um ständig
weitere Völkermassen ins Land holen zu können. Schließlich will sich kein Kriti-
ker dieser Praxis dem Verdacht auf „Ausländerfeindlichkeit" ausgesetzt sehen
(**links** Hunderte Einwanderer im November 1997 im süditalienischen Hafen Santa
Maria di Leuca; das **rechte Photo** vom Oktober 2001 zeigt Kurden und Afghanen
– erneut in der überwiegenden Mehrzahl junge Männer – an Bord des Frachters
„Akcan I", wo sich insgesamt mehr als 400 Flüchtlinge befanden).

Dieses Photo vom Herbst 2001 zeigt Visum-Antragsteller vor der deutschen Botschaft in Kiew. Seit Jahrzehnten dringen von allen Seiten legale und illegale Einwanderer in Europa mit dem Hauptziel Deutschland ein, was dazu führt, daß die
angestammte Bevölkerung unseres Landes in absehbarer Zeit in der Minderheit
sein wird.

(Quellenhinweise: **Oben links:** National-Zeitung, 28.11.97; **Oben rechts:** Der
Spiegel, 22.10.01, S.131; **Unten:** ebd. 10.12.01, S.27)

208

„Mehr als 80 Ausländer haben vergangene Woche in einem Berliner Freibad randaliert", stand in der „National-Zeitung" am 14. August 2009 zu lesen, woran man sehen kann, daß solche Zustände in der BRD anscheinend schon zum Alltag gehören. „Erst ein Polizei-Großaufgebot konnte die Lage beruhigen. Zuvor hatte die Gruppe andere Badegäste gefährdet, Kinder verängstigt und eine Wasserrutsche demoliert. Die Täter mußten teilweise aus dem Schwimmbad getragen werden. Anzeigen, jeweils wegen Hausfriedensbruches, laufen."[9]

Mitte Januar 2010 kam es im baden-württembergischen Geislingen zu Tumulten am dortigen Amtsgericht. „Während einer Verhandlung gegen fünf ausländische Straftäter wegen gefährlicher Körperverletzung randalierten vor der Tür 40 mehrheitlich türkische Jugendliche, viele von ihnen 'polizeibekannt'. Immer wieder versuchten sie, geladene Zeugen zu attackieren und zu bedrohen. Der Amtsrichter alarmierte verzweifelt die Polizei, die nur mit einem Großaufgebot dem Treiben ein Ende setzen konnte. Lokale Medien berichteten vereinzelt über Vorkommnisse, 'vergaßen' aber nicht selten zu erwähnen, daß es sich hier um ausländische Straftäter handelte."[10]

In einer ganzen Reihe deutscher (Groß-)Städte gibt es mittlerweile sogenannte „No-Go-Areas", also Gegenden, die die Einheimischen besser meiden sollten. „Und dunkel braucht es dort auch nicht unbedingt zu sein, um die 'multikulturelle Bereicherung' mitunter sehr handfest am eigenen Leibe erfahren zu dürfen. Die orientalisch-moslemischen Marodeure fühlen sich in ihren Biotopen oftmals schon unangreifbar – und sie sind es auch, weil sich die Polizei kaum noch ohne größere Einsatzkräfte in diese Gebiete traut.

Dort, wo die 'multikulturelle Bereicherung' die Oberhand gewonnen hat, sind die ethnischen Deutschen vogelfrei. Weiß Gott, das ist keine 'rechtsextremistische' Propagandaphrase, sondern Realität. Und die ist mancherorts mittlerweile so schlimm, daß sich sogar die SPD-nahe Presse gezwungen sieht, vorsichtig darüber zu berichten.

'Sie prügeln, treten und erpressen. Sie dealen, schüchtern Zeugen ein, bedrohen sogar Polizisten: Eine 40köpfige Jugendgang terrorisiert ein Viertel. Rund um die Straße Sonnenland in Billstedt herrscht

Angst.' Das schreibt nicht etwa die Hamburger NPD, sondern am 7. Mai 2009 die Hamburger 'Morgenpost'.

Weiter berichtete die Zeitung: 'Bereits im vergangenen Jahr hatte es zwischen der Hochhaussiedlung Mümmelmannsberg, der Steinbeker Hauptstraße und dem Sonnenland eine starke Zunahme von Gewaltdelikten gegeben. Teilweise **rivalisierende Banden von Deutsch-Russen, Afghanen, Albanern oder Türken überfielen Passanten, zettelten grundlos Schlägereien an** oder raubten Jugendlichen Geld und Handys. Es kam zu ersten Gerichtsverhandlungen. Doch viele Zeugen wollten keine Aussagen machen oder klagten über 'Erinnerungslücken'. Ein Ermittler: 'Die Bandenmitglieder hatten sie massiv unter Druck gesetzt.' Einige Täter kamen deswegen glimpflich davon.' ... **'In diesem Jahr wüteten die Täter schlimmer denn je** [Anm.: Was ein Indiz dafür ist, daß die vielbeschworene „Integration" vollkommen versagt hat!]. Kopf der mindestens 40 Mann starken Gang ist ein Türke. Wenn er im dunkelblauen VW Phaeton im Schritttempo durch «sein» Viertel rollt, verlangt er Respekt. Niemand wagt, ihm diesen zu verweigern.' ... 'Als wäre es wirklich «ihr» Viertel fahren die Gang-Mitglieder mit ihren tiefergelegten Autos Rennen in Mümmelmannsberg. Kommt die Polizei und kontrolliert einzelne Fahrzeuge, wird eine Telephonkette aktiviert. Schnell stehen die Beamten 20 jungen Männern gegenüber, die sie massiv angehen. Einen «Bürgernahen Beamten», der für Mümmelmannsberg zuständig ist, bedrohten die Schläger sogar massiv persönlich: «Sei bloß vorsichtig. Wir wissen, wo du wohnst.»'

Zwar wurde nun von der Hamburger Polizei die 'Soko Sonnenland' ins Leben gerufen, aber das kann nicht darüber hinwegtäuschen, daß die Hamburger Polizei in den Ausländervierteln nichts mehr zu melden hat. Denn die in der Regel orientalischmoslemischen Marodeure schwimmen dort wie Fische im Wasser. Insofern ist es nur eine Phrase, wenn die Polizeisprecherin Ulrike Sweden sagt: 'Wir lassen die Bildung solch krimineller Strukturen nicht zu.' ... Es liegt auf der Hand, daß dort einheimische Deutsche kaum noch vorhanden und überdies unerwünscht sind. So ist auch **antideutscher Rassismus die Begleiterscheinung der Ausländergewalt schlechthin."**[11]

Hören wir zu diesen geradezu ungeheuerlichen Zuständen nochmals den Oberstaatsanwalt Roman Reusch: „Wir müssen oft genug zähneknirschend zusehen, wie ein Täter noch mehr Menschen überfällt, demütigt, zusammenschlägt, **weil uns der Gesetzgeber daran hindert, diese Jungs einzusperren** [Anm.: Zur gleichen Zeit werden aber „Holocaustleugner" und „Volksverhetzer", also Leute, die lediglich eine von der politischen Korrektheit unerwünschte Meinungsäußerung von sich gaben, durch ganz Europa gejagt und nicht selten zu langjährigen Haftstrafen verurteilt!]. Wenn es rechtlich irgendwie möglich ist, greifen wir zur U-Haft als Erziehungsmittel. Das ist die pure Verzweiflung und weitverbreitete Praxis in Deutschland."[12]

Neben der weltweit einmaligen finanziellen Absicherung ist vor allem dieses wohlwollende Verhalten seitens der Justiz gegenüber fremdländischen Kriminellen der ausschlaggebende Grund, warum gerade unser Vaterland zum bevorzugten Einwanderungsland geworden ist und Jahr für Jahr Hunderttausende Migranten (von denen die überwiegende Mehrzahl selbstverständlich *nicht* kriminell ist!) den Weg zu uns auf sich nehmen. **„Spanien und Deutschland sind die beliebtesten Einwandererziele in Europa.** Das geht aus einer [am 19. November 2008 veröffentlichten] Statistik von Eurostat hervor. Von den drei Millionen Menschen, die 2006 in einen der 27 EU-Staaten einwanderten, zogen demnach 800 000 nach Spanien und 560 000 nach Deutschland. Bei über der Hälfte der nach Deutschland gezogenen Einwanderer handelte es sich um Bürger aus anderen EU-Staaten"[13], was indes nichts heißen soll, denn in diesen Ländern gibt es ebenfalls viele Migranten aus aller Herren Länder, die dann in die BRD weiterziehen. Über das „Phantom Fremdenfeindlichkeit" können diese Völkermassen nur lachen, denn sie wissen sehr wohl, daß Deutschland eines der – wenn nicht sogar *das* – ausländerfreundlichsten Länder der ganzen Welt ist!

Nichtsdestotrotz erreichte uns noch am selben Tag die unverschämte Forderung aus Brüssel, wo die scheinbar unantastbaren EU-Diktatoren residieren: **„Deutschland soll sich öffnen"**! „Deutschland soll seinen Arbeitsmarkt nach dem Willen der EU-Kommission vollständig [!] für Beschäftigte aus den neuen EU-Staaten öffnen. Sozialkommissar Vladimir Spidla sagte, kein Land habe schlechte Erfahrungen mit der Aufnahme von Beschäftigten aus Polen, Tschechien und anderen Ländern gemacht, die 2004 der EU beigetreten waren. Die Zuwanderung habe weder die Arbeitslosigkeit erhöht noch den Anstieg von Löhnen und Gehältern gestoppt. Bis auf Deutschland, Österreich, Belgien und Dänemark haben alle westlichen EU-Länder ihre Arbeitsmärkte für Bürger aus Osteuropa geöffnet."[14]

„Damit die EU-Bürger einen Vorgeschmack darauf bekommen, was die EU-Kommission in Brüssel nach der neuen EU-Verfassung – zur Verharmlosung jetzt nur noch «EU-Grundvertrag» genannt – plant, forderte EU-Justizkommissar Franco Frattini auf der Konferenz über die illegale Einwanderung in Lissabon, daß die EU-Einwanderungspolitik geändert werden müsse", wie die „Unabhängigen Nachrichten" bereits im Januar 2008 auf Seite 2 berichteten.

„Europa müsse in den nächsten zwei Dekaden die Tore öffnen für zusätzliche 20 Millionen Arbeiter aus Asien und Afrika.

Die EU müsse die Barrieren abbauen und statt dessen sichere Korridore für Afrikaner und Asiaten öffnen, die jetzt beim Versuch illegaler Einreise ihr Leben riskieren.

Deutschland, Italien und Ungarn bräuchten die meisten Zuwanderer, um das Geburtendefizit auszugleichen.

Die EU-Kommission sei dabei, zunächst in Mali für 10 Millionen Euro ein Informationszentrum zu errichten, in dem die Auswanderungswilligen auf die neuen Einreise- und Arbeitsmöglichkeiten in der EU hingewiesen werden sollen. Weitere solcher Einrichtungen sollen in anderen Ländern folgen. Frattini: «Wir dürfen **die Einwanderung** nicht als Bedrohung betrachten, sondern **als Bereicherung und als unvermeidliches Phänomen der heutigen Welt.**»"[15]

Wie es dann am 20. November 2008 hieß, will das EU-Parlament diese Massenzuwanderung immer mehr erleichtern. „Die Europäische Union will die Einwanderung hochqualifizierter [sic!] Arbeitnehmer aus Ländern außerhalb [!] der EU erleichtern. Das EU-Parlament stimmte gestern für Mindestanforderungen für eine sogenannte 'Blue Card', die etwas strenger ausfielen als von der EU-Kommission vorgesehen.

In dieser Frage hat das EU-Parlament allerdings nur eine beratende Rolle. Das letzte Wort haben die EU-Regierungen, die in der kommenden Woche abschließend darüber entscheiden wollen.

Die europäische 'Blue Card' soll ab 2011 eingeführt werden. Voraussetzung für die kombinierte Aufenthalts- und Arbeitsgenehmigung sollen ein Hochschulabschluß oder eine fünfjährige Berufserfahrung sein. Die 'Blue Card' erhält nur derjenige, der ein Arbeitsangebot vorweisen kann. Sein Gehalt soll dabei 1,7mal über dem durchschnittlichen Bruttojahreslohn des betreffenden EU-Landes liegen."[16]

„**EU will Asylrecht verbessern**", titelte die Presse nur zwei Wochen später. „Die EU-Kommission will das europäische Asylrecht so ändern, daß **Asylbewerber spätestens nach sechs Monaten eine Arbeitserlaubnis** bekommen [Anm.: Bislang gilt eine Frist von zwölf Monaten!]. Die gestern verabschiedeten Vorschläge sollen auch die Bearbeitung von Asylanträgen und den Austausch von Fingerabdrücken zwischen nationalen Behörden ändern. Die bestehenden Regeln stoßen immer wieder auf Probleme"[17], stand am 4. Dezember 2008 in der Presse zu lesen.

Zugleich stellte die EU-Kommission eine Richtlinie vor, „die eine weitgehende **Gleichbehandlung der materiellen Leistungen für Asylbewerber mit den Sozialleistungen der Mitgliedstaaten an ihre Staatsangehörigen** vorsieht. ... 'Die Bundesregierung sieht den Kommissionsvorschlag insgesamt eher kritisch', erklärte ein Sprecher des Bundesinnenministeriums auf Anfrage. Eine Angleichung der Leistungen an die den eigenen Staatsangehörigen gewährte Sozialhilfe würde die unterschiedliche Behandlung der Asylbewerber innerhalb der EU weiter verstärken. Vielmehr sollten europaweite Standards das Existenzminimum der Asylbewerber sicherstellen und verhindern, daß diese innerhalb Europas einen anderen Staat aufsuchten.

Das Ministerium verwies darauf, daß die Verhandlungen über die Richtlinie der Kommission erst begonnen hätten. Es gebe noch intensiven Beratungsbedarf. 'Das gilt auch für Fragen des Arbeitsmarktzugangs.'

Der innenpolitische Sprecher der Konservativen im EU-Parlament (EVP), Weber, sagte 'Bild am Sonntag': **'Millionen Menschen in Deutschland haben Angst um ihren Arbeitsplatz, und da will die EU Flüchtlinge früher auf den Arbeitsmarkt lassen. Das kann man doch niemandem erklären!'** Als Konsequenz aus der Richtlinie bekämen alle Asylbewerber Hartz IV – 'mit allen Zusatzleistungen'."[18]

„Der niedersächsische Innenminister Uwe Schünemann argumentierte: 'Das europäische Vorhaben, die Leistungsansprüche von Asylbewerbern auf das nationale Sozialhilfeniveau anzuheben, ist der falsche Weg.' Von der Neuregelung gehe eine Sogwirkung aus: 'Je höher die Sozialleistungen in einem Mitgliedsstaat, um so attraktiver wird er für die Asylbewerber innerhalb der EU', sagte der CDU-Politiker der Zeitung. Weber sagte: **'Wer die Leistungen für Flüchtlinge so massiv ausweitet, der erzeugt ja neue Anreize, die Heimat zu verlassen.'**"[19] Das, lieber Herr Schünemann, ist ja auch das beabsichtigte Ziel hinter solchen Richtlinien und Gesetzen, was auch Sie wissen könnten, wenn Sie sich etwa mit den Schriften des Coudenhove-Kalergi beschäftigt hätten, der bekanntlich bereits 1925 nichts weniger als eine „eurasisch-negroide Zukunftsrasse" für Europa forderte!

Die Schlagzeile „EU will sich für Flüchtlinge öffnen" vom 3. September 2009 macht ebenfalls deutlich, daß die Errichtung eines europaweiten multikulturellen Superstaates ein Hauptanliegen der Brüsseler Diktatoren ist. „Europa soll sich nach dem Willen der EU-Kommission stärker für notleidende Flüchtlinge aus Krisengebieten öffnen. Die freiwillige Aufnahme von Schutzbedürftigen werde den Kampf gegen illegale Einwanderung legitimieren, erklärte EU-Innenkommissar Jacques Barrot in Brüssel. Nach UN-Schätzungen müssen 2010 weltweit 200 000 Menschen umgesiedelt werden, weil sie in ihren Zufluchtsländern keinen richtigen Schutz gefunden haben."[20]

„Immer mehr Asylbewerber in Deutschland" lautete am 15. Juli 2009 eine Schlagzeile im Internet. „In den ersten sechs Monaten des Jahres ist die Zahl der Asylbewerber in Deutschland angestiegen. Nach Angaben des Bundesinnenministeriums wurden 12 454 Asylanträge bei den Behörden gestellt. Das sind 13 Prozent mehr als im ersten Halbjahr 2008.

Jeder vierte kommt aus dem Irak (3168), die zweitgrößte Gruppe bilden inzwischen die Flüchtlinge aus Afghanistan (1120). Danach folgen Asylbewerber aus der Türkei und dem Kosovo.

Die Zahlen belegten eindeutig, daß Deutschland weiterhin einen wichtigen humanitären Beitrag in der EU und der internationalen Staatengemeinschaft leiste, erklärte das Innenministerium [Anm.: Mit anderen Worten, daß die Deutschen im Gegensatz zu anderen Völkern für ausländische Interessen weiterhin verhältnismäßig stark geschröpft werden!].

Das zeige sich vor allem an der Aufnahme von Asylbewerbern aus dem Irak. Insgesamt seien seit Juli 2007 mehr als 13 000 Flüchtlinge aus der Region aufgenommen worden, darunter auch Christen und andere Angehörige religiöser Minderheiten im Irak.“[21]

Hätte es keine anglo-amerikanischen Angriffskriege auf Afghanistan und den Irak gegeben, an denen selbstverständlich auch die jeweiligen Bundesregierungen in der einen oder anderen Weise beteiligt waren, müßten diese armen Menschen nicht um die halbe Welt reisen, um in der Bundesrepublik Deutschland Zuflucht zu suchen.

„Bereits 57 000 illegale Einwanderer seit Jahresbeginn“, vermeldete die Presse am 10. August 2009 über den andauernden Strom von Flüchtlingen nach Griechenland. „Allein im ersten Halbjahr 2009 wurden nach Angaben des Innenministeriums von Athen 57 000 'illegale Zuwanderer' in Griechenland aufgegriffen. Die meisten Flüchtlinge stammen aus Staaten des Nahen und Mittleren Ostens sowie aus Ostafrika. Die Lage in den Flüchtlingslagern auf den Ostägäis-Inseln Samos, Chios und Lesbos sowie an der griechisch-türkischen Grenze sei nach Berichten der Athener Presse 'dramatisch'. **Die Bootsflüchtlinge fordern, so schnell wie möglich nach Westeuropa** [Anm.: sicherlich in erster Linie nach Deutschland!] **gebracht zu werden**, hieß es.“[22]

Und von Tag zu Tag werden es mehr: „Innerhalb weniger Stunden haben etwa 135 Immigranten die Mittelmeerinseln Malta und Sizilien erreicht. 80 afrikanische Flüchtlinge kamen in zwei Booten auf Malta an. Unter ihnen 14 Frauen, drei von ihnen hochschwanger, und ein siebenjähriger Junge [Anm.: Bei rund 80 Prozent dieser illegalen

Einwanderer handelte es sich also um Männer, was natürlich voll und ganz der Zielsetzung des berüchtigten „Hooton-Planes" entspricht, der, wie bereits erwähnt, die „Einwanderung und Ansiedlung nicht-deutscher Staatsbürger, speziell männlicher" vorsah!]. In Syrakus an Siziliens Südostküste waren am Mittwochabend rund 55 Immigranten angekommen", wie die Frankfurter Rundschau am Freitag, den 28. August 2009 mitteilte.

Mitte November des gleichen Jahres entdeckte die Polizei bei einer Kontrolle auf der A45 in der Nähe von Butzbach (Wetterau) gleich 22 Rumänen in einem Kleinbus. „Die sechs Monate bis 56 Jahre alten Reisenden [Anm.: So kann man Migranten auch bezeichnen!] waren in dem für neun Personen zugelassenen Fahrzeug auf der Rückfahrt von Rumänien ins Ruhrgebiet, berichteten die Behörden am Montag."[23]

Bereits im Oktober 2001 war zu erfahren, daß ein nicht endender Strom von Flüchtlingen sich von Asien in Richtung Europa bewegte. „An den türkischen Küsten warten derzeit Zehntausende auf eine Gelegenheit, nach Griechenland oder Italien übersetzen zu können. Täglich wächst das Heer der Neuankömmlinge: Die Hilfsorganisation Ärzte ohne Grenzen in Athen erwartet 'in den kommenden Monaten an die 200 000 Menschen'. Griechenlands Regierung rechnet sogar mit mehr als einer Million.

Die Flüchtlinge sind vor allem Kurden aus dem Irak und Afghanen."[24] Die Leute stammen also gerade aus jenen beiden Ländern, die im Zuge des „Kriegs gegen den Terror" von ihren jeweiligen Regimes „befreit" werden sollten!

Angesichts solcher Meldungen ist es kein Wunder, wenn der christliche Sozialphilosoph Prof. Dr. Günter Rohrmoser im Interview mit der österreichischen Zeitschrift „Der Eckart" (Juni 2005) zu der Erkenntnis gelangte: **„Dieses (deutsche) Volk gibt es ja bald nicht mehr, es wird als Souverän** [Anm.: von seiner eigenen Regierung!] **ausgetauscht** gegen eine inhaltlich ausgehöhlte Mehrheitsgesellschaft. Das bedeutet auch, daß das, was heute Mehrheit ist, morgen Minderheit sein kann ... Man braucht in eine in Auflösung begriffene Kultur oder Nation niemanden mehr zu integrieren. Der Islamismus könnte sich angesichts des herrschenden Wertecocktails sogar noch als mögliche Alternative erweisen ... Leider erinnert heute vieles an die Weimarer Zeit, daher kann man zusammenfassend von der **Dekadenz der Apokalypse des deutschen Bürgertums** sprechen."[25]

Bereits in seinem im Jahr 1998 erschienenen Buch „Ein Volk im Wahn – Wer will die Deutschen krank?" warnte Gustav Sichelschmidt auf Seite 166f; (Herv. hinzugefügt) eindringlich davor, daß wir Gefahr laufen, „über kurz oder lang auch noch die letzten Reste unserer nationalen Identität einzubüßen und in ein **diktatorisches Weltherrschaftssystem** integriert zu werden. Wenn nicht noch in zwölfter Stunde ein spontaner Aufstand der Nationen die Pläne der **von den Alliierten ferngelenkten Politiker und Medienmacher** unterläuft, können wir die deutsche Geschichte zu den Akten legen. Was man bisher noch als stümperhafte Fehlleistung des Bonner 'Establishments' ansehen konnte, entpuppt sich immer mehr als zielgerichtete Strategie mit dem Endziel der erbarmungslosen Auslöschung unseres Landes."

Es ist also eine unbestreitbare Tatsache, daß die Deutschen nicht nur immer mehr zu Fremden im eigenen Land werden, sondern in absehbarer Zeit sogar aussterben werden! **„Seit 1991 gibt es in Deutschland jedes [!] Jahr mehr Sterbefälle als Geburten."**[26] (Allein im Jahre 2005 lag die Zahl der Toten um 140 000 über der der Neugeborenen.)

Kein Wunder also, daß unser Land nach Angaben von Bundesfamilienministerin Ursula von der Leyen um 2035 weltweit das Land mit der ältesten Bevölkerung sein wird, wie am 3. Februar 2007 im „ARD-Text" auf Seite 162 zu lesen war.

Von daher ist es wiederum nur zwangsläufig, daß neuerdings „Seniorenspielplätze" im Kommen sind. „Nicht auf der Parkbank, sondern auf Schaukeln oder Fitneßgeräten sollen deutsche Senioren künftig ihre Freizeit verbringen. Während die Bundesregierung [Anm.: angeblich!] über Anreize zum Kinderkriegen grübelt, sehen Kommunalpolitiker den Tatsachen schon ins Gesicht: Sie planen Senioren- statt Kinderspielplätze.

Den ersten Vorstoß wagt die Stadt Nürnberg. Geplant sind dort bis 2008 unter anderem Spielflächen für Federball, Boule, eine Kartenecke und Großfiguren-Schachfelder für die älteren Herrschaften, aber auch Kindergeräte wie Schaukeln und Rutschen sind kein Tabu", so die gleiche Quelle am 13. März 2007 (S. 157).

Im Gegensatz zu Deutschland erlebt Afrika, wie Ende August 2009 zu erfahren war, „eine wahre Bevölkerungsexplosion. Kürzlich wurde die Milliardengrenze überschritten. Dabei beträgt der Anteil der Menschen unter 15 Jahren sage und schreibe 41 Prozent. Damit sind dort erhebliche Probleme verbunden, weil insbesondere die Armut weiter ansteigen wird. Zum Vergleich: Die deutsche Bevölkerung in der Bundesrepublik schrumpft und schrumpft zahlenmäßig, die Geburtenzahl geht immer weiter zurück. Herrschenden Politikern gefällt seit Jahren **die Vision, entstehende 'Bevölkerungslücken' mit Fremden 'aufzufüllen'.** Gleichzeitig wiederum bahnt sich auf Dauer **ein gigantischer Armuts-Flüchtlingsstrom aus Afrika** an. Eines der Hauptzeile: Europa und hier speziell auch Deutschland."[27]

Zusammengefaßt läßt sich mit Fug und Recht behaupten, daß das Leben in der Bundesrepublik des Jahres 2009 von einem beispiellosen Niedergang des deutschen Volkes geprägt ist, das sich in weiten Teilen scheinbar schon längst selbst aufgegeben hat und sich für politische Hintergründe (und erst recht für theologische Fragen!) gar nicht mehr zu interessieren scheint. Wie sonst sollte es zu erklären sein, daß gerade die jährlich zu verzeichnenden vielen Fälle von brutaler Ausländerkriminalität kaum noch Empörung hervorrufen? Um ein letztes Mal deutlich zu machen, wie lange diese Zustände bei uns flächendeckend schon vorherrschen, nochmals einige repräsentative Meldungen, beginnend im Jahr 1992:

„Zittau. Schwarzafrikanische Asylbewerber erstachen in der Nacht vom 4. zum 5. Juli den 18jährigen Holger Müller aus Olbersdorf. Der Mordtat waren Schlägereien zwischen Einheimischen und Schwarzen vorausgegangen. Die Verdächtigen wurden nach kurzer Vernehmung freigelassen und mit Polizeitaxis in ein anderes Asylheim gebracht. (*Bürgerforum*, 7/8-1992.)

Wiesbaden. Neun Frauen wurden seit Februar in Wiesbaden vergewaltigt, jetzt hat die Polizei den Täter gefaßt. Es handelt sich um einen rumänischen Zigeuner. (*Frankfurter Allgemeine*, 6.8.1992.)

Bernburg. In einem Wald vergewaltigten fünf rumänische Asylbewerber ein 13jähriges Mädchen nacheinander. Die Täter im Alter von 19 bis 23 Jahren wurden von der Dessauer Polizei festgenommen. (*Mitteldeutsche Zeitung*, 8.8.1992.)

Hanau. Wegen Raubmordes an einer 83 Jahre alten Frau wurde jetzt in Hanau ein 25jähriger Tscheche zu lebenslanger Freiheitsstrafe verurteilt. (*Frankfurter Allgemeine*, 22.7.1992.)

Geisenheim. Den Messerstecher, der nachts einen 34 Jahre alten Mann am Rücken verletzte, hat die Polizei jetzt als einen 26 Jahre alten indischen Asylbewerber identifiziert. (*Frankfurter Allgemeine*, 16.7.1992.)

Darmstadt. Zwei Somalis wurden vom Landgericht Darmstadt verurteilt, weil sie eine 19jährige Frau, die sich gegen ihre Annäherungsversuche gewehrt hatte, vergewaltigten. Später trafen sie das Opfer noch einmal und vergewaltigten es erneut. (*Frankfurter Neue Presse*, 3.7.1992.)

Görlitz. In einem Handgemenge haben drei Schwarzafrikaner einen jungen Deutschen erstochen. Der leitende Staatsanwalt behauptete, sie hätten in Notwehr gehandelt. Er wird wahrscheinlich keine Anklage gegen sie erheben. (*Frankfurter Allgemeine*, 9.7.1992.) ...

Dortmund. Nach dem Bundesliga-Spiel Borussia Dortmund gegen Schalke 04 wurde ein 24jähriger Fußballfan aus Lünen/Westfalen von einem 19jährigen Türken mit einem Messer erstochen. (*Die Welt*, 24.8.1992.)"[28]

„Keine Lichterketten, keine Schlagzeilen in der überregionalen Presse, keine Betroffenheitsbekundungen der Politiker – denn das Opfer war ja wieder einmal 'nur' Deutscher", beklagte „Nation & Europa" im Oktober 2009 (S. 42f) zu einem weiteren abscheulichen Fall von Ausländergewalt, der sich in diese Mord-Liste nahtlos einfügt, und konkretisierte: „Diesmal traf es einen 18jährigen in Schöppingen im Westmünsterland, der auf der Heimkehr von einer Party von einem 28jährigen Asylbewerber erstochen wurde.

Zwar, der Schock in der 8000-Seelen-Gemeinde sitzt tief. Wie üblich in vergleichbaren Fällen werden am Ort des Geschehens Kerzen aufgestellt und Blumen niedergelegt. Freunde und Bekannte finden sich ein, um zu trauern. Den örtlichen Pfarrer treibt freilich etwas anderes um: nämlich festzustellen, daß es sich um einen 'Einzelfall' gehandelt habe und daß man 'ausländerfeindliche Ressentiments' bei den Jugendlichen unterdrücken müsse. '«Man darf nichts verallgemeinern», so der Pfarrer. «Wir haben versucht, das mit einigen Jugendlichen aufzuarbeiten. Ich hoffe, daß uns das gelungen ist und sie von ausländerfeindlichen Parolen absehen werden.»'

Ähnliche Bemühungen gegen inländerfeindliche Parolen sucht man vergebens. Im Gegenteil. Wird irgendwo ein Ausländer das Opfer deutscher Täter, sind sofort Verallgemeinerungen zu hören: Die Deutschen schafften es einfach nicht, sich von fremdenfeindlichen Ressentiments zu lösen, und diese Vorurteile kämen direkt aus der Mitte der Gesellschaft. Es fehle an Sensibilität und Mitgefühl."

Und so gehen die von Migranten an Deutschen begangenen Morde unvermindert weiter: „Zwei Wochen nach dem gewaltsamen Tod einer Dresdner Abiturientin ist der mutmaßliche Täter laut Polizei und Staatsanwaltschaft in Frankreich festgenommen worden. Dem 32jährigen aus Pakistan wird vorgeworfen, die 18jährige in Dresden getötet zu haben. Die Leiche war am 16. Dezember [2009] im Wohnheimzimmer des Mannes gefunden worden."[29]

Das neue Jahr begann gleich so wie das alte aufgehört hatte: „Polizist in Berlin getötet"[30] lautete eine Schlagzeile vom 3. Januar 2010. „Im Berliner Bezirk Wedding ist ein Polizeibeamter niedergestochen worden. Nach einem Pressebericht hatte der Polizist außer Dienst an einem Geldautomaten Bargeld abgehoben, als er von einer Gruppe Unbekannter angegriffen wurde.

Dem Notarzt soll er noch gesagt haben, Araber oder Türken hätten Geld gefordert und sofort zugestochen. Wie weiter berichtet wurde, wurde der Beamte im Herzbereich getroffen und sofort im Krankenhaus notoperiert. Die Mordkommission ermittelt."[31]

Sechs Tage später las man in der Presse von der Anklageerhebung der Frankfurter Staatsanwaltschaft gegen einen 29jährigen Deutsch-

Polen, weil er einen 55jährigen in dessen Wohnung erwürgt und dann in eine Bio-Tonne gesteckt hatte. „Dem Obdachlosen wird vorgeworfen, seinen Gastgeber im Frankfurter Westend im März vergangenen Jahres ermordet zu haben. Der 55jährige hatte in seiner Wohnung den 29jährigen offenkundig aus Mitleid aufgenommen.

Als der Gast auch noch eine Freundin in der Wohnung unterbringen wollte, hatte es Streit zwischen den Männern gegeben. Laut Anklage erwürgte der erheblich betrunkene 29jährige das Opfer mit bloßen Händen und steckte die Leiche daraufhin in eine Bio-Tonne, die mehrere Monate lang unbemerkt auf dem Balkon der Wohnung stand. Erst als der Vermieter die Wohnung räumen ließ, wurde die Leiche entdeckt.

Der Angeschuldigte verbüßte zu diesem Zeitpunkt bereits eine andere Haftstrafe wegen Raubüberfällen. Davor war er längere Zeit auch in einem psychiatrischen Krankenhaus."[32]

Wie wir gesehen haben, werden Jahr für Jahr zahlreiche Deutsche von Zuwanderern grausam malträtiert oder sogar ermordet – **alles in allem soll die Ausländerkriminalität jährlich etwa 600 bis 700 deutsche Todesopfer fordern** – und unsere Obrigkeit schweigt sich demgegenüber beharrlich aus, da diese Tatsache nicht so recht in das Bild des neu zu errichtenden weltumspannenden Turmbaus zu Babel (der seinen Mittelpunkt im ehemaligen christlichen Abendland haben soll) passen mag! Dabei fallen solchen Kriminellen zunehmend die Schwächsten unserer Gesellschaft zum Opfer und werden von ihnen sogar auf abscheulichste Weise gefoltert. So mußte sich vor dem Landgericht Limburg seit 20. Januar 2003 ein Ehepaar wegen Mordes an einem Rentner verantworten. „Der 30jährige Tunesier soll zusammen mit seiner 23jährigen deutschen Frau im vergangenen Juli einen 67 Jahre alten Mann in dessen Wohnung getötet und beraubt haben. Laut Anklage wollte sich das Paar bei dem Rentner Geld beschaffen."[33]

Der Raubüberfall, bei dem in Fulda eine 82jährige Anfang September 2003 in ihrer Wohnung brutal mißhandelt wurde, ist aufgeklärt. „Nach umfangreichen Ermittlungen nahm die Kripo zwei Tatverdächtige fest, wie sie [am 30. Oktober 2003] mitteilte.

Bei ihnen handelt es sich um einen 23jährigen Iraner sowie dessen 20jährige türkische Freundin. Der arbeitslose Fuldaer ist bei der Polizei als aggressiv bekannt."[34] (Wie viele Migranten leben eigentlich in Deutschland, die bei der Polizei „als aggressiv bekannt" sind, aber trotzdem nicht hinter Schloß und Riegel verschwinden bzw. aus unserem Land auf Nimmerwiedersehen verabschiedet werden?)

„Unfaßbare Abscheulichkeit und Brutalität legten zwei Verbrecher aus Litauen und der Ukraine gegenüber einer 86jährigen in Köln an den Tag", schilderte die „National-Zeitung" in ihrer Ausgabe vom 4. Oktober 2002 einen anderen Vorfall. „Die beiden Männer im Alter von 19 und 24 Jahren waren im August in die Wohnung der alten Dame eingebrochen. Über einen längeren Zeitraum folterten [!] sie die Greisin auf bestialische Weise, schlugen und traten immer wieder auf sie ein. Grete L. überlebte das Martyrium nicht. Kürzlich starb sie an den Folgen der widerwärtigen Gewalttat.

Die 58jährige Tochter, die tagelang unter Tränen am Krankenbett ihrer Mutter gesessen hatte und das Geschehene noch gar nicht fassen kann, berichtete: 'Sie war nicht mehr ansprechbar. Wenn jemand an ihr Bett kam, murmelte sie nur: «Bitte nicht schlagen, nicht schlagen».'

Die beiden Ausländer hatten die hilflose und gebrechliche 48-Kilo-Greisin in geradezu sadistischer Weise gequält. Sie wurde von den Einbrechern so gewaltsam ins Gesicht getreten, daß ihre Zahnprothese im Mund in Stücke brach. Obwohl die alte Frau, die weder größere Geldsummen noch Schmuck oder sonstige Wertgegenstände besaß, nicht den geringsten Widerstand leisten konnte, ließen die Täter nicht von ihr ab. Daß die Greisin schließlich von den Peinigern befreit wurde und die Polizei die Verbrecher festnehmen konnte, ist einem aufmerksamen Anwohner zu verdanken.

Der Horror-Überfall hatte der 86jährigen jedoch so schwere körperliche und seelische Schäden zugefügt, daß sie ihre Wohnung verlassen und in ein Pflegeheim eingewiesen werden mußte. Dort verweigerte sie Essen und Trinken und gab jeden Lebenswillen auf.

Ob sich die ausländischen Gewalttäter für den Tod der Rentnerin verantworten müssen, ist noch fraglich. Mitteilungen zufolge werde dies seitens der Staatsanwaltschaft nun 'geprüft'. Derzeit sitzen die brutalen Verbrecher in Untersuchungshaft. 'Der 24jährige war illegal in Deutschland und bereits zu zwei Jahren auf Bewährung [!] wegen Einbruchs verurteilt', wird in einer Notiz zum Fall bemerkt.‶[35] Damit hat die deutsche Justiz maßgeblichen Schuldanteil an diesem Verbrechen.

Schrecklich auch das Martyrium der 80 Jahre alten Witwe Agnes W., die in einer kleinen Wohnung in Mönchengladbach wohnt. Dort wurde sie Ende Juli 2007 von einer Bande Kinder und Jugendlicher auf beispiellose Weise über mehrere Tage gequält und tyrannisiert. Als sie die Polizei schließlich fand, war sie völlig verängstigt und verwirrt. „Sie habe nur 'geweint und gewimmert', notierten die Beamten in einem Vermerk. Zu einer Vernehmung, stellten sie fest, sei die gebrechliche Seniorin 'nicht in der Lage'.

Die alleinstehende, an Demenz leidende Frau, die vor fünf Jahren ihren Mann verloren hat, wurde von einer Jugendbande überfallen. Zehn Kids, der Jüngste gerade mal fünf Jahre alt, der Älteste 19, sollen die alte Dame vorvergangene Woche in ihren eigenen vier Wänden mindestens zwei Tage lang tyrannisiert und gequält haben. Selbst erfahrene Ermittler verbergen ihr Entsetzen nicht. **'In meinen 30 Dienstjahren habe ich so etwas noch nicht erlebt'**, klagt Oberstaatsanwalt Peter Aldenhoff [Anm.: Immer wieder zeigen sich Polizisten und Justizbeamte über die von einigen der von unseren eigenen Politikern permanent ins Land geholten Zuwanderer an den Tag gelegte Brutalität regelrecht schockiert!].

Das Polizeiprotokoll berichtet schlicht von Folter: Die Kinder prügelten auf die wehrlose Frau ein. Sie urinierten auf ihren Kopf und schmierten anschließend Asche in ihre Haare. Die ganze Wohnung, so die Fahnder, war mit Kot und Urin verdreckt. Das jüngste Mitglied der Gang, ein Fünfjähriger, urinierte laut Vernehmung in den Kühlschrank.

'Alles war komplett vollgesifft', so Aldenhoff. Die Bande wütete zügellos. Der 16jährige Harun T. gab zu, Hundekot in das Marmeladenglas der Greisin gefüllt zu haben. In das Sprudelwasser des Opfers sollen die Krawall-Kids Chlorreiniger gemischt haben. Die Verhöre ergaben zudem, daß ein zehn Jahre alter Kumpan dem Wellensittich der Frau ein Bein ausriß und das Tier anzündete.

Die Quäl-Orgie hat ihre, so ein Fahnder, 'perfide Vorgeschichte'. Bevor es zu dem Ausbruch der Gewalt kam, ging die Kinderbande in der Wohnung der 80jährigen Witwe ein und aus. Die Kleinen hatten der Rentnerin angeboten, ihr im Haushalt zu helfen. Sie nahm das dankend an. Doch statt ihr zur Hand zu gehen, sollen die Burschen ihr Opfer bestohlen haben. … Zu den Exzessen kam es laut Polizeisprecher Peter Spiertz, als Agnes W. bemerkte, daß einer der Jungen ihr eine Uhr stehlen und sie den Dieb rauswerfen wollte. 'Da ist die Situation eskaliert', sagt der Beamte.

Zu den Rädelsführern zählen die Ermittler die zwölf und 13 Jahre alten Brüder Gentrit und Spresim L., die mit ihren Eltern vor Jahren aus dem Kosovo nach Mönchengladbach kamen. Im Jugendamt der Stadt sind die beiden bestens bekannt, weil sie oft prügelnd durch die Straßen zogen … Gegen die meisten Kids aus der Brutalotruppe müssen die Verfahren eingestellt werden, weil sie unter 14 Jahre und damit strafunmündig sind. …

Die alte Frau will auch nach den schrecklichen Tagen in ihrer Wohnung bleiben, in der sie seit 40 Jahren lebt. Sie habe Angst vor dem Altenheim, erzählt sie. Deshalb habe sie über das Martyrium geschwiegen. Erst eine Einkaufshilfe, die das Chaos bemerkte, schlug Alarm."[36]

Übrigens: Um vom sogenannten Migrations-Hintergrund eines ausländischen Straftäters abzulenken, werden solche Kriminelle in vielen Fällen etwa als „Deutsch-Russen", „Deutsch-Türken", „Deutsch-Äthiopier" usw. ausgegeben, wobei die Betonung natürlich auf *Deutsch* liegt.

Stellvertretend dafür ist ein Verbrechen, daß sich am 8. Mai 2006 im Jungfernheidepark in Berlin-Charlottenburg ereignete. Dort sollen vier Jungen – ein 14jähriger Deutsch-Angolaner, ein ebenfalls 14jähriger Deutsch-Russe und zwei 13 und 15 Jahre alte Deutsch-Türken – eine 16jährige Schülerin angepöbelt haben: „'Was ist los, fi ... oder was?' Sie ließen das leicht sprach- und lernbehinderte Mädchen vorbei. Eine Stunde später begegnete die Schülerin den Jungs erneut. Diesmal blieb es nicht bei Anmache!

'Sie haben mich ins Gebüsch gezerrt', sagte Christina [Anm.: Name geändert] der Berliner 'Sonntags-BZ'. Und weiter: 'Sie fielen über mich her. Ich war wie gelähmt, konnte nicht schreien.'

Nacheinander sollen sich die vier Jungen an ihr vergangen haben. Dabei sollen sie gelacht, ihr Opfer verhöhnt und der jüngste Täter die brutale Vergewaltigung mit einem Video-Handy gefilmt haben! Fast zwei Stunden soll das gedauert haben, was die Berliner Polizei als 'Gruppenvergewaltigung' einstuft.

Erniedrigt, verletzt und gedemütigt stellte sich Christina zu Hause unter die Dusche. Dann ging sie ins Bett. Ihrer Mutter vertraute sie sich zunächst nicht an: 'Ich hatte Angst, daß sie schimpft.' Erst einen Tag später beichtete sie alles einer Freundin, dann der Familie. Sie kam ins Krankenhaus. Dort stellten Ärzte Verletzungen im Intimbereich fest und sicherten DNA-Spuren (Sperma). ...

Die Beschuldigten sollen währenddessen auf dem Schulhof mit den Videoaufnahmen vor ihren Kumpels geprahlt haben", so die „Bild"-Zeitung in ihrer Ausgabe vom 15. Mai 2006.

Nicht zuletzt angesichts des von der Obrigkeit stillschweigend zur Kenntnis genommenen, immer schneller voranschreitenden multikriminellen Chaos in unserem Lande muß die dringende Frage gestellt werden:

* Droht den Deutschen das gleiche Schicksal wie den Serben des Kosovo?

Dazu muß man wissen, was sich in Serbiens südlichster Provinz im Jahre 1999 wirklich abspielte. Am 24. März jenes Jahres brachen die Oberen der Weltpolitik einen Krieg gegen das serbische Volk vom Zaun, da sich dieses seit Monaten hartnäckig weigerte, den Vorgaben der Neuen Weltordnung Folge zu leisten. Der zwei Jahre zuvor demokratisch zum Staatspräsidenten gewählte Slobodan Milosevic wurde vor aller Welt unter anderem als „Gewaltherrscher", „Schlächter", „Despot" und „Diktator" diffamiert, der gegenüber der albanischen Minderheit des Kosovo eine „ethnische Säuberung" durchführe. Ihn galt es mittels des bis zum 10. Juni 1999 andauernden Kosovo-Krieges in die Knie zu zwingen. „An dem von NATO-

Luftstreitkräften ohne Einsatz von Bodentruppen geführten Luftkrieg (Operation Allied Force) waren anfänglich 430 Flugzeuge beteiligt. Durch den unvorhergesehenen langen Kriegsverlauf mußten aber bis Kriegsende insgesamt 1200 Kampfflugzeuge von 14 NATO-Mitgliedstaaten mobilisiert werden."[37]

Man muß wissen, daß das Kosovo das Herzstück Serbiens ist und für dieses Volk bis zum heutigen Tage eine ganz besondere geschichtliche Bedeutung hat: Vor rund 600 Jahren überfielen die islamischen Horden Europa und verbreiteten in vielen Ländern Angst und Schrecken. Jeder, der sich weigerte, zum Islam überzutreten, wurde gefoltert und starb unter grausamen Qualen. Ganz besonders schlimm wüteten die Angreifer auf dem Balkan, wo unzählige serbische Frauen vergewaltigt und, zusammen mit ihren Kindern, anschließend als Sklaven verkauft wurden. Die serbischen Männer kämpften tapfer und viele von ihnen fielen in den Schlachten. Überlebende wurden von den Islamisten schwer mißhandelt. Lange Zeit sah es danach aus, als ob der Sieg der Türken unaufhaltbar sei. Ganze Städte wurden von ihnen in Brand gesteckt und dem Erdboden gleichgemacht.

Im Jahre 1389 kam es dann zu einer alles entscheidenden Schlacht im Kosovo: rund 77 000 christliche Ritter und Soldaten stellten sich dort den zahlenmäßig weit überlegenen Invasoren entgegen. Sie waren zu allem entschlossen und hätten lieber sterben wollen, als den Glauben an ihren Erlöser Jesus Christus zu verraten und sich der Herrschaft der Mohammedaner zu unterwerfen. Der serbische Prinz Lazar führte dieses Heer an. Sie gaben ihr Leben nicht nur für die Freiheit Serbiens, sondern für die Christen in ganz Europa. Als die Schlacht beendet war, lagen unzählige junge serbische Männer zusammen mit ihrem Prinzen, der von den Türken geköpft worden war, tot auf dem Schlachtfeld. Diese Männer hatten jedoch so tapfer gekämpft, daß der Vormarsch der Islamisten im Kosovo zum Erliegen kam.

Als eine kleine Gruppe von Rittern erfuhr, daß man ihren Prinzen getötet hatte, stürmten sie auf ihren Pferden in das Lager des Feindes und erschlugen den türkischen Führer Emir Murad I. in seinem Zelt. Anschließend starben auch diese mutigen Männer im Kampf. Viele

Theologen betrachten den südlichen Teil Jugoslawiens heute als größte Märtyrerstätte von Christen in ganz Europa. Und so kommt es, daß die Serben den Kosovo seit nunmehr 600 Jahren als ihre „heilige Erde" betrachten. Würden sie ihn aufgeben bzw. einer albanischen Autonomie unterstellen, hätten sie als Volk ihre Seele verloren und zudem ihre tapferen christlichen Märtyrer verraten.

Offiziell ging es dem von der US-Regierung eingesetzten „Verteidigungs"bündnis NATO beim Kosovo-Krieg um die „Menschenrechte" der sogenannten Kosovaren. „Zu Beginn der Bombardierung Serbiens am 24. März 1999 war die Opposition gegen den Krieg und gegen die Beteiligung der Bundeswehr marginal. Medienberichte und Aussagen von Politikern wie dem Bundesminister für Auswärtige Angelegenheiten Joschka Fischer und Bundesverteidigungsminister Rudolf Scharping, die die Handlungsweise der serbischen Truppen im Rahmen des sogenannten Hufeisenplanes [Anm.: Die Operation Hufeisenplan ist bis heute umstritten; angeblich sollte es sich dabei um einen militärstrategischen Plan der serbischen Regierung zur systematischen Vertreibung der Albaner aus dem Kosovo handeln!] als Teil eines Völkermordes bezeichneten, waren vor allem im öffentlichen Bewußtsein präsent. So hatte Bundesaußenminister Joschka Fischer insbesondere an seine Partei *Die Grünen* appelliert: 'Wir haben immer gesagt: «Nie wieder Krieg!» Aber wir haben auch immer gesagt: «Nie wieder Auschwitz!»'

Gleichwohl gab es von wenigen deutliche Proteste gegen die von ihnen so bezeichnete 'Instrumentalisierung deutscher Geschichte' für einen Krieg unter deutscher Beteiligung. Es wurde an den letzten Krieg Deutschlands und die alte, aus dem Ersten Weltkrieg stammende Parole '*Serbien muß sterbien*' erinnert und gefordert, daß vor diesem Hintergrund die Bundesrepublik sich aus dem kriegerischen Konflikt herauszuhalten habe. Der Spiegel-Herausgeber Rudolf Augstein warf bereits am 3. Mai den USA vor, sie hätten in Rambouillet militärische Bedingungen gestellt, die 'kein Serbe mit Schulbildung' hätte unterschreiben können."[38]

In Wahrheit hatte der Kosovo-Krieg denn auch ganz andere Gründe als den Einsatz für die „unterdrückten" Kosovo-Albaner. Es ging den Oberen der Weltpolitik nämlich in erster Linie darum, sich die

Bodenschätze des Kosovo einzuverleiben. Denn was die allermeisten der rund um die Uhr verblödeten Deutschen nicht ahnen konnten ist die Tatsache, daß die südliche Provinz Serbiens ungewöhnlich reich an wertvollen Bodenschätzen ist.

So haben die Exporte aus dem Bergbau von „Trepca" 1996 rund 200 Millionen Dollar eingebracht. „Mit dem Nickelkomplex von Vucitrn sind im Jahr rund 50 Millionen verdient worden. Der Kosovo produzierte jährlich rund 30 000 Tonnen Kohle. Die Vorkommen an diesem Rohstoff werden auf 15 Millionen Tonnen geschätzt. Es werden auch riesige Ölvorkommen vermutet. Rund 46 Millionen Tonnen Zink und Blei sowie 18 Millionen Tonnen Nickel sollen im Kosovo unter der Erde liegen. Am Berg Rogozino werden Gold und Kupfer abgebaut. Bei Klina fördert man Bauxit."[39]

Und auf all diese Bodenschätze hatten es die internationalen Großkonzerne abgesehen, denen die NATO-Truppen jederzeit als Söldner zur Verfügung stehen. Somit stellt der Umgang mit Ex-Jugoslawien geradezu ein Paradebeispiel für die Unterdrückung souveräner Völker im Zeitalter der Neuen Welt(un)ordnung des Bösen dar. Mittels Lug und Trug wird die Wahrheit verdunkelt, um kriegerische Auseinandersetzungen rechtfertigen zu können, die dann jeweils eine große Anzahl von Menschenleben dahinraffen.

Nur durch ihre perfekte Kontrolle der Massenmedien ist es der Satanssynagoge möglich, die Völker hinsichtlich ihrer wirklichen Absichten permanent im Dunkeln zu lassen. Gäbe es keine Presse, keinen Rundfunk, kein Fernsehen und Internet, müßten die Menschen wohl oder übel auf ihren eigenen Verstand zurückgreifen. Dann hätten sie etwa im Zusammenhang mit den Ereignissen in Ex-Jugoslawiens südlichster Provinz begreifen können, daß es *erst nach* dem Krieg, der von März bis Juni 1999 andauerte, zu einer Massenvertreibung aus dem Kosovo kam, die auch unter ganz anderen Vorzeichen durchgeführt wurde. Es waren nämlich Serben und Roma, die von Albanern verjagt wurden, und nicht umgekehrt!

Angesichts der kriminellen Zustände im Kosovo ist es auch kein Wunder, daß man in der Folgezeit des Angriffskrieges gegen Serbien (hin und wieder) über albanische Greueltaten gegenüber der angestammten Bevölkerung in Kenntnis gesetzt wurde, die indes kein entschiedenes Eingreifen der „internationalen Gemeinschaft" nach sich zogen. Sie wurden jeweils als Einzelfälle präsentiert, hinter denen angeblich kein systematisches Vorgehen zu erkennen war. Sichten wir dazu einige repräsentative Meldungen:

* 30. November 1999: „Eine aufgebrachte Menschenmenge hat in der Kosovo-Hauptstadt Pristina eine serbische Familie angegriffen und den Mann getötet. Dragoslav Basic (62), Professor an der Universität Pristina, wurde aus seinem Auto gezerrt, mißhandelt und erschossen. Seine Ehefrau und die Schwiegermutter wurden schwer verletzt."[40]

* 3. Februar 2000: „Bei einem Anschlag auf einen mit 49 serbischen Zivilisten besetzten Bus sind im Norden des Kosovo zwei Menschen getötet und drei verletzt worden. Der Bus, der deutlich als Fahrzeug des UN-Flüchtlingshilfswerks UNHCR gekennzeichnet war, war von zwei Panzerabwehrraketen getroffen worden. Bei den Toten handelte es sich um eine ältere Frau und einen älteren Mann. Der Bus wurde von französischen KFOR-Soldaten eskortiert. Zum Zeitpunkt des Anschlags herrschte dichter Nebel, die Täter entkamen. Der UNHCR-Sondergesandte McNamera sprach von einem 'teuflischen Angriff'."[41] Nur einen Tag später wurde ein serbisches Café im Kosovo angegriffen, bei dem zahlreiche Personen verletzt wurden.

* 11. Mai 2000: „Bei einem Anschlag mit einer Handgranate sind im Kosovo sechs Serben verletzt worden. Der Angreifer habe den Sprengkörper in Cernica im Osten der Provinz in ein serbisches Geschäft geworfen, berichtete die Friedenstruppe KFOR [Anm.: Der Begriff „Friedenstruppe" stammt aus dem Orwell'schen Neusprech, denn man hat es hier mit einer Besatzungsarmee zu tun, die die Ausbeutung des Kosovo durch internationale Konzerne sicherstellen soll, indem die verbliebenen Serben in Schach gehalten werden!]. Mit Demonstrationen wollen die Albaner zudem ein US-Projekt für die Rückkehr geflüchteter Serben zu Fall bringen."[42]

* 1. Juni 2000: Aufgebrachte Serben haben Anfang Juni 2000 „nach einem tödlichen Anschlag in dem Dorf Babib Most Soldaten der Friedenstruppe KFOR angegriffen. Dort war [einen Tag zuvor] ein Serbe aus einem fahrenden Auto heraus erschossen worden."[43]

Nur einen Tag später haben nach Angaben von US-amerikanischen Einheiten der KFOR-Friedenstruppe im Kosovo Albaner „auf eine Gruppe serbischer Bauern geschossen und dabei eine Frau getötet und drei Männer verletzt. Der Angriff ereignete sich in der Nähe des Dorfes Klokot."[44]

Wiederum 24 Stunden später wurden bei einer Serie von Anschlägen in der Krisenprovinz Kosovo vier Serben getötet. „Sechs weitere Serben erlitten Verletzungen, darunter auch Kleinkinder."[45]

Um den Schein einer Glaubwürdigkeit zu erhalten, ist es folgerichtig kein Wunder, daß sogar Vertreter der UN-Mission in der jugoslawischen Provinz seinerzeit (wenn auch in heuchlerischer Weise) von einem „besorgniserregenden Trend" sprachen: „'Die Morde sind kaltblütig. Einige erscheinen geplant, und sie machen keinen Unterschied zwischen ihren Zielen – seien es Männer, Frauen oder Kinder', sagte UN-Sprecherin Susan Manuel."[46] So „überfuhr ein Kosovo-Albaner mit seinem Auto absichtlich eine ältere Serbin. In Obilic bei Pristina erlitt ein Serbe Splitterverletzungen, als zwei Häuser mit Granaten beworfen wurden."[47]

Aufgrund der Greueltaten der Kosovo-Albaner gerieten die in der südlichen Provinz Serbiens stationierten internationalen Truppen, unter denen sich auch Tausende deutsche Soldaten befanden, immer wieder zwischen die Fronten. „In der geteilten Stadt Kosovska Mitrovica ist es zu neuen Zusammenstößen zwischen Hunderten von Serben und internationalen Friedensschützern gekommen. Mehrere Menschen wurden verletzt und 15 Autos in Brand gesteckt, teilte die Friedenstruppe KFOR [am 22. Juni 2000] in der Kosovo-Hauptstadt Pristina mit. Am Vortag war eine serbische Journalistin auf offener Straße angeschossen und schwer verletzt worden. Das serbische Kloster [!] Decani im West-Kosovo wurde mit Mörsergranaten angegriffen. ... Gegen die kosovo-albanische UCK-Miliz laufen inzwischen Ermittlungen wegen möglicher Kriegsverbrechen. Das UN-Tribunal in Den Haag untersuche Aktivitäten der UCK während des Kososo-Konflikts, erklärte Chefanklägerin Carla Del Ponte."[48]

* 3. August 2000: „Bei neuen Gewalttaten im Kosovo sind sechs Menschen ums Leben gekommen. Drei Mitglieder einer Roma-Familie starben bei einem Attentat in einem Dorf südlich von Pristina. Drei weitere Menschen, unter ihnen ein zwölfjähriges Kind, wurden von Unbekannten erschossen."[49] Das Kind wurde im Ort Magura aus einem fahrenden Auto heraus niedergestreckt.

Immer öfter griffen kosovo-albanische Verbrecher gezielt serbische Kinder an und versuchten diese zu töten. So wurden bei einem Sprengstoffanschlag in der südserbischen Provinz am 18. August 2000 neun Kinder schwer verletzt. „Unbekannte hatten in dem Dorf Crkvene Vodice eine Handgranate aus einem fahrenden Auto in eine Gruppe spielender Kinder geworfen. Der Anschlag ereignete sich nur 20 Meter von einem Stützpunkt der KFOR-Friedenstruppe entfernt. Die Opfer im Alter von fünf bis 15 Jahren seien in das Krankenhaus von Kosovo Polje gebracht worden. Alle seien örtliche Serben, meldete die Nachrichtenagentur Beta."[50]

„Eine Serie von Anschlägen hat [am 21. August 2000] die Spannungen in der jugoslawischen Krisenprovinz Kosovo verschärft. Dabei wurden mindestens [!] zehn Serben – darunter neun Kinder – verletzt und Gebäude politischer Parteien beschädigt, teilte die Friedenstruppe KFOR mit."[51]

Am 27. August 2000 fuhr ein Kosovo-Albaner bei Pristina in eine Gruppe serbischer Kinder und „hat dabei einen Achtjährigen tödlich verletzt. Mehrere Kinder wurden verletzt. KFOR-Soldaten nahmen den flüchtenden Fahrer fest. Augenzeugen berichteten, der Mann sei absichtlich [!] auf die Kinder zugefahren."[52]

* 10. November 2000: „Kurz nach ihrer Rückkehr in die jugoslawische Provinz Kosovo sind vier Roma erschossen worden. Die Leichen der Männer wurden nach Angaben der UN-Polizei in dem Dorf Dosevac gefunden, etwa 50 Kilometer von Pristina entfernt. Das Gebiet gilt als Kernland der inzwischen aufgelösten Kosovo-Befreiungsarmee [In Wahrheit: Terroristenarmee!]."[53]

„Dank" des NATO-Kriegs gegen Serbien kam es im Kosovo zu einer wahrhaften ethnischen Säuberung: Hunderttausende Serben und Roma mußten ihre Heimat aufgrund des Terrors der zugewanderten Albaner verlassen (dieses Photo vom Herbst 1999 zeigt ein brennendes Serben-Haus).

Hier sehen wir die durch Kosovo-Albaner in der südlichen Provinz Serbiens angerichtete Verwüstung: geplünderte und völlig verwüstete Häuser in Mitrovica. Warum meldeten sich Politiker wie Gerhard Schröder, Joschka Fischer oder Rudolf Scharping zu solchen Szenen nicht zu Wort und forderten einen entschiedenen Einsatz der NATO für die drangsalierten Serben? Warum ließen sie die Streitkräfte nicht mit gleicher Härte gegen die Albaner vorgehen? Weil es im Kosovo eben nicht um „Menschenrechte" sondern um wirtschaftliche Interessen ging!

(Quellenhinweise: **Oben:** Der Spiegel, Nr.36/1999, S.183; **Unten:** ebd. 5.7.99, S.134)

Am 22. jenes Monats wurde in Pristina ein Bombenanschlag auf das Büro des Vertreters der jugoslawischen Regierung verübt. „Die Residenz sei nahezu vollständig zerstört worden, hieß es. Nach Angaben der UNO wurden bei dem Anschlag zwei Personen schwer verletzt."[54]

„Nach tagelangen Unruhen hat sich die Lage im südserbischen Grenzgebiet zum Kosovo weiter zugespitzt. KFOR-Einheiten blokkierten [am 23. November 2000] alle Straßen zu der albanischen Rebellenhochburg Dobrosin. Dort sollen sich mehrere Hundert Untergrundkämpfer verschanzt haben. Aus der Region waren nach KFOR-Angaben in den vergangenen Tagen immer wieder jugoslawische Stützpunkte angegriffen und mehrere Polizisten getötet worden."[55]

* 16. Februar 2001: „Zehn Serben bei Anschlag auf einen Bus im Kosovo getötet"[56]

„Drei serbische Polizisten bei einer Explosion an der Grenze zum Kosovo getötet"[57], hieß es zwei Tage später in den Medien.

* 1. März 2001: „Ein serbisches Ehepaar ist im Kosovo mit Äxten erschlagen worden. Die Leichen des 70jährigen und seiner Frau seien östlich der Ortschaft Kamenica gefunden worden, sagte die Sprecherin der UN-Mission in der südjugoslawischen Provinz (UNMIK), Susan Manuel, in Pristina. Der Fundort liegt unweit der Pufferzone zu Südserbien, wo es ... neue Schießereien gab."[58]

* 5. Juni 2003: „Serbische Familie im Kosovo erschlagen – Im Kosovo wurde eine dreiköpfige serbische Familie im Schlaf überfallen und zu Tode geprügelt. Anschließend wurde ihr Haus in der Ortschaft Obilic in Brand gesetzt, wie UN-Sprecher Angeli mitteilte. Als Motiv nannte er ethnisch motivierten Haß. Der UN-Verwalter des Kosovo, Steiner, sprach von einem niederträchtigen Verbrechen."[59]

„Fünf Jahre ist der NATO-Krieg gegen Jugoslawien jetzt her. Begründet wurde er mit Menschenrechtsverletzungen im Kosovo", konnte man im Juli/August 2004 lesen. „Die 'ethnischen Säuberungen' ..., zu deren Verhinderung die völkerrechtswidrige Militäraktion vom Zaun gebrochen wurde, begannen erst richtig nach dem westlichen Einmarsch. Allerdings in umgekehrter Richtung. **Zwischen 250 000 und 360 000 Serben wurden seit Juni 1999 aus dem Kosovo ver-**

trieben, teils mit brutaler Grausamkeit. Trotz KFOR und internationaler Aufsicht sind in den letzten vier bis fünf Jahren mindestens [!] 2500 Serben im Kosovo von Albanern ermordet worden. Doch darüber schweigt die Weltöffentlichkeit.

In der Kleinstadt Prizren etwa, im 'deutschen' Sektor des KFOR-Protektorats, lebten vor 1999 rund 20 000 Serben. Heute ist das Städtchen serbenfrei. Kein Einzelfall.

Ganze Landstriche wurden in den letzten Jahren systematisch 'albanisiert'. Ganze 70-80 000 Serben sollen es heute noch im Kosovo aushalten, während die albanische Bevölkerung auf zwei Millionen angewachsen ist [Anm.: Und exakt die gleiche Entwicklung droht auch den Deutschen in wenigen Jahrzehnten, vorausgesetzt natürlich, die Welt existiert dann noch, denn es gibt aus theologischer Sicht sehr triftige Argumente dafür, daß wir in den letzten Tagen der Menschheitsgeschichte leben, aber mehr zu diesem Thema in anderen Büchern!].

Besonders perfide ist, daß der Bevölkerungsaustausch nicht nur unter den Augen der UNO stattfindet, sondern auch vor den Kulturdenkmälern, dem geschichtlichen Erbe der serbischen Besiedlung nicht haltmacht. **Nicht weniger als 180 serbisch-orthodoxe Kirchen wurden in den letzten Jahren von Albanern zerstört**, viele davon bis auf die Grundmauern niedergebrannt **und obendrein geschändet.** Im Kloster Decani, einem Kleinod der mittelalterlichen Baukunst aus dem 14. Jahrhundert, berichtet Pater Sava: 'Jeder serbische Anspruch auf das Kosovo soll getilgt werden. Das schließt die Vernichtung aller serbischen Kulturdenkmäler einschließlich der historischen Kirchen und Friedhöfe mit ein.'"[60]

„Während des Zweiten Weltkriegs schützten Wehrmachtssoldaten das kostbare Kloster vor albanischen Plünderern. Heute ist die Bundeswehr weniger erfolgreich: In Prizren wurden allein in den letzten Wochen zehn Kirchen unter den Augen der deutschen KFOR-Soldaten zerstört", so die Publikation „Nation & Europa" in ihrer Ausgabe vom Juli/August 2004 auf Seite 23. (In gleicher Weise wird in Afghanistan unter den Augen der deutschen „Schutztruppe" Mohn angebaut, der dann als Heroin in Europa Zehntausende Jugendliche zugrunde richtet!)

„Fünf Jahre nach dem NATO-Überfall bietet das Kosovo ein abschreckendes Beispiel dafür, wie sich die 'Neue Weltordnung' anläßt: Wer nicht mitspielt – wie die Serben –, wird weggebombt. Und **an die Stelle intakter, souveräner Staaten treten lebensunfähige Parzellen unter internationaler Aufsicht, in denen die örtliche Mafia das Sagen hat.**"[61]

Dank des NATO-Einsatzes wurden rund 300 000 Serben aus ihrer angestammten Heimat vertrieben, ohne daß die „internationale Gemeinschaft" für diese Menschen auch nur einen Finger gerührt hätte. Darüber hinaus sind nach Angaben der Gesellschaft für bedrohte Völker seit dem Ende der NATO-Luftangriffe noch rund 120 000 Roma und Angehörige der Aschkali-Minderheit von den Albanern aus dem Kosovo vertrieben worden. „Damit hätten **nationalistische Kosovo-Albaner rund 80 Prozent dieser Volksgruppen 'aus dem Land gejagt'**, berichtete die Organisation im Januar 2000 bei einem Flüchtlingskongreß in Göttingen. Nach Darstellung des Vorsitzenden, Zülch, hatten Albaner unter den Augen [!] der Schutztruppe KFOR 75 von rund 300 Roma-Siedlungen im Kosovo ganz oder teilweise zerstört. 14 000 von 20 000 Häusern lägen in Schutt und Asche"[62], wie man am 9. Januar 2000 aus den Medien erfuhr.

Erst nachdem der Kosovo-Krieg beendet war, flohen die Menschen aus „ethnischen Gründen" zu Hunderttausenden aus dem südlichen Teil Serbiens. (Zuvor befanden sich die Menschen nur wegen der NATO-Bomben und nicht aufgrund der Truppen Slobodan Milosevics auf der Flucht!)

Die Ereignisse, die seit Mittwoch, den 17. März 2004 – als es zu einer neuen Welle der Gewalt gegen die Serben kam – das Kosovo bestimmen, „zeigen daß auch die internationale Präsenz weder die viel beschworenen Standards erreicht, noch die Klärung der Statusfrage in Sicht ist. Mindestens 31 Tote, 500 Verletzte, darunter 96 Polizei- und KFOR-Kräfte und 14 zerstörte serbisch-orthodoxe Kirchen oder Klöster und angezündete Wohnhäuser in Orten mit serbischer Bevölkerung offenbaren, daß UN und NATO nicht Herr über die ethnischen, wirtschaftlichen und sozialen Probleme der Provinz sind.

Die monatelangen Warnungen blieben bis zum Schluß ungehört. Immer wieder gab es Hinweise aus Belgrad oder dem Kosovo, die UNMIK (die Zivilverwaltung) und KFOR (NATO-Truppe) auf die prekäre und gefährliche Lage der Minderheit der Serben und anderer Ethnien hinwiesen. **Man lockerte lieber den Schutz von Klöstern und Ortschaften und sorgte damit für Unsicherheit und Proteste der Serben.** Hinzu kamen Anschläge, die selten aufgeklärt und somit oftmals als ethnisch motiviert gewertet wurden. Und so konnte nun eine kleine, bildhafte und dazu für viele durchaus denkbare Geschichte die Proteste auslösen. Oder vielleicht hatte man nur auf eine passende Gelegenheit gewartet? Die Gewalt, die sich nun Bahn brach, war seit 1999 nicht mehr so schlimm gewesen.

Eine Gruppe von vier albanischen Jungen sei am Dienstag von einem Serben mit Hunden in einen Fluß getrieben worden, schrieb zunächst die albanischsprachige Zeitung Zoki. Die Ausschreitungen begannen, nachdem am Mittwochnachmittag eine zweite Leiche dieser Jungen gefunden wurde. Erst am Abend stellte UNMIK-Sprecher Derek Chappel klar, daß die Geschichte nicht wahr sei und die Jungen freiwillig über den Fluß geschwommen und drei von ihnen dabei abgetrieben seien. Doch das Dementi kam zu spät, der Terror war längst im Gange. Chappel sagte weiter in der Nacht gegenüber dem ORF über die eskalierte Gewalt: 'Es gab zuvor bereits Gewalt im Kosovo, aber dieses Mal war das eine koordinierte Aktion. Die Gewalt brach in einer Vielzahl von Orten zur gleichen Zeit aus, das zeigt, daß das geplant war.'

Auch internationale Polizeivertreter gaben gegenüber der Provinzregierung an, daß **die Überfälle auf die serbischen Enklaven zentral organisiert** wurden, berichtete die Nachrichtenagentur SRNA. Die Vertreter sagten, daß die Attacken nicht spontan seien.

Die Geschichte mit den ertrunkenen albanischen Jungen wurde von den Albanern als ein serbischer Racheakt für einen am Montag verübten Anschlag aufgefaßt. Dabei war in dem unweit von Pristina gelegenen Dorf Caglavica ein Serbe lebensgefährlich verletzt worden. Die serbischen Einwohner des Dorfes hatten danach eine nahegelegene Fernverkehrsstraße blockiert und einen besseren Schutz gefordert. Und so zogen am Mittwoch mehrere Tausend gewaltbereite Albaner zum Ort der Proteste.

Zuvor kam es zu den ersten Zusammenstößen in der Stadt Kosovo Mitrovica. Albaner hatten gegen die Vorfälle mit den albanischen Jungen protestiert. Die Brücke, die die ethnisch geteilte Stadt verbindet, war zuvor von der KFOR geschlossen worden. Albaner durchbrachen jedoch ohne große Probleme die Sperren. In einem von Serben bewohnten Teil in Norden der Stadt wüteten Albaner zunächst 15 Minuten lang, zerstörten Autos und warfen Steine auf Serben. Die Albaner wurden jedoch zurückgedrängt. Wenig später wurde eine Serbin auf der Terrasse ihres Hauses von einem Heckenschützen erschossen. Es kam zu Ausschreitungen zwischen Albanern und sich verteidigenden Serben, wobei ein weiterer Mensch getötet wurde.

Zur gleichen Zeit durchbrachen die Albaner in Caglavica Sperren der KFOR: Die Serben verteidigten dort teilweise mit Heugabeln ihre Häuser. In Lipljan wurde zunächst ein 70jähriger Serbe auf offener Straße von Albanern angegriffen. Wenig später demolierten mehrere Hundert Albaner dort Häuser. In Pec attackierten Albaner ein UN-Quartier und zerstörten deren Autos. Zwei Serben wurden in Kosovo Mitrovica mit schweren Kopfverletzungen in ein Krankenhaus eingeliefert. Die Verletzungen hatten ihnen Albaner mit einer Axt zugefügt. In Kosovo Mitrovica kam es zu Schußwechseln über den Fluß hinweg zwischen den beiden ethnisch unterschiedlichen Stadtteilen. Eine größere Gruppe von Albanern setzte im von Serben bewohnten Stadtteil eine Schule, ein leeres Krankenhaus und ein Café in Brand.

In Prizren kam es zum Zusammenstoß zwischen Albanern und der UN-Polizei. Bewaffnete Albaner aus Pristina und Kosovo Polje rückten auf das Dorf Bresje vor, wo bis zum Abend 30 serbische Häuser angezündet wurden. 13 vollbesetzte Busse mit bewaffneten Albanern verließen Drenica Richtung Kosovska Mitrovica, mit dem Ziel UNMIK und KFOR zu attackieren. Eine von deutschen KFOR-Truppen bewachte orthodoxe Kirche wurde in Prizren angezündet. UN-Mitarbeiter flohen aus ihren Büros in Gnjilane, Prizren und Pec. Gegenüber Radio B92, sagte ein UNMIK-Offizieller, der anonym bleiben wollte: '**Im Kosovo findet eine Kristallnacht statt. ... Was hier passiert muß unglücklicherweise als Pogrom gegen Serben beschrieben werden: Kirchen brennen und Leute werden attackiert. Und das für keinen anderen Grund als deren ethnischen**

Hintergrund.'"[63] Erinnern wir uns an die heuchlerischen Worte von Joschka Fischer, mit denen er die Beteiligung der Bundesregierung am Kosovo-Krieg rechtfertigte: „Wir haben immer gesagt: «Nie wieder Krieg!» Aber wir haben auch immer gesagt: «Nie wieder Auschwitz!»" Für Leute wie Fischer scheint es immer nur darauf anzukommen, wer gerade von wem verfolgt wird.

Übrigens zeigte sich ein ums andere Mal, auf welcher Seite des ethnischen Konflikts die internationale „Schutztruppe" des Kosovo stand, so etwa am 18. Dezember 2000: „Zwei Serben sind im Kosovo bei gewaltsamen Protesten gegen die Festnahme eines Landsmannes durch die Friedenstruppe [!!!] KFOR ums Leben gekommen. ... Hunderte Serben randalierten ... in der Ortschaft Leposavic. Sie zündeten KFOR-Fahrzeuge an, stahlen zwei Waffen, attackierten eine Station der UN-Polizei und nahmen sechs belgische Soldaten vorübergehend als Geiseln.

Die Ausschreitungen begannen nach Angaben der KFOR, nachdem der Serbe Vladimir Tomovic an einem Kontrollpunkt nicht angehalten hatte ... Soldaten des belgisch-luxemburgischen KFOR-Bataillons halfen bei der Festnahme des Mannes, der nach Angaben der belgischen Armee auch wegen Mordes gesucht wurde.

Unterdessen wurde ein neuer Zwischenfall in der Pufferzone zwischen dem Kosovo und dem südserbischen Presevo-Tal bekannt."[64] Dort waren Tage zuvor „zwei serbische Fahrzeuge und ihre Insassen aus automatischen Waffen beschossen worden. Ein Mann wurde verletzt, teilte die KFOR mit. In dem Gebiet gilt ein Waffenstillstand zwischen den albanischen UCPMB-Rebellen und der serbischen Polizei. Die Regierungen von Jugoslawien und Serbien forderten die KFOR zu energischem Vorgehen gegen die 'albanischen Terroristen' auf."[65]

„Die UCK und 'ethnische Albaner' tun den Serben auch weiterhin Gewalt an, was in etwa gleichbedeutend ist, wie wenn Amerikaner in Kalifornien von 'ethnischen Zulus' [einem Kriegerstamm in Afrika] ermordet würden", beklagte auch der britische Enthüllungsautor Dr. John Coleman im Frühjahr 2000. „Die Sache ist folgende: Warum kehren die 'ethnischen Albaner' nicht nach Albanien zurück? Uns wird gesagt, daß Madame Albright aus eigener Willenskraft und mit der Erlaubnis ihres Chefs, sich auf 78 [Anm.: nach anderen Quellen 77] ununterbrochene Tage des Bombardierens Serbiens einließ, um 'Milosevic zu zwingen, die Unterdrückung der Albaner zu beenden und die Rückkehr Tausender Flüchtlinge (Albaner) zu erlauben'.

Das ist so, als hätte der mexikanische Präsident ein 78-tägiges Bombardement Kaliforniens angeordnet, weil die Grenzsoldaten des INS [Immigration and Naturalization Service = Einwanderungsbehörde] Tausende illegale Einwanderer, die nach Kalifornien eindringen wollten, zurückgeschickt und sie 'unterdrückt' hätten, um dadurch die Entfernung von INS-Grenzwachen zu erzwingen und den mexikanischen 'Flüchtlingen' freien Zutritt zu einem Aufenthalt in Kalifornien zu gewähren.

Das Primakov-Kommittee [Anm.: Jevgenij Primakov war der seinerzeitige russische Außenminister!] berichtet darüber, daß Hunderte von Angriffen auf Serben stattfinden und daß es ganz danach aussieht, als ob die UCK diese Attacken koordiniert. Die UCK ist eine Bande von Banditen, Gewaltverbrechern, Drogenschmugglern, weißen Sklavenhändlern und Geldschmugglern, der Abschaum der Erde, der von Sondereinheiten der US-Armee ausgebildet und bewaffnet und von der CIA finanziert wird. Offensichtlich hat die NATO keinen Erfolg gehabt oder es versäumt, diese Bande zu entwaffnen, wie es ihre Aufgabe war. 'Es ist ein mächtiger Aufruhr gegen die Serben im Gange', sagte Primakov seinem militärischen Kollegen, 'und dafür müssen wir die Verantwortung eindeutig den Streitkräften der Vereinigten Staaten zur Last legen, die sich als NATO ausgeben.

Es wird von ihnen (den Vereinigten Staaten) erwartet, daß sie verhindern, was den Serben angetan wird. Statt dessen ist die Verbrechens- und Mordrate angestiegen, und die Brandstiftungen an serbischen Kirchen und Schulen haben zugenommen. Wenn das die 'Demokratie' und 'Stabilität' ist, die sie (die Vereinigten Staaten) den Serben aufzwingen wollen, dann muß Rußland erklären, keinen Anteil daran zu haben.'"[66]

Eigentlich ist es kein Wunder, daß die Serben von den Albanern im Kosovo seit Jahren unterdrückt werden. Schließlich ging die auch von „deutschen" Medien als „Befreiungsarmee" umjubelte kommu-nistische Terror-Organisation UCK in einem neuen „Schutzkorps" für das Kosovo auf. Im September 1999 sprach der ehemalige NA-TO-Generalsekretär Javier Solana in diesem Zusammenhang noch von einem „'Meilenstein für den Friedensprozeß im Kosovo', das französische Außenministerium begrüßte das Abkommen ... als 'neuen Schritt' zur Beilegung der Krise in der serbischen Provinz. ... Die Vereinbarung, die in der Nacht von Vertretern der internationa-len Kosovo-Schutztruppe KFOR und der UCK unterzeichnet wurde, sieht die Umwandlung der UCK in ein ziviles Kosovo-Schutzkorps (TMK) vor.

Das neue Korps soll dem UN-Beauftragten für das Kosovo unter-stehen ... Den Befehl über die Truppe übernimmt der bisherige Stabs-chef der UCK [!], Agim Ceku. Mit der Auswahl der Kandidaten für die Truppe wurde die Internationale Organisation für Migration (IOM) beauftragt. ... Wie ... übereinstimmend aus dem Umfeld von UCK und KFOR bekannt wurde, soll das neue Schutzkorps ständig 750 Waffen mit sich führen können. Unter NATO-Aufsicht dürfen seine Mitglieder außerdem weitere 1800 Waffen benutzen. Zuvor hatte es noch geheißen, dem Korps stehe eine Höchstzahl von 200 Waffen ausschließlich zum persönlichen Schutz zur Verfügung. ... Die übrigen Mitglieder der bisher rund 10 000 Mann starken UCK sollen sich nach den Vorstellungen der KFOR für den Polizeidienst bewerben oder wieder ins zivile Leben eingliedern."[67] Agim Ceku kämpfte bereits in Bosnien gegen die Serben, ehe er im Februar 1999 die militärische Führung der UCK übernahm.

So sehen „Schutz" und „Gerechtigkeit" in der satanischen Neuen Welt(un)ordnung aus: Ehemalige marxistische Terroristen und Dro-gendealer leiten ein Schutzkorps und werden als Polizisten einge-setzt. Dadurch sehen sie sich erst in die Lage versetzt, unter dem Deckmantel von „Rechtsstaatlichkeit" ihre kriminellen Netzwerke immer weiter zu spannen.

Kein Wunder also, daß weite Teile des Kosovo zu einem Sumpf des Verbrechens geworden sind, in dem der Drogenhandel und die Prostitution florieren. „In den vergangenen sechs Monaten haben die Friedenstruppen der UNO und die Polizei Frauen aus Weißrußland,

Moldavien, der Ukraine, Bulgarien, Ungarn, Rumänien und Albanien befreit. Die Polizei sagt, daß die meisten dieser Frauen und Mädchen – einige erst 15 Jahre alt – aus ihren Heimatländern nach Mazedonien entführt wurden, das im Süden an das Kosovo grenzt. Dort wurden sie in Hotels untergebracht und bei Auktionen zum Preis von 1000 bis 2500 Dollar an ethnische albanische Zuhälter verkauft. Den Frauen wurden die Reisepässe abgenommen, sie selbst unter unhygienischen Bedingungen in Bars oder Motels festgehalten. Anschließend wurden sie zum ungeschützten Geschlechtsverkehr mit örtlichen Polizeibeamten [!] und Mitgliedern der internationalen Friedenstruppen gezwungen, ohne Entgelt. Ihnen wurde mitgeteilt, bevor sie irgend etwas von ihren Verdiensten für sich behalten könnten, müßten sie zuerst bei den Zuhältern die Aufwendungen für ihren 'Erwerb' sowie die Kosten ihrer Reise begleichen. Weigerten sich die Frauen, wurden sie geschlagen. ... Rolf Welberts, der Menschenrechtsdirektor der OSZE im Kosovo, sagte, seine Organisation habe rund 50 Frauen geholfen. Er glaubt, daß die Anzahl der Frauen in Gefangenschaft viel höher ist: 'Wir sprechen hier von Frauen aus Osteuropa, die in das Kosovo gebracht werden, um dort als Prostituierte zu dienen; oder sie werden, am Ziel angekommen, Bedingungen unterworfen, von denen sie nichts erfahren haben: ihnen werden die Reisepässe abgenommen, Geld vorenthalten usw. Dies ist eine Art Sklaverei.'

Welberts sagt, daß 'Internationalisten' – ausländische (KFOR) Soldaten und Hilfsarbeiter – oftmals Bordellbetreiber sind. Das gleiche Phänomen existiert auch in Bosnien-Herzegowina, wo die Präsenz der Friedenstruppen und ihrer Hilfsarbeiter zu einem bedeutenden Schmuggel von Frauen aus Osteuropa geführt hat, der dort verstärkt seine Blüten treibt und bis zum heutigen Tag floriert. Human Rights Watch, eine internationale Beobachtungsorganisation, enthüllte, daß Frauen aus Weißrußland, Moldawien, der Ukraine, Rumänien, Ungarn und Albanien unter dem Versprechen, dort einer gesetzlich geschützten Arbeit nachgehen zu können, nach Bosnien gelockt werden, ebenso unter der Zusicherung einer risikofreien Reise dorthin. Nachdem sie dann vor Ort angekommen sind, ziehen die Bordellbesitzer ihre Reisepässe ein und setzen sie einer sklavenähnlichen Behandlung aus. Oftmals werden sie von einem Bordellbesitzer an einen anderen verkauft, bei dem die Frauen dann gezwungen werden, ohne Entgelt zu arbeiten. Human Rights Watch bestätigt, daß internationale Behörden über das Sex-Sklavenhandels-Problem in Bosnien Bescheid wissen, aber nur wenig dagegen unternehmen. Die Organisation sagt, daß einige Beamte aktive Mitschuld an den mißbräuchlichen Handlungen tragen, sich an der Zwangsprostitution beteiligen oder gar selbst Bordelle betreiben. Jill Thompson, die sich mit dem Frauenschmuggel beschäftigt, schätzt die Anzahl der geschmuggelten Frauen im gesamten ehemaligen Jugoslawien auf mehrere Zehntausend."[68]

Angesichts all dieser niederschmetternden Informationen ist es geradezu ungeheuerlich, daß sich die Bundesrepublik Deutschland weiterhin als Großfinanzier des Kosovo betätigt, obwohl die von der internationalen Staatengemeinschaft angestrebte „Befriedung" der abtrünnigen südserbischen Provinz schon bisher Riesensummen verschlungen hat und in dem kleinen Land nur rund zwei Millionen Menschen leben. „Allein die UN-Verwaltung dieser Provinz (UNMIK) hat seit ihrem Start 1999 bis zum vergangenen Sommer 2,6 Milliarden Euro ausgegeben. Deutschland ist der drittgrößte Zahler im UNO-Budget. Die Europäische Union (EU) hat für Kosovo bisher 1,6 Milliarden Euro locker gemacht. Auch hier hat Deutschland als wichtigster Nettozahler die Hauptlast getragen"[69], hieß es Anfang 2007.

Was aber hat das alles gebracht? Offensichtlich nicht viel, denn zu einer vernichtenden Einschätzung der Sicherheitslage auf dem westlichen Balkan und der Entwicklungsperspektiven für das Kosovo ist das Institut für Europäische Politik im März 2007 in Berlin gekommen. „Eine vertrauliche Studie im Auftrag der Bundeswehr gibt eine 'weitgehend pessimistische Zukunftsprognose'. **Der geplante 'Aufbau einer multiethnischen Gesellschaft' sei 'gescheitert'**, sie existiere nicht, 'außer in den bürokratischen Verlautbarungen der internationalen Gemeinschaft' [Anm.: Warum wird dann auf Biegen und Brechen versucht, eine solche Gesellschaft gerade in der Bundesrepublik Deutschland fest zu etablieren? Hängt es damit zusammen, daß *auch hier* bürgerkriegsähnliche Zustände von gewissen tonangebenden Kreisen gezielt angestrebt werden? Wenn man die immer weiter um sich greifende Ausländerkriminalität betrachtet und sich vor Augen führt, daß es in einer Reihe von Städten bereits heute Gebiete gibt, in die sich unsere Landsleute nach Einbruch der Dunkelheit besser nicht verirren sollten, drängt sich dieser Verdacht durchaus auf!]. Die Sicherheitsstrategie der EU für eine künftige Mission in Pristina sei 'weder analytisch noch konzeptionell tragfähig', urteilen die Experten in der 124-seitigen Untersuchung. Der 'Irrglaube' an die Segnungen der Unabhängigkeit treibe die Hoffnungen auf einen 'Wohlstandsschub in unrealistische Höhen'. Stattdessen drohe ein Rückschlag mit 'schweren Unruhen wenn nicht gar revolutionsähnlichen Erhebungen'.

Für solch **verheerende Zukunftsaussichten** machen die Gutachter die UNO-Verwaltung, die NATO-geführte KFOR-Mission, aber auch die 'bisherige Vogel-Strauß-Politik' der Europäer verantwortlich. **Die Studie spricht von Mißmanagement, Korruption, Organisationschaos und von 'organisierten kriminellen Banden', die 'wesentliche Teile des KFOR-Stabes infiltriert' hätten** [Anm.: Das gleiche läßt sich über das von der NATO „befreite" Afghanistan sagen, wo ebenfalls Korruption und Vetternwirtschaft den Alltag der Menschen bestimmen!]. Auch die Rolle der USA sei kontraproduktiv. Washington sei unter anderem in Fluchthilfe für Kriminelle verstrickt, habe europäische Ermittlungen wegen Kriegsverbrechen 'teils offen' behindert und ehemalige UCK-Kämpfer militärisch ausbilden lassen – 'eindeutig' ein Verstoß gegen die einschlägige UNO-Resolution."[70] Und für diese vernichtende Bilanz haben die Deutschen Milliarden Euro ihres hart erarbeiteten Steuergeldes gezahlt und werden sie auch weiterhin zahlen: „Das Bundeskabinett hat beschlossen, den Kosovo-Einsatz der Bundeswehr (rund 2500 Soldaten) um ein weiteres Jahr zu verlängern", so die „Bild"-Zeitung am 14. Juni 2007. Bis zum heutigen Tage sind immer noch deutsche Truppen im Kosovo stationiert!

Während die Herrschaft angeblicher „Kriegsverbrecher" andernorts den offiziellen Grund für militärisches Eingreifen abgibt, wurde sie im Kosovo also durch die NATO-Intervention überhaupt erst möglich. Die Anfang 2007 für das deutsche Verteidigungsministerium angefertigte Studie des Instituts für Europäische Politik (IEP) stellt unmißverständlich heraus, „wie 'parallel zum öffentlichen Ordnungswesen' die 'Dominanz des clanbasierten und auf den Grundprinzipien patriarchalischer Altersautorität fußenden Herrschaftssystems' wuchs, während der NATO-Angriffe einen 'exponentiellen Machtzuwachs erfuhr und nach dem Zusammenbruch der jugoslawischen Ordnung zur alleinigen gesellschaftlichen Autorität im Kosovo avancierte'. Schließlich kam es zur 'Herausbildung von clangesteuerten politkriminellen Netzwerken, die seither maßgeblich die ökonomischen Geschicke des Kosovo steuern'.

Und so funktioniert der Ableger der 'westlichen Wertegemeinschaft' im Kosovo: **Haupteinnahmefaktor der tonangebenden Mafia-Cliquen ist paradoxerweise die Stationierung ausländischer Truppenkontingente.** Gleichzeitig, so die IEP-Untersuchung, sei es zu einem 'faktischen Zusammenbruch der Strafverfolgung' gekommen, weshalb das 'befreite' Kosovo ein 'idealer Rückzugsraum für kriminelle Akteure' und Geldwäscher sei.

Auch eine Studie für die US-Fachzeitschrift 'Jane's Intelligence Review' kommt zu dem Schluß, daß sich **die organisierte Kriminalität im Kosovo nach dem Vorbild transnationaler Konzerne** entwickle. Albanische Banden nähmen mittlerweile die Führungsposition auf dem europäischen Heroinmarkt ein. Bei den jüngsten Wahlen im November [2007] konnte sich die Kosovo-Mafia erfolgreich 'demokratisch' legitimieren. Wahlsieger Hashim Thaci (Deckname: 'Schlange') und seine 'Demokratische Partei' gelten in internationalen Sicherheitskreisen als parlamentarischer Arm des organisierten Verbrechens."[71]

Um auf die eingangs gestellte Frage zurückzukommen, ob den Deutschen das gleiche Schicksal blüht wie den Serben im Kosovo, so muß diese mit einem eindeutigen „Ja" beantwortet werden. Schließlich hat man es in einigen Gegenden Deutschlands schon lange mit rechtsfreien Räumen zu tun, die an die vor allem in den Außenbezirken der Großstädte Frankreichs anzutreffenden Ausländerghettos erinnern, „die für Polizei und Feuerwehr praktisch nicht mehr begehbar sind, weil sie dort mit Übergriffen gewalttätiger Ausländer rechnen müssen."[72]

Bereits vor mehr als fünf Jahren wurden aus der deutschen Hauptstadt Berlin die ersten „Todeszonen" gemeldet. Kein geringerer als der Berliner Innensenator Ehrhart Körting, ein SPD-Mann, mußte seinerzeit vor Journalisten einräumen, „daß es **im Jahr 2003 zu rund 3300 (!) Übergriffen gegen Polizeibeamte** gekommen sei, bei denen an die 1000 Polizisten verletzt worden seien [Anm.: Gewalttätige Angriffe auf Polizisten haben in Deutschland ebenfalls stark zugenommen. So wurden im Jahr 2008 nicht weniger als 28 000 Beamte im Dienst verletzt, 5000 mehr als noch 2002!]. Immer häufiger, so Körting, gingen die Angriffe von Ausländern aus:

'Leider existieren bei uns Kieze, in denen nur noch eine bestimmte Ethnie akzeptiert wird. Damit setzt eine Ghettobildung ein. Das ist zum Beispiel im Bezirk Neukölln im Rollbergviertel der Fall. Da konzentriert sich ein Teil der Bewohner, die entschlossen sind, die Gesetze der Bundesrepublik Deutschland nicht zu respektieren.' 44 Prozent der Täter von Jugendgruppengewalt seien ausländische Jugendliche oder Jugendliche mit ausländischem Familienhintergrund.

Einer der betroffenen Polizeibeamten ist der Kommissar Klaus Nachtigall. Er wurde schon zweimal in **Übergriffe ausländischer Jugendlicher** verwickelt. Im einen Fall prügelten zwei Jungen, die beim Randalieren gestellt worden waren und sich massiv zur Wehr setzten, 'mit unglaublicher Brutalität' auf einen Kollegen ein. Im anderen Fall wurden mehrere Asylbewerber beim Hantieren mit Rauschgift ertappt und begannen sofort, mit Messern um sich zu stechen. Kommissar Nachtigall spricht Klartext:

'**In Wedding um die Koloniestraße, wo etwa 70 Prozent der Bewohner Ausländer sind, ist es besonders schlimm.** Gefährlich ist es auch in Kreuzberg, um das Kottbuser Tor, den 'Kotti'. Ganz extrem ist es im Bereich Sonnenallee mit den Arabern. Die sind besonders brutal.'"[73]

„**Ausländerclans terrorisieren deutsche Großstädte.** «In Berlin, Bremen und Essen beherrschen kurdisch-libanesische Großfamilien ganze Straßenzüge – und bedrohen sogar Polizisten». Sie führen Blutrache durch und «beherrschen den Kokainmarkt und das Rotlichtmilieu». «Die chronisch unterbesetzte Polizei steht ihnen oft machtlos gegenüber … Allein in Berlin leben nach Angaben der Polizei zwölf kurdisch-libanesische Großfamilien mit jeweils mehreren Hundert Mitgliedern. Die Asylgesetze begünstigten die fast völlige Abschottung der Menschen: Eltern durften jahrelang nicht arbeiten, Kinder waren von der Schulpflicht befreit … Gerade **die zweite Generation der Libanon-Einwanderer (stellt) inzwischen eine Gefahr für den sozialen Frieden dar.** Aus ihren Reihen stammen viele der sogenannten Intensivtäter, junge Männer, die schon im Grundschulalter eine kriminelle Laufbahn eingeschlagen haben.» (in: Süddeutsche.de, 20.7.2009)"[74]

Es scheint also tatsächlich nur noch eine Frage der Zeit zu sein, bis es in der BRD zu einem flächendeckenden Gewaltausbruch bzw. zu ethnisch motivierten bürgerkriegsähnlichen Zuständen kommt. Möglicherweise wird dies infolge der von der Satanssynagoge seit Jahren planmäßig vorangetriebenen Weltwirtschaftskrise geschehen, oder aufgrund von Nahrungsmittelengpässen, die hinter den Kulissen von den „Feinden aller Menschen" ebenfalls seit langem vorbereitet werden. Schließlich haben sie sich die radikale Reduzierung der Menschheit auf die Fahnen geschrieben, und welches Volk böte sich da als „Experimentierfeld" besser an als die verhaßten Deutschen, die von den Hintergrundmächten im letzten Jahrhundert in gleich zwei mörderische Weltkriege verwickelt wurden.

Ausgerechnet der **US-Geheimdienst CIA** kam übrigens in einer im April 2008 veröffentlichten **Studie** zu dem Ergebnis, daß **Europa im Jahre 2020** der **Bürgerkrieg** droht. „Darin wird von der **'Unregierbarkeit' vieler Ballungszentren** gesprochen. Neben etlichen europäischen Großstädten fallen darunter auch viele deutsche Gebiete, namentlich: Dortmund und Duisburg, Teile der Bundeshauptstadt Berlin, das Rhein-Main-Gebiet, Teile Stuttgarts, Stadtteile von Ulm sowie Vororte Hamburgs.

Ähnliche Entwicklungen sieht die CIA für den gleichen Zeitraum in den Niederlanden, Belgien, Frankreich, Großbritannien, Dänemark, Schweden und Italien. Die Studie spricht von 'Bürgerkriegen', die **Teile der vorgenannten Länder 'unregierbar' machen** würden. **Hintergrund** der Studie **sind Migrationsbewegungen und der mangelnde Integrationswille von Teilen der Zuwanderer** [Anm.: Sie

246

legen also ein ganz ähnliches Verhalten an den Tag wie die ins Kosovo eingesickerten Albaner, die die angestammten Serben mittlerweile weitestgehend vertrieben haben!], die sich 'rechtsfreie ethnisch weitgehend homogene Räume' erkämpfen und diese gegenüber allen Integrationsversuchen auch mit Waffengewalt verteidigen würden. Die CIA behauptet vor diesem Hintergrund, daß die Europäische Union in ihrer derzeit bekannten Form wohl auseinanderbrechen werde.

Die CIA ordnet schwere Jugendunruhen, wie sie sich in den letzten Monaten in französischen Vorstädten, in den Niederlanden, in Dänemark, Großbritannien und Schweden ereignet haben, als 'Vorboten' dieser kommenden Bürgerkriege ein. **In den kommenden Jahren werde die Kriminalität unbeschäftigter Kinder von Zuwanderern steigen,** die steigenden Sozialausgaben der europäischen Staaten würden nicht reichen, um diese Bevölkerungsgruppe dauerhaft ruhigzustellen."[75]

Bezeichnenderweise wurde im Juli 2009 **in den Niederlanden** eine Statistik des Grauens veröffentlicht – mit der Zahl der Opfer von Vergewaltigungen. „Danach **ist schon jede neunte Frau mindestens einmal vergewaltigt worden.** Vier Prozent der Niederländerinnen unter 16 Jahren sind sogar schon Opfer von Gruppenvergewaltigungen geworden, 17 Prozent haben mindestens einen Vergewaltigungsversuch hinter sich. Und nur 8 Prozent der vergewaltigten Frauen wenden sich überhaupt noch an die Polizei, weil diese häufig den angezeigten Vergewaltigungen nach Auffassung der Opfer aus Gründen der politischen Korrektheit eigentlich gar nicht nachgehen will (Quelle: NRC Handelsblad, 7. Juli 2009 / akte-islam.de)."[76] Ganz einfach deswegen, weil es sich bei den Tätern um Ausländer handelt!

Zur selben Zeit warnte die niederländische Polizei öffentlich vor Roma, „die an Autobahnrastplätzen wertlose falsche 'Goldringe' und 'Goldschmuck' an gutgläubige Reisende verkaufen wollen und, wenn diese dem Verkaufsansinnen nicht nachkommen mögen, schnell rabiat und brutal werden. Seit Anfang 2009 habe es schon 292 angezeigte Fälle dieser Art gegeben. Die Polizei spricht in diesem Zusammenhang von Roma als einer 'Plage' ('Roemeense criminelen «plaag»') (Quelle: De Telegraaf Juli 2009)"[77]

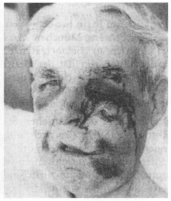

Links: Auch in England kam es in den letzten Jahren wiederholt zu bürgerkriegs-ähnlichen Auseinandersetzungen zwischen Einheimischen und Zuwanderern, so auch am 7. Juli 2001 in der Stadt Oldham, wo sich weiße und asiatische Jugendliche stundenlang prügelten. Das Photo zeigt, wie ein umzingelter Engländer von mehreren Ausländern traktiert wird. **Rechts:** Das ist der 76jährige Kriegsveteran, der am 21. April 2001 auf dem Nachhauseweg von drei britisch-asiatischen Jugendlichen brutal zusammengeschlagen wurde.

Am 27. Februar 2001 kam es während der Fastnacht-Festlichkeiten in der US-Metropole Seattle zu scheußlichen Szenen: schwarze Rassisten fielen grundlos über Weiße her und verletzten sie zum Teil schwer. **Links** fünf Schwarze, die einen Weißen (mit Pferdeschwanz) verprügeln; **rechts** zwei schwarze Frauen, die mit zwei Männern auf einen zu Boden gestoßenen Weißen einschlagen und -treten. Der US-Amerikaner Kris Kime starb beim Versuch, einer Frau zu helfen, die roh behandelt wurde. Da die mehr als 70 Opfer die falsche Hautfarbe hatten, sah man über diese Gewaltexzesse nichts im „deutschen" (Propaganda-)Fernsehen.

(Quellenhinweise: **Oben links:** Die Welt, 9.7.01; **Oben rechts:** Nation & Europa, Juli/August 2001, S.51; **Photos unten:** The Truth At Last, Ausgabe Nr. 427, S.6)

248

In den USA wird die multikulturelle Gesellschaft von der herrschenden Elite ebenfalls mit Hochdruck vorangetrieben. Vor allem Einwanderer aus Mittel- und Südamerika strömen zu Hunderttausenden über die Grenze ins „gelobte" Land. Nicht wenige von ihnen schließen sich dort zu Banden zusammen, wie diese Latino-Gang in Los Angeles.

Auch in Frankreich kam es in den letzten Jahren immer wieder zu Gewaltausbrüchen von Migranten. So zerstörten randalierende Einwanderer zum Jahreswechsel 2007/2008 rund 400 Autos. In „deutschen" Medien wurde im Hinblick auf die Täter lediglich von „Jugendlichen" gesprochen, zu deren nationaler Herkunft man meist kein Wort verlor.

(Quellenhinweise: **Oben:** Der Spiegel, 6.10.03, S.117; **Unten:** Nation & Europa, Februar 2008, S.33)

Links einige von rund 200 illegal eingereisten Afrikanern, die im August 2001 auf der Suche nach einer Unterkunft durch Barcelona irrten. Sie wurden von der Presse poetisch „Asphalt-Nomaden" genannt. **Rechts** ein Illegalen-Quartier in Athen. Immer wieder hat man es mit Zuwanderern „im besten Alter" zu tun, die sich vor allem in den Ländern des ehemaligen christlichen Abendlandes niederlassen.

Photos wie dieses (im November auf Fuerteventura gemachte) sollen Mitleid mit den „armen afrikanischen Flüchtlingen" erwecken.

(Quellenhinweise: **Oben links:** Fuldaer Zeitung, 16.8.01; **Oben rechts:** Der Spiegel, 17.6.02, S.124; **Unten:** ebd. 29.12.03, S.42)

250

„In den größeren dänischen Städten, vor allem in **Kopenhagen und Aarhus**, verfallen die Immobilienpreise. Wer kann, zieht weg aufs flache Land oder in kleinere Gemeinden. Denn in den Ballungsgebieten wirft inzwischen der multikulturelle Bürgerkrieg lange Schatten voraus – und das, obwohl Dänemark seit einigen Jahren eines der restriktivsten Zuwanderungsgesetze in ganz Europa hat.

Manche Ausländer ficht das offenbar nicht an. Sie verwandeln die dänische Hauptstadt und die zweitgrößte Stadt des Landes, Aarhus, regelmäßig in Krisengebiete: **Multiethnische Jugendbanden ziehen plündernd durch die Straßen, Polizeistreifen werden angegriffen, immer häufiger auch christliche Einwohner** [Anm.: Erinnern wir uns in diesem Zusammenhang an die Zustände in der baden-württembergischen Gemeinde Oberstenfeld im Kreis Ludwigsburg, wo die örtliche evangelische Kirchengemeinde mehrere Wochen lang von einer moslemischen ausländischen Jugendbande ebenfalls tyrannisiert wurde!]. In Aarhus erklärten Jugendliche mit 'Migrationshintergrund' vor laufender Kamera, die Stadt gehöre jetzt ihnen – das entsprechende Video strahlten sogar die großen dänischen Medien aus.

Polizei und Behörden haben offenbar längst kapituliert. In Gellerup, einem Vorort von Aarhus mit besonders hohem Ausländeranteil, wurden christliche Kirchgänger lange von muslimischen Jugendlichen terrorisiert. Seit einigen Monaten zahlt die Kirche Schutzgeld. Sie stellte muslimisches Wachpersonal ein, seither haben die Übergriffe auf Gemeindemitglieder nachgelassen. Die Kirche sieht in solchen Mafia-Zuständen allen Ernstes einen 'Integrationserfolg'."[78] Ganz einfach aus dem Grund, weil solche Kirchen nicht christlich sind, denn sonst würden sie den „interreligiösen Dialog" und damit auch den Multikulturalismus mit scharfen Worten anklagen und verurteilen.

„Norrebro ist das multikriminelle Einwandererviertel der dänischen Hauptstadt Kopenhagen – das schlimmste dänische Zuwanderer-Unruhegebiet. Dort gibt es inzwischen einen SMS-Service von Schulen und Kindergärten, über den die Eltern erfahren, in welchen Straßenzügen gerade geschossen wird. Es gibt dort halt **Krieg zwischen aus dem islamischen Kulturkreis zugewanderten und**

251

einheimischen Gruppierungen. Nun hielten Zuwanderer einen Passanten aus Norrebro irrtümlich für einen Unterstützer der Kopenhagener Hells Angels (Mohammedaner haben große Angst und Respekt vor Hells Angels) und eröffneten das Feuer auf den ahnungslosen Mann. Der war doch etwas verwundert und liegt nun mit 6 Einschüssen im Krankenhaus. **Allein letzte Woche wurden bei verschiedenen multikriminellen Schießereien in Norrebro unter anderem ein Iraner und ein Türke getötet.** (Quelle: Politiken 9. Juli 2009)."[79]

Wie am 29. Januar 2010 in der Presse zu lesen stand, haben Polizeistatistiker in Norwegen leichtes Spiel. „So legten sie denn auch jetzt schon die Zahlen für 2009 vor. Ergebnis: Alle (!) Überfallsvergewaltigungen des vergangenen Jahres gingen auf das Konto von Zuwanderern. 2008 waren es ebenfalls 100 Prozent, und 2007 auch: 100 Prozent!"[80]

In Brüssel lieferten sich Ende Mai 2008 mehr als 200 Fußballfans und Jugendliche aus Einwandererfamilien heftige Straßenschlachten. „Bei den Kämpfen in der Nähe des Anderlecht-Stadions wurden mehrere Polizisten durch Steinwürfe verletzt. Es kam zu zahlreichen Festnahmen.

Hintergrund der Straßenschlacht war nach Polizeiangaben ein Aufruf im Internet, alle weißen Fans des Fußballvereins Anderlecht anzugreifen."[81] Dem Gewaltaufruf war eine Prügelei zwischen Anderlecht-Fans und einer Gruppe afrikanischer Jugendlicher einige Tage zuvor vorangegangen.

Weitere Länder Europas haben ebenfalls unter den Folgeerscheinungen einer starken Migration von Leuten aus aller Herren Länder zu leiden. So sprach sich etwa das frühere geistliche **Oberhaupt der anglikanischen Weltgemeinschaft**, Lord George Carey of Clifton, gegen eine weitere Zuwanderung nach Großbritannien aus. „Er **sieht den inneren Frieden in Gefahr**, wenn die Probleme weiter verschwiegen würden. **Die Zuwanderung von Menschen fremder Religionen und Kulturen habe ein noch nie dagewesenes Ausmaß erreicht**, so der 72jährige Kirchenmann, der von 1991 bis 2002 als Erzbischof von Canterbury amtierte. Jahrelang ist es laut Carey unmöglich gewesen, die negativen Seiten der Migration anzusprechen, weil man sonst sofort als 'Rassist' gegolten habe. Dieser Mangel an Respekt für unbequeme Ansichten ersticke eine vernünftige Debatte im Keim. **Allein im vorigen Jahr seien neuerlich 600 000 Menschen nach Großbritannien eingewandert.**"[82]

Carey hat guten Grund zur Sorge. Schließlich kam es auch in England in den letzten Jahren immer wieder zu schweren Rassen-Kämpfen, die im Juli 2001, nach Monaten der Spannungen, in den Städten Leeds und Oldham ihren vorläufigen Höhepunkt erreichten. Dort lieferten sich asiatische Banden mit der Polizei stundenlange Straßenschlachten. „Autos gingen in Brand, Geschäfte wurden geplündert. **Schon können Weiße Ausländerviertel nur noch unter Lebensgefahr betreten.** Ein 76jähriger Kriegsveteran, der sich dorthin vorgewagt hatte, wurde in Oldham fast totgeschlagen [Anm.: Am 21. April war er „auf dem Heimweg von einer Sportveranstaltung von drei britisch-asiatischen Jugendlichen zusammengeschlagen und schwer verletzt worden. Sie hatten ihm den Fußweg durch ihren Siedlungsbereich verweigern wollen. Viele Distrikte britischer Innenstädte sind ähnlich wie in Oldham oder Bradford fast ghettohaft nach Farbigen und Weißen getrennt."[83]] ... Die verantwortlichen Politiker zeigen sich kaltschnäuzig. Wer an den Ausschreitungen Anstoß nimmt und die Gefahren der Einwanderung thematisiert, wird zum 'Rassisten' gestempelt. Auch die Medien spielen mit. In grotesker Umkehrung der Tatsachen wird so getan, als sei die Ausländer-Randale eine Folge 'weißer Provokationen'."[84] (Daß ein ganz ähnliches Verhalten in der Bundesrepublik Deutschland anzutreffen ist, beweist einmal mehr, daß man es mit einem länderübergreifenden Komplott zu tun hat, einen neuzeitlichen Turmbau zu Babel zu errichten!)

„Dank" des Multikulturalismus haben sich in allen Ländern des ehemaligen christlichen Abendlandes auch zahlreiche ausländische Mafia-Banden fest eingenistet und denken sich ständig neue Wege aus, wie sie möglichst rasch an Geld kommen. So stand am 24. August 2009 im „ARD-Text" auf Seite 162 (Herv. hinzugefügt) zu lesen, daß unter Belgiens Taubenzüchtern wegen „einer unheimlichen Mordserie an Luxus-Tauben" Aufruhr herrschte: „Wie belgische

Medien berichteten, wurden zuletzt Ende vergangener Woche in Mol bei Antwerpen die Kadaver von 14 Tauben mit abgehackten Krallen in Müllsäcken entdeckt.

Die Königliche belgische Vereinigung der Taubenfreunde hat die **chinesische Mafia** in Verdacht, die Vögel zu stehlen und ihnen das Bein abzuhacken, an dem der Kennzeichnungsring sitzt. Der gestohlene Ring werde in China einem wertlosen Vogel angepaßt, um diesen als Champion teuer zu verkaufen."

Organisierte Diebesbanden wissen, daß Airbags im Ernstfall Leben retten können. Aus diesem Grund erleichtert die sogenannte „Lenkrad-Mafia" gleich ganze Fahrzeugflotten um dieses wichtige Sicherheitsmodul, wie ein Bericht der am 8. September 2009 ausgestrahlten Sendung „AKTE 09" schilderte, die vom Moderator Ulrich Meyer mit folgenden Sätzen eingeleitet wurde: **„Die Diebstahlszahlen explodieren**, im wahrsten Sinne des Wortes. Im vergangenen halben Jahr sind immer mehr Airbags aus Autos in Deutschland geklaut worden – teils auf offener Straße, teils versteckt in Autohäusern. Das ganze ist ein Millionenschaden, den vor allem **organisierte Banden aus Osteuropa** anrichten. Und: die Diebe arbeiten noch schneller, als die Polizei sich vorstellen kann."[85]

„In Deutschland ihr Unwesen treibende ausländische Trickbetrüger werden immer dreister und – leider – erfindungsreicher", beklagte auch die „National-Zeitung" am 18. September 2009. „Derzeit beliebte Masche ist der sogenannte Enkeltrick. **Aus Osteuropa und Südosteuropa eingesickerte Bandenmitglieder** suchen sich aus elektronischen Telephonbüchern mit Hilfe eines speziellen Filters ältere Personen heraus und rufen sie an. Durch geschickte Fragestellung kommt der Anrufer rasch an persönliche Informationen der Überrumpelten heran und gibt sich als enger Verwandter, meist als Enkel, aus. Wegen einer Notlage erbittet er vom 'Opa' bzw. der 'Oma' eine finanzielle 'Leihgabe', die doch bitte einem Boten übergeben werden soll, weil er selbst verhindert sei."[86]

Das gleiche Blatt informierte am 23. Oktober 2009 (Herv. hinzugefügt) über **„gut organisierte Bettlerbanden aus Südosteuropa**, die vornehmlich in der Bundesrepublik Deutschland und in Österreich gutgläubigen, um nicht zu sagen naiven Menschen mit der Mitleidstour das Geld aus der Tasche ziehen. Aber auch mit aggressivem Verhalten der unangenehmen Schnorrer ist zu rechnen. So jetzt in einem zwischen Tirol und Bayern verkehrenden Eilzug, in dem **15 aus Rumänien stammende Gestalten** die Passagiere derart bedrängten, daß einige von ihnen in Panik gerieten. Sie klopften am Führerstand des Lokführers und teilten ihm mit, sie fühlten sie [sic!] bedroht. Dieser legte einen außerplanmäßigen Stop in Wattens (Tirol) ein, wo die Meute von der Polizei in Empfang genommen wurde.

Auch in diesem Fall sprachen die Medien von 'Rumänen', die hier in Erscheinung getreten wären. Aber in der Regel handelt es sich in solchen Fällen, wie auch im Bereich der Trickbetrüger, zwar um rumänische Staatsangehörige, jedoch nicht um ethnische Rumänen."

Bereits im Februar 2007 sorgte ein grauenvoller Massenmord in einem Sittensener China-Restaurant bundesweit für Schlagzeilen. „'So etwas gab es im Landkreis Rotenburg noch nie', sagt Polizeisprecher Detlev Kaldinski über den **siebenfachen Mord im niedersächsischen Sittensen**. Nicht nur das. So etwas gab es in ganz Niedersachsen noch nie. Und ebenfalls noch nie in ganz Deutschland. Ein Verbrechen in diesem Ausmaß ist im chinesischen Milieu in Deutschland einmalig.

Sieben Menschen, teilweise gefesselt, erschossen, regelrecht hingerichtet. Alle rätseln: Wer steckt dahinter? Der Verdacht auf organisierte Kriminalität liegt nahe. **Waren Triaden, chinesische Verbrecherbanden, am Werk?**

Berndt Georg Thamm, Fachmann für organisierte asiatische Kriminalität, schließt einen Triaden-Mord nicht aus. ... 'Deutschland ... fungiert als Transitland, in dem durchaus Verbrechen vorbereitet werden', so Thamm."[87]

„Die Triaden sind vor allem wegen ihrer brutalen Bestrafungsmethoden berüchtigt. Tödliche Szenarien haben immer unterschiedliche Bedeutungen: 'Es kann im Fall Sittensen eine Bestrafung sein, ein Racheakt oder eine Machtdemonstration', sagt Thamm. ... 'Nach wie vor müssen Mitglieder einer Triade ihre Bonität unter Beweis stellen', erklärt Thamm. Das bedeute, bereits als Kind müßten sie sämtliche Kampfschulen durchlaufen und mit Botengängen um die Gunst der Mafiabosse buhlen: Zum Beispiel Skorpione oder Schlangen in Restaurants aussetzen, um die Betreiber unter Druck zu setzen.

Der Name Triade steht für die 'Gesellschaft der Freiheit' aus Himmel, Erde, Mensch. Die größte und mächtigste Triade ist die 'Wo'-Gruppe, die sich in den dreißiger Jahren in Manchester bildete. **Die 'Fourteen-K'-Bande hat mit 20 000 Mitgliedern die chinesische Bevölkerung in den Niederlanden im Griff und der 'Big Circle' kontrolliert das 13. Pariser Arrondissement."[88]**

„Bereits in der Vergangenheit gab es mysteriöse Fälle unter Chinesen, die in Deutschland leben: So wurde 2005 in München eine 41jährige Chinesin tot in der Badewanne in ihrem Appartment entdeckt. Ihr waren mehrere Knochen gebrochen, ihr Körper mit heißem Wasser verbrüht worden, bevor sie in der Wanne ertränkt wurde. Die Frau soll von ihrem Ehemann und dessen Brüdern ermordet worden sein, die brutale Art sollen die spielsüchtigen Männer bei ihren mafiösen Geschäften erlernt haben.

Im Schnellzug Nürnberg-Prag wurde 1999 in einer Reisetasche die Leiche eines Chinesen gefunden – ohne Kopf. Vor Jahren wurde ebenfalls an einer Nürnberger Autobahnauffahrt ein erschossener Chinese aus Erlangen entdeckt. Die Spur führte in die Glücksspiel- und Schleuserszene in Deutschland lebender Asiaten."[89]

Für aufmerksame Beobachter des Zeitgeschehens war es von Anfang an klar, daß Europas offene Grenzen eine nie gekannte Kriminalitätswelle zur Folge haben würden. So warnten die Autoren Horst Keller und Gerhard Maier in ihrem bereits im Oktober 1993 erschienenen Buch „Dunkle Deals an deutschen Grenzen" davor, daß Europas Unterwelt auf dem Vormarsch sei. Wie sie auf den Seiten 11f (Herv. hinzugefügt) ausführen, stehen die „Mafiosniks" der Russen-Mafia den „Mafiosi" der Italien-Mafia kaum mehr nach. „Sie ersetzen zwar die noch fehlenden Verbindungen durch Brutalität im internen Kampf um die 'Marktanteile', kooperieren aber im übrigen mit den italienischen Brüdern da, wo es für beide Seiten sinnvoll erscheint.

'Mafiosnik' als Berufsbild und Berufsziel für die Juppies von Moskau und St. Petersburg [Anm.: von denen die meisten mittlerweile zu milliardenschweren Oligarchen aufgestiegen sind!], aber auch für andere aus der Konkursmasse des Kommunismus: Partei- und Staatsfunktionäre, Rotarmisten, KGB-Agenten. ... **Nach dem Terror im eigenen Land greift sich die Ost-Mafia jetzt eine Großstadt nach der anderen** – überall da, wo es lukrative Beute gibt. Warschau, Budapest und Prag: Das ist sozusagen die alte sozialistische Heimat. Aber Wien, Berlin, Hamburg, Antwerpen und andere europäische Hauptstädte sind bereits genauso im Visier und betroffen.

Wobei die Claims der Beutenahme noch nicht klar abgesteckt und verteilt sind. Denn **aus der Weite des russischen Reiches drängen immer neue Banden nach** und fordern ihren 'Anteil am Kuchen'. Autodiebstahl, Prostitution, Drogenhandel, Einbruch, Glücksspiel, Schutzgelderpressung, Menschen- und Waffenschmuggel: Die Kriminalität organisiert sich nicht nur immer mehr, sie wird auch immer spezieller, wie die BKA-Fachleute feststellen.

Und wen wundert es! Nicht nur die Bürger und Politiker des Westens haben damals gejubelt, als die Mauer fiel und die Sowjetunion zerbrach. Grund zur Freude hatten auch die Verbrecher in West und Ost, vor allem in Ost: Ihr Markt war jetzt endlich grenzenlos geworden, im wahrsten Sinne des Wortes."

„Für die Clans der Russenmafia ist Deutschland die Drehscheibe für ihre schmutzigen Geschäfte", bestätigte die ARD-Sendung „Report München" rund 15 Jahre später, am 23. März 2009. „Drogenhandel, Waffengeschäfte und Erpressungen sind lukrative Einnahmequellen. Nur selten werden die Bosse geschnappt."[90]

Der Mafia-Experte Jürgen Roth bestätigt die Gefährlichkeit der Russenmafia, „weil sie die Demokratie in erheblichen Umfang gefährdet, weil sie eine Kultur der Korruption der kriminellen Strukturen aus Rußland hierher importiert. Weil sie hier auf fruchtbaren Boden fällt, weil es hier viele Bündnispartner im Bereich der Wirtschaft, im Bereich der Banken gibt. Sie ist deswegen gefährlich, weil sich eine Art kriminelle Parallelgesellschaft bilden kann."[91]

„Das will die Russenmafia auch in Bayern. Mit allen Mitteln. Tigran K., Statthalter eines Russen-Clans, kämpft um die kriminelle Vorherrschaft beim Drogen- und Waffenhandel. Gegen unliebsame Konkurrenten geht er brutal vor. Seine Macht reicht bis in die Haftanstalten. Hier werden neue Bandenmitglieder rekrutiert. Doch die Polizei kommt ihm auf die Spur. Im Januar 2008: Irgendwo im Allgäu. Blitzschnell schlägt das Einsatzkommando zu. Tigran K. und zwei seiner Bandenmitglieder werden verhaftet. Ein spektakulärer Erfolg. Denn: selten gelingt es, in diese Kreise einzudringen. Klar wird: Die Russenmafia hat Bayern mit einem dichten Netz überzogen. Schmutzige Geschäfte werden überall gemacht. Vor Gericht geben sich Tigran K. und seine Komplizen betont gelassen. Sie setzen auf ein mildes Urteil und rasche Abschiebung. So wie ihr mächtiger Pate Alexander Bor vor drei Jahren: Lebenslang verurteilt, wird er schon bald nach Rußland abgeschoben. Von dort aus steuert er jetzt seine weltweiten Geschäfte, auch die in Deutschland."[92]

„In Berlin fühlt sich die Russen-Mafia sicher: April 2006. In einem Nobelhotel feiert unter Beobachtung der Berliner Polizei einer der Großen der Szene seinen Geburtstag. Ein Mann mit vielen Namen und deutschem [!] Paß: **Richard Rotmann** [Anm.: man hat es hier mit einem jüdischen Namen zu tun!], alias Riccardo Fanchini. Ihm **werden beste Verbindungen zur Russenmafia nachgesagt.** 2007 wird er in London verhaftet, nach New York ausgeliefert und wegen Kokainschmuggel verurteilt. **In Deutschland blieb er unbehelligt.** … Die russischen Paten können … gelassen ihren Geschäften nachgehen. In Deutschland kann ihnen wenig passieren. Bei einer Festnahme können sie meist mit Abschiebung rechnen. Und dann steuern sie ihre Geschäfte eben aus dem Ausland."[93]

Mitte September 2008 nahmen italienische Polizisten in einem Krankenhaus in der lombardischen Stadt Pavia einen Boß der kalabrischen Mafia-Organisation 'Ndrangheta fest. Der 32jährige Francesco Pelle „soll vor zwei Jahren den Mord an Maria Strangio in Auftrag gegeben haben, der Ehefrau von Clanchef Giovanni Nirta. Dieser Mord war wahrscheinlich Auslöser für die **Bluttat von Duisburg, bei der Mitte August 2007 sechs Italiener getötet worden waren.** Hintergrund ist eine alte Mafia-Fehde zwischen den Clans Pelle-Vottari und Nirta-Strangio."[94]

In einem im August 2008 vom „Spiegel" mit einem Paten der kalabrischen 'Ndrangheta geführten Interview gibt der Capo unverhohlen zu, wie es um die Rechtsstaatlichkeit in unserem Land bestellt ist. Auf die Frage, ob diese Mafia-Organisation auch in Deutschland aktiv sei, erwidert er: „Wir sind da, wo das Geld fließt. **In Deutschland fühlen wir uns besonders wohl**, weil man dort noch Respekt voreinander hat." Darauf „Spiegel Online": „Stehen auch deutsche Politiker auf Ihrer Gehaltsliste?" Der Capo: „Wenn es nicht so wäre, wären wir nicht da. **Das große Geld läßt sich nur verdienen, wenn die Politik mitmacht.**"[95]

Wie am 1. August 2004 im Weltnetz zu lesen stand, beträgt der Deutschen-Anteil am organisierten Verbrechen in Sachsen mit dem Kriminalitätsschwerpunkt Leipzig nur noch 35 Prozent, „in Berlin 31,6 Prozent. 'Die organisierte Kriminalität', sagt Eberhard Schönberg, der Vorsitzende der Gewerkschaft der Polizei (GdP) in Berlin, 'ist nicht mal mehr ansatzweise in der Hand der Deutschen'. Der Grund: **Deutsche Verbrecher sind nicht grausam genug.**

Auch die BRD-Polizei hat nicht mehr viel zu melden. Insbesondere in Berlin, wo inzwischen viele große Mafiaorganisationen (allen voran die russischen Syndikate Choroschevskajak, Luganskaja und Wory w sakonje sowie der libanesische AI-Zein-Clan und die Litauer Brigaden) **ihr deutsches Hauptquartier aufgeschlagen haben, sind schon ganze Quartiere zum rechtsfreien Raum geworden.** ... Als ein Spezialeinsatzkommando (SEK) der Berliner Polizei im April des letzten Jahres nach einem blutigen Revierkampf vor der Diskothek 'Jungle Club' den Kurden Yassim Ali-K. in der Kienitzer Straße im Stadtteil Neukölln festnehmen wollte, war ihnen klar, daß es sich um einen gefährlichen Auftrag handelte: Der Verdächtige gehörte zu einem der großen kurdisch-libanesischen Verbrecher-Syndikate und war mehrfach wegen Gewalttätigkeit und illegalem Waffenbesitz vorbestraft. Aber an diesem Apriltag des Jahres 2003 wollten die Behörden Stärke zeigen. Der Versuch endete mit einem Blutbad. Kaum stürmten die Beamten die verdächtige Wohnung im Erdgeschoß, griff der 34jährige Yassim Ali-K. ohne zu zögern zu seiner Pistole, tötete den SEK-Mann Roland Krüger mit einem Kopfschuß und verletzte einen weiteren Polizisten schwer.

Die Libanesen, einst als Bürgerkriegsflüchtlinge in die BRD gekommen, sind in Zusammenarbeit mit kurdischen Gruppierungen vor allem in der hochkriminellen Berliner Türsteher-Szene aktiv. Das ist eine der Schlüsselpositionen in der Unterwelt. Wer die Tür zu den Diskotheken und Clubs der Hauptstadt kontrolliert, kontrolliert auch den lukrativen Rauschgifthandel in diesen Etablissements. Die mächtigen russischen Verbrecher-Syndikate konzentrieren sich dagegen auf den Mädchenhandel und steuern den Kraftfahrzeug-Diebstahl, eines der gewinnbringendsten Geschäfte im kriminellen Untergrund. 8122 Autos wurden 2002 allein in Berlin gestohlen … Von Berlin aus erobern die Mafiabanden die umliegenden Bundesländer."[96]

„Synthetische Drogen aus der Tschechei werden von deutschen Kurieren im Auftrag der albanischen Mafia über Sachsen in die Hauptstadt transportiert. Die Ermittlungsgruppe 'Paprika' des LKA Sachsen zerschlug 2001 eine dieser Gruppen im Raum Löbau-Zittau. 60 Tatverdächtige wurden ermittelt, 680 Straftaten geklärt und insgesamt 100 Jahre Haft über die Täter verhängt. Trotzdem geht der Drogenhandel in unvermindertem Umfang weiter. Unterdessen haben vor allem in Leipzig vietnamesische Banden den Kokain-Handel übernommen. Ihnen ist schwer beizukommen, weil die Clans sich in Großfamilien hermetisch von der deutschen Umwelt abschließen. Das macht die Vietnamesen auch attraktiv für andere Mafia-Organisationen, die sich die Hände selbst nicht mehr schmutzig machen wollen.

Wo früher Albaner als Schläger, Entführer, Erpresser und Mörder angeheuert wurden, stehen jetzt häufig die kleinen Männer aus dem Fernen Osten auf den Sold-Listen der Syndikate. In Grimma befand sich dagegen das Hauptquartier eines 17köpfigen indischen 'Sikh'-Clans, der Hunderte von Landsmännern für 12 500 Euro Kopfprämie in das BRD-Gebiet einschleuste. Den Gewinn aus den kriminellen Geschäften wuschen die Täter unter anderem über Pizza-Lokale. Unterdessen sind auch **die sizilianische Mafia und ihre Partnerorganisationen Cosa Nostra, 'Ndrangheta, Camorra, Sacra Corona Unita und Stidde in Mitteldeutschland aktiv.**"[97]

„EU-Justizkommissar Barrot hat vor dem **Einfluß der Balkan-Mafia** gewarnt. Die organisierte Kriminalität sei zwar ein internationales Problem und nicht nur auf den Westbalkan beschränkt, in dieser Region komme ihr aber besondere Bedeutung zu, da sie die Stabilität und den EU-Annäherungsprozeß gefährden könne, erklärte der Kommissar. Laut Barrot wurden über Südosteuropa in Richtung Westeuropa im Jahr 2008 rund 100 Tonnen Heroin im Schwarzmarktwert von 416 Millionen Euro geschmuggelt. Für Anfang 2010 hat die EU die Aufhebung der Visapflicht für Mazedonien, Serbien und Montenegro empfohlen.‟[98]

„Uwe Schmidt, leitender Kriminaldirektor beim LKA in Berlin, klingt resigniert, wenn er sagt, 'die osteuropäischen Banden' hätten das russische System hierher übertragen: 'Die plündern das Volksvermögen aus – und wir sind weitgehend machtlos.' Falls Schmidt einmal 250 Euro übrig haben sollte, kann er seine Kundschaft aber wenigstens besichtigen. Jürgen Roth empfiehlt dafür einen bekannten russischen Ball, der jedes Jahr als rauschendes Fest mit Lachs, Kaviar und Wodka für die neureiche Elite der rund 100 000 Russen in einem Berliner Hotel gefeiert wird. Im Jahre 2002 trat dort unter anderem ein Zahnarzt vom Kurfürstendamm auf, der nicht nur Zähne zieht, sondern mit Waffen und Waffensystemen handelt, die bei ihm bestellt werden können. Und auch andere der illustren Gäste haben keine ganz reine Weste. Wenn es die Paten einmal bis zum Russenball geschafft haben, müssen sie sich die Hände nicht mehr selbst schmutzig machen. Und die BRD-Polizei kann offenbar nichts tun, als sie beim Kaviar-Schlemmen zu beobachten.‟[99]

Wo also sind die Millionen von Fremdenfeinden und Neonazis, die es nach offizieller Aussage in der Bundesrepublik Deutschland doch geben soll? Warum gebieten sie diesen steinreichen Kriminellen aus aller Herren Länder keinen Einhalt? Hatte es nicht geheißen, daß sich mehr (!) als 19 Prozent unserer Landsleute für nationalen Chauvinismus empfänglich zeigen sollen? Warum schweigt sich diese große Bevölkerungsgruppe dann gegen die Vereinnahmung ihrer Heimat durch ausländische Verbrecherbanden beharrlich aus? Ganz einfach aus dem Grunde, weil es diese Massen von „Ausländerfeinden‟ gar nicht gibt! Vielmehr hat man es hierzulande mit einem Heer von durch Schule, Presse, Rundfunk, Fernsehen und Internet umerzogenen, regelrechten Dummköpfen zu tun, die ihren Verstand für alles Mögliche, nur eben nicht mehr zum selbständigen Denken gebrauchen.

Wie dem auch sei, anstatt der Realität ins Auge zu sehen, daß multikulturelle Gesellschaften unweigerlich einen dramatischen Anstieg der Kriminalität zur Folge haben bzw. früher oder später im vollständigen Chaos münden, und den Menschen unseres Landes diesbezüglich reinen Wein einzuschenken, phantasieren unsere Oberen weiter von einer blühenden Zukunft für Deutschland, so auch der oberste Sozialistenführer, SPD-Kanzlerkandidat Frank-Walter Steinmeier. Er „hält trotz heftiger Kritik aus anderen Parteien an seiner Vision für ein Jobwunder in Deutschland fest. … **Vier Millionen neue Arbeitsplätze bis 2020 seien möglich**, sagte Steinmeier" laut „Fuldaer Zeitung" vom 4. August 2009. (Wenn in Deutschland in rund 10 Jahren tatsächlich ein Bürgerkrieg ausbrechen und infolge dessen möglicherweise Millionen Deutsche ermordet oder verjagt werden sollten, kann es gut möglich sein, daß es dann wirklich eine Vielzahl freier Arbeitsplätze gibt. Vielleicht spielt der sozialistische Steinmeier ja darauf an!)

Wenn man an die Vertreibung der Serben aus ihrer Heimat, dem Kosovo, denkt, so darf nicht vergessen werden, daß in der BRD ja *schon längst* ebenfalls eine (wenn auch verdeckte) Vertreibung stattfindet. Oder wie sonst soll man es nennen, wenn jährlich bis zu 250 000 unserer Landsleute ins Ausland flüchten, weil sie hier – nicht zuletzt aufgrund der Massenzuwanderung mit all ihren negativen Begleiterscheinungen für die Wirtschaft, wie etwa immer weniger Arbeitsplätzen und sinkenden Löhnen – einfach keine Zukunft mehr sehen?! (Selbst wenn man „nur" von 150 000 Flüchtlingen ausginge, so verließe alle 3,5 Minuten ein Deutscher seine Heimat!)

Fazit: Die multikulturelle Gesellschaft funktioniert nicht – weder in diesem Staat noch in irgendeinem anderen. Wer sie dennoch zu errichten bzw. ständig zu erweitern gedenkt, arbeitet nur auf den Untergang des entsprechenden Landes hin. Das sind die unumstößlichen Tatsachen, die von zahlreichen Beispielen der Geschichte untermauert werden, angefangen vom Untergang Roms („Die Frage der gelungenen Integration kulturferner Völker ist kein Problem der Neuzeit. Bereits für die Römer der Antike stellte sich dieses Problem als ein grundsätzliches der eigenen Existenzsicherung dar. Das Mißlingen war der Schlüssel zum Untergang des römischen Reiches in Westeuropa. Ohne die gegensätzliche demographische Entwicklung der antiken Völkerschaften Europas ist der Untergang des römischen Reiches nicht zu erklären."[100]) bis hin zu den multireligiösen bzw. multiethnischen Kriegsschauplätzen der Gegenwart, wie etwa **im demokratischen Post-Apartheid-Südafrika**, das in den Medien einmal als multikulturelles Zukunftsmodell galt. Das ist längst passé, wie bereits im Juli/August 2001 zu lesen war: „Im ganzen Land **tobt inzwischen der Bandenkrieg.** Besonders schlimm ist die Situation in und um Kapstadt, wo die Polizei das Gewaltpotential auf **rund 150 Banden mit insgesamt 100 000 Mitgliedern** schätzt. Sie kontrollieren die Ausläufer der Stadt, nennen sich 'Firma', 'Die Amerikaner' oder 'Sexy Boys' und schüchtern die Bewohner mit Mafiamethoden ein. Sie kontrollieren Drogenhandel und Prostitution, organisieren Erpressungen und Raubüberfälle [Anm.: Daß in Deutschland bereits ganz ähnliche Zustände herrschen, zeigt eine Meldung vom 10. November 2009: „Gegen 22 Mitglieder einer Jugendbande hat die Staatsanwaltschaft Stuttgart Anklage wegen versuchten Mordes erhoben. Die Beschuldigten im Alter zwischen 17 und 24 Jahren sollen Ende Juni eine Gruppe junger Leute wahllos angegriffen und ein Opfer fast zu Tode geprügelt haben. Ein Großteil der Schläger gehört nach Angaben der Staatsanwaltschaft zu einer Jugendbande namens 'Black Jackets'. Sie war im Großraum Stuttgart immer wieder durch Straftaten aufgefallen."[101]]. … In Kapstadt stieg die Zahl der Morde in den letzten Jahren um stattliche 33 Prozent. Schießereien gehören zum Alltag … Doch davon hört man in bundesdeutschen Medien nichts. Kein Wunder: **So schnell wie am Kap der Guten Hoffnung ist die multikulturelle Seifenblase noch nirgends geplatzt.**"[102]

Im kommunistischen Reich der Mitte ist ebenfalls Gewalt **unter den verschiedenen Volksgruppen** zu verzeichnen, so auch Anfang September 2009, als es zu neuen **blutigen Ausschreitungen** in der nordwestchinesischen Region Xinjiang kam, bei denen fünf Menschen getötet und 14 verletzt wurden. „Die Spannungen zwischen Angehörigen der muslimischen Minderheit der Uiguren und den Chinesen waren aufgeflammt, nachdem mehr als 500 Menschen, vornehmlich Chinesen, Opfer von Angriffen mit Injektionsnadeln geworden waren. Die Attacken haben Zehntausende empörte Menschen protestieren lassen. Die Polizei setzte Tränengas ein und verhängte ein Versammlungsverbot."[103]

Auch in Nigeria kommt es zu wiederholten Massenmorden unter den einzelnen Volksgruppen/Religionsgemeinschaften. „Kirchen und Moscheen wurden bis auf die Grundmauern niedergebrannt, Kinder und Erwachsene mit Macheten abgeschlachtet, als am 7. September 2001 in der Stadt Jos im Zentrum Nigerias ethnisch-religiöse Konflikte ausbrachen. Eine 'Orgie der Gewalt' habe die bislang friedliche Stadt erfaßt, berichteten Augenzeugen. 165 Leichen wurden von Mitarbeitern des Roten Kreuzes geborgen, bis zu 500 Menschen sollen bei den Kämpfen zu Tode gekommen sein, mehr als 1000 wurden verletzt."[104]

„Trotz zahlreicher Appelle religiöser Führer, Politiker und traditioneller Vertreter der Völker Nigerias brechen in dem 123 Millionen Einwohner-Staat **immer wieder Kämpfe zwischen Christen und Muslimen oder verschiedenen Nationalitäten aus.** ... Seit dem Ende der Militärdiktatur vor zwei Jahren [Anm.: 1999] starben mehr als 6000 Menschen bei religiösen und ethnischen Konflikten. Mehr als 230 000 Menschen wurden zu Flüchtlingen, die innerhalb Nigerias Zuflucht vor Übergriffen gesucht haben."[105]

Im Juli 2009 brachen in Nigeria bürgerkriegsähnliche Unruhen aus, in deren Verlauf mehr als 200 Menschen ihr Leben verloren. Spannungen liegen in diesem multikulturellen afrikanischen Land „immer nur knapp unter der Oberfläche. Armut, der Kampf um die wenigen Ressourcen und **ethnische, kulturelle und religiöse Unterschiede sind die Ursache für viele Auseinandersetzungen** [Anm.: Warum ist es für führende Politiker und Medienschaffende Deutschlands dann so schwer zu begreifen, daß solche Zustände in absehbarer Zeit auch in unserem multikulturellen Lande drohen werden?!?]."[106]

Wie nicht anders zu erwarten, kam es im Januar 2010 in dem afrikanischen Land, mit seinen mehr als 200 Volksgruppen, erneut zu blutigen Auseinandersetzungen, wie am 20. jenes Monats aus den Medien zu erfahren war: „Bei Zusammenstößen zwischen christlichen und muslimischen Gruppen sind in Nigeria in den vergangenen Tagen mehrere Hundert Menschen ums Leben gekommen. Die Angaben über Todesopfer schwanken zwischen 200 und 460 Menschen.

Die Gewalt in der Stadt Jos hatte sich an einem Nachbarschaftsstreit über den Wiederaufbau zerstörter Häuser entzündet.

Der [konzils-]katholische Erzbischof von Jos erklärte: 'Religion wird instrumentalisiert, um ethnische und politische Interessen leichter durchzusetzen.'"[107]

50 % der mittlerweile 146 Millionen Einwohner Nigerias sind Muslime, 40 % von ihnen Christen. Erinnern wir uns in diesem Zusammenhang an die Worte von Notker Wolf, der hinsichtlich der Frage, ob Kirchenglocken läuten dürften, davon sprach, daß sich diese in 20 Jahren völlig erledigt haben werde, „weil der Islam bei uns allein durch die hohe Geburtenrate bis dahin so sehr vorgedrungen sein wird." Durch die Massenzuwanderung von Anhängern des „Propheten" Mohammed aus Ländern wie der Türkei und den verstärkten Nachwuchs bei diesen Bevölkerungsgruppen ist absehbar, daß sich die Zahlen von Moslems und Christen einander immer mehr angleichen werden (siehe hierzu eine aufschlußreiche Meldung vom 8. Oktober 2009: „Jeder vierte Mensch ist praktizierender Muslim. Insgesamt 1,57 Milliarden Personen gehören der Religionsgemeinschaft an, wie aus der bisher umfassendsten Erhebung hervorgeht. Die Studie wurde vom US-Institut Pew über Religion und öffentliches Leben veröffentlicht. Eines der überraschenden Ergebnisse: **In Deutschland leben mehr Muslime als im Libanon,** und in China mehr als in Syrien. 'Die Vorstellung, Muslime seien Araber und fast alle Araber seien Muslime wird durch die Studie widerlegt', so die Forscher."[108]). Die Zuwanderung muslimischer Immigranten erfolgte nämlich „nicht mit dem Ziel der Anpassung an eine in den Augen des Islams frevelhafte Kultur, sondern mit der Absicht, am üppigen Sozialsystem der Bundesrepublik teilzuhaben."[109]

Das ist ja schließlich auch der Grund dafür, warum Moscheen bei uns wie Pilze aus dem Boden schießen. Schlimm ist, daß das, trotz der Zustände in einem Land wie Nigeria, noch von führenden Politikern, wie dem NRW-Ministerpräsidenten Jürgen Rüttgers (CDU), gefördert wird.

Wenige Monate vor Beendigung dieses Buches sorgten übrigens Äußerungen von Bundesbank-Vorstand Thilo Sarrazin bundesweit für Schlagzeilen und heiße Diskussionen. In einem Anfang Oktober 2009 „erschienenen Interview über Berlins wirtschaftliche Zukunft hatte Sarrazin gesagt: 'Ich muß niemanden anerkennen, der vom Staat lebt, diesen Staat ablehnt, für die Ausbildung seiner Kinder nicht vernünftig sorgt und ständig neue kleine Kopftuchmädchen produziert.' Ferner sagte er: **'Die Türken erobern Deutschland genauso, wie die Kosovaren** [Anm.: dieses vor rund 10 Jahren erstmals in Erscheinung getretene Konstrukt bezeichnet Kosovo-Albaner!] **das Kosovo erobert haben: durch eine höhere Geburtenrate.'"**[110]

Führende Politiker und Medienschaffende reden immer nur von dreieinhalb Millionen Moslems, die in der BRD lebten. „Vor 22 Jahren wurde diese Zahl erstellt und seither nicht mehr geändert. Die wirkliche Zahl wird uns vorenthalten. Wenn aber Zuwanderung Bereicherung sein soll, müßte mehr Zuwanderung höheren Reichtum bedeuten. Warum also werden uns die wahren Bereicherungszahlen verschwiegen, denn Tatsache ist: **'Ein Vergleich der Geburtenraten nach Religion ist in Deutschland nicht möglich, da die Gesamtzahl der Muslime hier unbekannt ist. Sie wurde zuletzt vor 20 Jahren bei der Volkszählung 1987 erfaßt. Der Bevölkerungswissenschaftler und frühere Präsident der Deutschen Gesellschaft für Demographie, Herwig Birg, sagte FOCUS: «Es gibt keine Statistiken über Muslime».'** (focus.de, 31.3.2007)

Wir dürften also mindestens 20 Millionen Moslems in der BRD haben. Das deckt sich auch mit dem dazu im Verhältnis stehenden Ausländeranteil an den Hauptschulen. Übrigens meldeten die Vertreter der türkischen Verbände bereits 1991 mehr als fünf Millionen Türken in der BRD. **'Wir können mit Stolz registrieren, daß mehr als 5 Millionen Türken in Deutschland leben.'** (FAZ, 17.11.1991, S. 9) Bei einem Zuzug von jährlich, vorsichtig geschätzt, 300 000 Türken, wären also noch einmal über fünf Millionen hinzugekommen. Zieht man die außergewöhnliche Geburtenfreudigkeit in die Kalkulation mit ein, kommt man auf mindestens 20 Millionen Türken, ohne die Millionen anderer Bereicherungs-Moslems im Lande."[111]

„Schon kleinste interkulturelle Vergehen, Verbrechen oder Unfälle (Schlüsselreize) können in einer fortgeschrittenen, aggressionsgeladenen muku-Gesellschaft zu einer ethnischen, religiösen oder rassischen Angelegenheit werden und bewaffnete Konflikte oder gar Bürgerkriege auslösen (siehe Rodney King, Los Angeles).

Durch die ethnisch-kulturelle Vermischung, durch politische und religionsbezogene Blockbildung könnte aus einem multikulturellen Verkehrsunfall, aus einer «christlich-moslemischen Vergewaltigung» sozusagen ein Weltkrieg entstehen", warnt Kurt Willrich in seinem Buch „Von der Unfreiheit eines multikulturellen Menschen" auf Seite 138 eindringlich.

Zahlreiche Beispiele aus jüngerer Zeit belegen, wie schnell sich einzelne Volksgruppen in die Haare geraten, so etwa Anfang Januar 2010 in Süditalien, als es nach einem Angriff auf zwei afrikanische Einwanderer zu schweren Ausschreitungen kam (die Bilder davon vermißte man in den 20-Uhr-Nachrichten!). „Bei Zusammenstößen zwischen 2000 ausländischen Landarbeitern und der Polizei wurden nach Angaben der Carabinieri 34 Menschen verletzt. Die Ausschreitungen in der kalabrischen Kleinstadt Rosarno begannen, nachdem zwei junge Afrikaner von Unbekannten beschossen und leicht verletzt worden waren.

Die aufgebrachten Landarbeiter skandierten Parolen wie 'Rassisten, Rassisten'. Sie bewarfen Polizisten mit Steinen, auch Passanten wurden angegriffen. Laut einer italienischen Nachrichtenagentur stieg gestern ein verzweifelter Hausbesitzer auf das Dach seines Hauses und gab mehrere Schüsse in die Luft ab, nachdem eine Gruppe von Randalierern seine Frau und Töchter mit Steinen beworfen hatte.

Der italienische Innenminister Roberto Maroni erklärte, die Ausschreitungen seien ein Beweis dafür, daß die illegale Einwanderung schärfer bekämpft werden müsse."[112] Das ist nichts weiter als bloßes Geschwätz, denn die freimaurerischen Oberen der EU haben in den letzten Jahrzehnten ja alles dafür getan, zig Millionen von Ausländer aus aller Welt ins ehemalige christliche Abendland zu locken!

Es scheint also tatsächlich nur noch eine Frage zu Zeit zu sein, bis es auch in der Bundesrepublik Deutschland zu einer „Orgie der Gewalt" kommt, die eine große Anzahl von Opfern mit sich bringen wird. Möglicherweise wird sie im Zuge der Weltwirtschaftskrise und des absehbaren Staatsbankrotts eintreten, wie eine Nachricht vom 14. August 2009 vermuten läßt: „Bürgerkrieg galt bisher nicht als deutsches Phänomen. Doch inzwischen warnen der Deutsche-Bank-Chef Ackermann ebenso wie der DGB-Vorsitzende Michael Sommer und hochrangige Polizeivertreter vor schweren sozialen Unruhen. In Paris, Kopenhagen oder Athen haben die Menschen bereits eine Ahnung davon."[113] Die Anfänge solcher ethnischen Konflikte erleben wir ja bereits durch die hohe Ausländerkriminalität, bei der Deutsche wegen 20 Cent ermordet werden, wie wir anhand des grauenvollen Verbrechens in Hamburg mit den beiden „südländischen" Tatverdächtigen, dem 17jährigen Onur K. und dem 16jährigen Berhan I., vom Juni 2009 gesehen haben.

Sage im Falle eines Bürgerkriegs in Deutschland niemand, er habe die Gefahren nicht kommen sehen. Und tue heute niemand so, als handele es sich bei solchen Befürchtungen um „rechtsextremistisches" Gedankengut. Die Menschen in Ländern wie Südafrika oder Nigeria haben schon lange eine höchst anschauliche Vorstellung von den „Segnungen" einer multikulturellen Gesellschaft bekommen.

Kommen wir in diesem Zusammenhang abschließend auf den 39jährigen sogenannten Deutsch-Türken Cem Gülay zu sprechen, der im Laufe seiner langjährigen „Karriere" mehr als 100 Kontrahenten verprügelt und Millionen mit zwielichtigen Warentermin-Geschäften gescheffelt hat. Immer wieder war er in hochkriminelle Angelegenheiten verwickelt. „Da kann man dann schon mal ein Buch schreiben. Hat er getan. Was er schreibt, hat es teilweise in sich. Die Bundesrepublik Deutschland müsse sich auf schwerste Bürgerkriegs-Unruhen vorbereiten. Ein kleinster Funke könne zur Explosion führen [Anm.: Sehr wahrscheinlich wird dieser Funke in absehbarer Zukunft durch die international miteinander vernetzten, allesamt unter strenger Kontrolle der Satanssynagoge stehenden Geheimdienste, das heißt durch von ihnen gezielt plazierte Provokateure, entzündet!]. Gülay: 'Wenn wir nicht aufpassen, können wir uns auf etwas gefaßt machen. In 20 Jahren werden Bürger mit Migrationshintergrund in Großstädten bereits die Mehrheit bilden.' Und: 'Es kann jederzeit [!] passieren. Es werden keine Vorstädte brennen wie in Paris. Nein, die Innenstädte werden brennen. Sie werden diesen Kampf in die Städte tragen, weil es euch dort am meisten schmerzt.' Der Mann weiß wahrscheinlich, wovon er spricht ..."[114] So viel also zur „erfolgreichen Integration" wahrer Menschenmassen aus Ländern wie der Türkei oder Rußland, über die unsere Oberen aus Politik und Medien immerzu daherschwafeln, und die Deutschland eines Tages den Todesstoß versetzen könnte.

Haß auf das Christentum, Ehrenmorde und sonstige „Bereicherungen" der multikulturellen Gesellschaft

Daß sich in Deutschland immer mehr Gewaltverbrechen *gerade gegen Katholiken* ereignen, zeigt, in was für einem antichristlichen Land wir mittlerweile leben. Greifen wir hierzu stellvertretend einen Fall von Ende Mai 2005 auf: „Ein Deutsch-Türke hat in Wiesbaden seine hochschwangere Freundin mit einem Schlagstock angegriffen, um das Kind zu töten. Der 24jährige sei ... festgenommen worden und habe die Tat gestanden, berichtete die Polizei ... Zur Begründung habe er gesagt, **ein Kind mit einer Katholikin sei eine Schande für ihn.** Das Kind blieb unverletzt. Der Mann hatte sich unter dem Vorwand, er sei ein Paketbote, Zugang zur Wohnung der 32jährigen verschafft. **Als die Frau ihm die Tür öffnete, schlug und trat er auf die Hochschwangere ein.** Der Mann ließ sie erst in Ruhe, als sie schreiend auf ihren Balkon flüchtete. Die werdende Mutter kam mit leichten Verletzungen ins Krankenhaus."[115]

Dieses schauerliche Verbrechen ist kein Einzelfall, wie eine Meldung vom 10. Februar 2006 zeigt: „Im Lübecker Prozeß um den gewaltsamen Tod eines ungeborenen Babys hat das Landgericht vier Jahre Jugendstrafe verhängt. Die Richter verurteilten den 18jährigen wegen gefährlicher Körperverletzung und Schwangerschaftsabbruchs.

Er hatte zugegeben, **seiner im achten Monat schwangeren Freundin in den Bauch getreten [!]** zu haben, **um das gemeinsame Kind zu töten. Er habe Angst gehabt, daß sein Vater ihn verstoßen würde, wenn er von dem Kind mit seiner christlichen Freundin erführe.**"[116]

Nur rund zweieinhalb Monate später, am 24. April 2006, wurde das Urteil in einem ähnlichen Fall gesprochen. „Wegen der brutalen Mißhandlung seiner schwangeren Ex-Freundin ist ein 16jähriger Vater in Berlin zu dreieinhalb Jahren Haft verurteilt worden. **Der aus Libanon stammende Schüler und sein** zu drei Jahren Haft verurteilter **Freund hatten die 15jährige Deutsche mehrmals in den Bauch getreten, um das Kind zu töten.**

Danach zwangen sie am Abend des 4. Dezember 2005 auf einem Schulhof im Stadtteil Moabit das im siebten Monat schwangere Mädchen, von einer drei Meter hohen Skulptur zu springen. Die Schülerin verletzte sich dabei an Kinn und Lippe. Mutter und Kind wurden gerettet. Das Kind, ein Mädchen, kam durch einen Kaiserschnitt zur Welt. ...

Nach der Urteilsverkündung im Berliner Landgericht des nicht öffentlichen Jugendverfahrens bekam der 16jährige Vater einen Wutanfall. Im Gerichtssaal schimpfte er auf arabisch, schlug und trat um sich. Seine Mutter wurde nach der Aufregung vorübergehend in der Krankenstation des Kriminalgerichts behandelt.

Der zur Tatzeit 15jährige und sein ein Jahr jüngerer Freund waren geständig. Sie wurden wegen gefährlicher Körperverletzung und versuchten Schwangerschaftsabbruchs verurteilt [Anm.: Warum solche Gewalttäter nicht wegen *Mordes an einem Ungeborenen* zur Rechenschaft gezogen werden? Weil sonst Abtreibungsärzte gleichermaßen vor Gericht erscheinen müßten!]. Während sie auf das schwangere Mädchen einschlugen, fragten die beiden Schüler immer wieder, ob das Kind im Bauch inzwischen tot sei. Diese Frage wurde vom Gericht als «besonders verwerflich» bewertet. Die Angeklagten nahmen der Schwangeren ihr Handy weg, damit sie keine Hilfe holen konnte. Das Mädchen konnte sich bis zu einer Turnhalle schleppen. Sportler alarmierten den Rettungsdienst.

Das Gericht ging von einer verminderten Schuldfähigkeit [Anm.: Wie oft haben wir diese Entschuldigung bei den oben aufgeführten, von Ausländern an Deutschen verübten Straftaten nicht schon vernommen!] des jungen Vaters aus. Damals sei er besonders belastet gewesen, weil seine Familie die Schwangerschaft mißbilligte. Eine Verurteilung wegen versuchten Mordes oder wegen versuchten Totschlags kam nicht in Betracht, da sich der Angriff gegen ungeborenes Leben richtete."[117]

Daß Türken – möglicherweise aufgrund ihrer falschen Religion des Islam – in der Regel gewalttätiger als etwa deutsche Männer sind, belegt eine brisante Meldung des „Spiegel" von Ende September 2004, in der es hieß, daß **türkische Frauen in Deutschland häufiger Gewalt ausgesetzt sind als deutsche Frauen. „Außerdem sind die Übergriffe auf sie schwerer und führen häufiger zu Verletzungen.** Das ist das Ergebnis einer Studie im Auftrag des Bundesfamilienministeriums. Während in der Gesamtbevölkerung 40 Prozent der Frauen schon einmal sexuelle oder körperliche Gewalt erfahren hatten, waren es in einer gesonderten kleineren Stichprobe unter Türkinnen 49 Prozent. 38 Prozent der Türkinnen gaben an, Gewalt durch ihren Partner erlebt zu haben – in der Gesamtbevölkerung waren dies nur 25 Prozent. Bei 64 Prozent der türkischen Migrantinnen war der Mißbrauch so schwer, daß sie Verletzungen erlitten (im gesamten Durchschnitt 55 Prozent). Die türkischen Migrantinnen suchten genauso häufig wie deutsche Frauen Zuflucht in Frauenhäusern, so Co-Autorin Monika Schröttle.

Zudem liefert die Studie auch erste Zahlen über das Problem der Zwangsverheiratung: Ein Viertel der befragten Türkinnen hatte den eigenen Ehemann erst bei der Hochzeit kennengelernt. Bei etwa der Hälfte der Frauen hatte die Verwandtschaft den Mann ausgesucht, die meisten gaben an, sie seien mit dieser Wahl einverstanden gewesen. Neun Prozent aller Türkinnen sagten jedoch, sie seien zu der Ehe gezwungen worden."[118]

„Wenn es darum geht, die überbordende Ausländerkriminalität in Deutschland schönzureden, heißt es von linker Seite gern: Länger hier lebende Ausländer würden sich bei Straftaten von den Deutschen nicht unterscheiden. Professor Christian Pfeiffer, der Direktor des Kriminologischen Forschungsinstituts Niedersachsen, und dessen Kollege Dr. Peter Wetzels haben diese Behauptung mit Blick auf die Jugendkriminalität untersucht und kommen in der FAZ Nr. 76/2000 zu folgendem Schluß:

'Je länger sich die türkischen Jugendlichen in Deutschland aufhalten, um so häufiger haben sie in den vergangenen zwölf Monaten vor der Befragung **Gewalttaten begangen. Am höchsten fällt die Gewaltrate bei denen aus, die in Deutschland geboren wurden** ... Zum anderen ist aber auch zu beobachten, daß nach unseren Daten sowohl die Gewalt gegen Kinder, Jugendliche und Frauen als auch die Häufigkeit von gewalttätigen Auseinandersetzungen unter den Eltern steigen, je länger die Migranten in Deutschland leben.'

So nimmt es denn nicht Wunder, daß unter den Häftlingen deutscher Jugendstrafanstalten der Anteil junger Türken 15 Prozent beträgt und damit fast dreimal so hoch ist wie ihr Bevölkerungsanteil in der entsprechenden Altersgruppe. Die einheimischen Deutschen dagegen stellen nur jeden zweiten Gefangenen bei einem Bevölkerungsanteil an jener Altersgruppe von 78 Prozent.

Pfeiffer und Wetzels geben an, daß sie bei Vorträgen und Diskussionen wegen ihrer Forschungsergebnisse unter Druck geraten sind: „Die Aussagekraft unserer Daten wurde zwar nur selten bezweifelt. Vor allem unter den Deutschen gab es aber jeweils nicht wenige, die ihre Besorgnis darüber äußerten, daß unsere Erkenntnisse von rechten Parteien und ausländerfeindlichen Gruppen mißbraucht werden könnten. Einige vertraten deshalb die Ansicht, wir sollten die Forschungsergebnisse von den Medien fernhalten ...“[119]

Anfang 2008 erhielt man nochmals eine Bestätigung für das aggressive Verhalten vieler „Südländer“ in Deutschland, selbst wenn diese hier geboren worden sein sollten: „Laut jetzt veröffentlichtem Forschungsbericht Nr. 100 des Kriminologischen Forschungsinstituts Niedersachsen (KFN) haben **im Jahr 2005 türkische und 'jugoslawische' Jugendliche zu stattlichen 37,5 bzw. 31,3 Prozent mindestens eine Körperverletzung begangen**, während dies bei deutschen Jugendlichen mit 19,1 Prozent nur halb so oft der Fall war.

272

Noch eine Zahl in der KFN-Studie ist entlarvend: 87 Prozent der untersuchten türkischen Jugendlichen sind in Deutschland geboren, nur fünf Prozent leben weniger als zehn Jahre in der Bundesrepublik. Hält man diese Daten zu den Angaben über die Gewalttätigkeit von Jugendlichen mit 'Migrationshintergrund', dann ergibt sich vor allem ein Befund: **Die 'Integration' klappt nicht.** Auch die Annahme der deutschen Staatsbürgerschaft macht aus prügelnden Jungtürken keine integrierten Mitschüler."[120]

Was jedenfalls von den Medien nicht ferngehalten werden kann, ist die Tatsache, daß sich in Deutschland immer mehr „Ehrenmorde" ereignen. „**Im sogenannten 'Ehrenmord'-Prozeß vor dem Berliner Landgericht hat der jüngste der drei Angeklagten, der 19jährige Ayhan S., die Tötung seiner Schwester Hatun Sürücü gestanden.** 'Ich habe meine Schwester getötet. Ich habe die Tat allein und ohne Hilfe begangen', verlas sein Verteidiger die Erklärung des Geständigen. Die beiden anderen Brüder im Alter von 24 und 26 Jahren bestritten eine Tatbeteiligung. Die Staatsanwaltschaft glaubt jedoch, daß auch sie an der Ermordung der Schwester beteiligt waren und Ayhan S. ein falsches Geständnis abgelegt hat, um seine beiden älteren Brüder zu schützen. In der Anklageschrift ist von einem 'gemeinsamen Tatentschluß' der drei Brüder die Rede.

Beweggrund für ein falsches Geständnis des jüngsten Angeklagten könnte die geringere Straferwartung für den erst 19jährigen sein, der noch unter das Jugendstrafrecht fällt und nur eine Freiheitsstrafe von bis zu zehn Jahren zu erwarten hat, während die beiden anderen Beschuldigten mit lebenslanger Freiheitsstrafe rechnen müssen.

Das Opfer war am 7. Februar dieses Jahres an einer Bushaltestelle im Stadtteil Tempelhof **mit mehreren Schüssen in den Kopf und in den Oberkörper regelrecht hingerichtet worden.** Dem Geständnis zufolge war der Plan zu der Mordtat schon lange gereift. Er habe seine Schwester töten wollen, so der Geständige, um die Ehre der Familie zu retten, welche die junge Frau durch ihren freien Lebenswandel verletzt habe. **Die Tatwaffe habe er sich für 800 Euro von einem Russen am Bahnhof Zoo besorgt.**

Die 23jährige Türkin war 1999 nach der Geburt ihres Sohnes nicht mehr zu ihrem zwangsverheirateten Ehemann in die Türkei zurückgekehrt. Sie hatte die elterliche Wohnung verlassen, eine Lehre als Elektroinstallateurin begonnen und lebte mit ihrem Kind in Berlin allein. **Die junge Frau ignorierte die traditionellen muslimischen Kleidungsvorschriften, verzichtete auf Kopftuch und schwarzen Mantel.** Dies veranlaßte die Brüder, die der Schwester außerdem ihre 'Männergeschichten' vorwarfen, offenbar zu der brutalen Tat. ...

Die UN-Menschenrechtskommission geht von **weltweit etwa 5000 Frauen und Mädchen** aus, **die jährlich zumeist in islamischen Ländern Opfer von 'Ehrenmorden' werden. Mit dem Beitritt der Türkei zur EU** und der hierdurch zu erwartenden weiteren Masseneinwanderung von Türken in die Bundesrepublik **dürfte sich auch die Zahl der 'Ehrenmorde' in Deutschland, die schon heute ein beängstigendes Ausmaß angenommen hat, drastisch erhöhen.** Denn durch den Beitritt Ankaras zur Europäischen Union würde früher oder später die volle Freizügigkeit für alle Türken und Kurden innerhalb der EU und damit auch die ungehinderte Einwanderung nach Deutschland ermöglicht", befürchtete die „National-Zeitung" in ihrer Ausgabe vom 23. September 2005 (Herv. hinzugefügt).

Nur anderthalb Monate später sorgte am 5. November 2005 der nächste „Ehrenmord" bundesweit für Schlagzeilen: **„Weil er die 'Familienehre' verletzt sah, hat ein 25jähriger Kurde aus Celle seine Schwester umgebracht.** Das Landgericht Lüneburg verurteilte ihn wegen Totschlags zu acht Jahren Jugendstrafe [Anm.: Warum nicht wegen „Mordes"? Und ist man mit Mitte Zwanzig noch „Jugendlicher"? Erinnern wir uns an die Meldung vom 6. Februar 2008, in der man erfuhr, daß im Jahr 2006 nur 36 Prozent der volljährigen Beschuldigten nach dem Erwachsenen-Strafrecht verurteilt wurden!]. Die 21jährige wollte einen deutschen Mann heiraten [Anm.: In solch einem Fall wird natürlich nicht von „Rassismus" gegenüber Deutschen gesprochen, die – meist als Christen – von vielen Moslems als „minderwertig" betrachtet werden!].

Als die junge Frau nach einem Familienstreit aus der Wohnung ihrer Eltern flüchtete, wurde sie von ihrem Bruder verfolgt. Die

Richter sahen es als erwiesen an, daß er seine Schwester daraufhin auf offener Straße erstach."[121]

Am 2. März 2009 wurde die Kurdin Gülsüm S. erschlagen und mit zerschmettertem Gesicht in einem Wald gefunden. „Aufgrund des kulturellen Hintergrundes und dem ausgeprägten Willen von Gülsüm, ihr Leben selbst zu gestalten, lag der Verdacht auf ein 'Ehren'motiv von Anfang an in der Luft. Jetzt gibt es traurige Gewißheit: Gülsüm wurde auf Familienbeschluß von ihrem Drillingsbruder erschlagen, weil sie keine Jungfrau mehr war."[122]

Im Juni 2009 kam es dann in Schweinfurt zu einem „Ehrenmord". „Der brutale Mord an einer 15jährigen Türkin in Schweinfurt ist nach Einschätzung der Polizei eine gezielte Tat des Vaters gewesen. Den Ermittlungen zufolge stach der 45jährige mehrere Dutzend [!] Mal mit einem Küchenmesser auf seine schlafende Tochter ein.

Der Inhaber einer Döner-Bude habe im Verhör angegeben, Probleme damit gehabt zu haben, daß seine Tochter den muslimischen Weg nicht mitgehen wollte, erklärte ein Polizeisprecher. Den Ermittlungen zufolge hatte der Vater am frühen Mittwochmorgen (24.06.09) ein Messer aus der Küche seiner Wohnung geholt und war damit in die darunter liegende Wohnung gegangen. Dort habe er mehrfach auf seine schlafende Tochter eingestochen und sie mit einer Vielzahl von Messerstichen tödlich verletzt, beschrieb die Polizei den Tatablauf." Der Imbiß-Betreiber wurde kurze Zeit später festgenommen. „Er hat die Tat gestanden. Gegen ihn ist Haftbefehl wegen Mordes ergangen. Die Staatsanwaltschaft ordnete eine psychiatrische Untersuchung des Mannes an."[123]

Auch dieser Fall hat eine Diskussion „über das Motiv und die Integrationsfähigkeit von Muslimen in Deutschland ausgelöst. Eine Bekannte der Familie schrieb im Internetforum einer Würzburger Zeitung, sie glaube nach dem jahrelangen Zusammenleben mit Muslimen nicht mehr an die Integrationsbereitschaft türkischer Mitbürger. Ein Stammkunde beschrieb den Inhaber einer türkischen Imbißbude dagegen als netten und zurückhaltenden Menschen. Der 45jährige habe den Eindruck eines gut integrierten Mannes vermittelt."[124]

Sind es vielleicht etwa nur wenige, die in Ländern wie der Türkei „Ehrenmorde" gutheißen? Mitnichten! „Im Südosten der Türkei befürwortet einer Umfrage zufolge ein gutes Drittel der Bevölkerung die sogenannten 'Ehrenmorde' von jungen Frauen zur Rettung der Familienehre. Mehr als 37 Prozent der Befragten sagten, eine Frau, welche die Ehre der Familie beschmutzt habe, müsse getötet werden. 25 Prozent der Befragten sagten, eine solche Frau müsse zur Scheidung gezwungen werden. Mehr als 21 Prozent meinten, die Frau müsse hart bestraft werden, etwa, indem die Familie ihr die Nase oder eine Ohr abschneide. Die Universität Dicle in Diyarbakir befragte 335 Männer und 95 Frauen.

In der Türkei werden jedes Jahr Dutzende der sogenannten Ehrenmorde verübt. Erst in der vergangenen Woche war ein 25jähriger Mann wegen Tötung seiner Schwester zu lebenslanger Haft verurteilt worden. Es war eines der ersten Urteile seit der Abschaffung der lange üblichen Strafnachlässe für 'Ehrenmorde' im Zuge der EU-Reformgesetze in der Türkei", setzten die „Politischen Hintergrundinformationen"[125] in ihrer Ausgabe vom 1. November 2005 ihre Leser in Kenntnis.

Nur zehn Tage später erfuhr man von einem weiteren Fall aus der Türkei: **Eine Türkin ist von ihrem Vater erschossen worden**, weil sie in einer Fernsehsendung zum Thema Gewalt in der Familie von ihren eigenen Erfahrungen erzählt hatte. **'Du hast uns blamiert', beschimpfte der Vater die 32jährige vor den tödlichen Schüssen**, wie türkische Zeitungen berichteten.

Die zweifache Mutter aus der Nähe von Istanbul war in der Fernsehshow mit einer Perücke aufgetreten, um nicht erkannt zu werden. Die Sendung wurde abgesetzt."[126]

Monate zuvor „erlitt **Birgül Isik** ein ähnliches Schicksal, nachdem sie in der Sendung 'Stimme der Frau' von der täglichen Gewalt ihres Mannes berichtet hatte und **von ihrem 14jährigen [!] Sohn auf offener Straße niedergeschossen** wurde.

Fast zwei Drittel aller türkischen Frauen werden Opfer alltäglicher, teils brutaler Gewalt. Und immer wieder werden Frauen von Verwandten umgebracht, weil sie angeblich die Familienehre beschmutzt haben. Oft genügt ein Gerücht."[127]

Sichten wir dazu einige weitere repräsentative Beispiele aus der Türkei, um eine Vorstellung davon zu bekommen, auf was wir in Deutschland uns in Zukunft vermehrt einstellen müssen:

„In der Türkei ist eine **24jährige Opfer eines 'Ehrenmordes'** geworden, weil ihr Freund kurz vor der Hochzeit das Verlöbnis gelöst hatte. Die junge Frau starb im Krankenhaus, nachdem **ihr Bruder auf sie eingestochen und der Vater auf sie geschossen** hatte.

Angeblich hatte die Frau ihrem Verlobten während der Hochzeitsvorbereitungen gestanden, daß sie vor ihm mit jemand anderem zusammen war. Vater und Bruder stellten sie daraufhin zur Rede. Nach der Bluttat tauchten die beiden unter", wie der „RTLtext" am 21. April 2006 auf Seite 133 (Herv. hinzugefügt) berichtete.

„Eine **18jährige Frau** aus einem Vorort von Ankara ist zwei Tage nach ihrer Hochzeit **vom eigenen Bruder durch einen Kopfschuß lebensgefährlich verletzt** worden. Der Bräutigam hatte die Braut zurückgegeben, weil sie angeblich keine Jungfrau mehr war.

Daß die 18jährige nach eigener Darstellung von ihrem Schwager vergewaltigt wurde, habe die Familie nicht von dem Verbrechen abgehalten"[128], hieß es am 7. Juni 2006 in den Medien.

„In der Türkei ist [Anfang Juli des gleichen Jahres] wieder ein 'Ehrenmord' geschehen. Opfer wurde ein im siebten Monat schwangeres Mädchen aus Gaziantep im Südosten des Landes.

Der Bruder hatte **die 16 Jahre alte Schwester** am frühen Morgen geweckt und **mit zwei Schüssen aus einem Jagdgewehr getötet.** Er habe es nicht ertragen, daß seine unverheiratete Schwester ein Kind erwartete, sagte der 22jährige nach der Festnahme."[129]

„In der Türkei ist [am 23. Oktober 2006] eine 15jährige Opfer eines 'Ehrenmordes' geworden, weil sie nach einer Vergewaltigung [!] ein uneheliches Kind geboren hat. Das Mädchen, das die Schwangerschaft geheimgehalten hatte, wurde nach der Entlassung aus dem Krankenhaus in Baskale **auf offener Straße erschossen.**

Ihr Bruder hatte sie zu einem Spaziergang aufgefordert und sei nach den Schüssen untergetaucht. Die Ermittler glauben, daß der mutmaßliche Schütze einen Beschluß des 'Familienrats' umgesetzt hat."[130] Das ist die Art „Kultur", die unsere freimaurerischen Oberen uns aufzwingen wollen!

In einigen islamischen Ländern werden sogar vergewaltigte (!) Frauen hart bestraft, wie eine Meldung vom 16. November 2007 zeigt: „Für eine junge Frau aus Saudi-Arabien, die von sieben Männern vergewaltigt und von einem Gericht zu 90 Peitschenhieben verurteilt wurde, ist das Martyrium noch nicht zu Ende. Das Gericht in der saudi-arabischen Stadt Katif hat die Strafe laut Medienberichten nun auf 200 Hiebe erhöht, außerdem muß die Frau für sechs Monate in Haft. Ihr 'Vergehen': Als die Vergewaltiger sie verschleppten, hatte sie mit einem Mann im Auto gesessen, der weder mit ihr verheiratet noch verwandt ist."[131]

Wie die „Augsburger Allgemeine" in ihrer Ausgabe vom 22. Dezember 2005 nüchtern feststellte, bekommt die Türkei trotz aller Reformen die sogenannten „Ehrenverbrechen" nicht in den Griff. „So sah die Justiz keinen Grund zum Einschreiten, als **ein Mann im südostanatolischen Diyarbakir seiner jungen Frau die Nase abschnitt, 'um sie zu bestrafen'**. Solche Verstümmelungen gehören in Anatolien zu den traditionellen Strafen bei angeblichen Verstößen gegen die 'Familienehre'.

Daß diese barbarische Selbstjustiz im EU-Bewerberland Türkei immer wieder vorkommt, dürfte mit der 'Milde' der Justiz zusammenhängen. So sahen die Behörden in diesem Fall keinen Grund zum Eingreifen, weil das völlig verängstigte Opfer keine Strafanzeige gegen den Täter einreichte, der zudem ihre Handgelenke mit einem Messer traktiert hatte. Der Mann bleibt unbehelligt."[132]

Diese Verbrechen in Anatolien rissen auch in den Folgejahren nicht ab, wie noch ein repräsentativer Fall von Mitte Mai 2009 belegen soll: „Weil sie angeblich ihren Mann betrog und dadurch die Familienehre beschmutzte, sind **einer jungen Frau in der Türkei Nase und Ohren abgeschnitten** worden. Die 23jährige wurde in der vornehmlich von Kurden bewohnten östlichen Provinz Agri schwer verletzt aufgefunden. Nach Ärzteangaben schwebte sie in Lebensgefahr. Sie wurde den Angaben zufolge **auch mit einer Stichwaffe im Unterleib verletzt und** vor der Verstümmelung offenbar **von Familienangehörigen gefoltert.**"[133]

278

In anderen islamischen Ländern begegnen uns die gleichen abscheulichen „Sitten", wie man etwa am 21. Mai 2005 erfahren konnte: „**Ein Zehnjähriger hat in Ägypten seine zwei Jahre ältere Schwester erstochen und geköpft [!], weil ihn seine Schulkameraden gehänselt hatten.** Andere Kinder hatten ihm erzählt, seine Schwester schlafe mit den jungen Männern des Dorfes.

Rami, der sich nach dem Tod des Vaters als ‚Mann im Hause' aufspielte, erstach seine Schwester im Schlaf. Um sicher zu sein, daß sie wirklich tot war, trennte er ihr den Kopf ab. **Seine Schwester habe die Familie ‚entehrt', sagte der Junge** beim Verhör."[134]

„**Ein Mann in Pakistan hat seiner 20 Jahre alten Schwester beide Beine abgeschlagen, weil sie den Mann ihrer Wahl geheiratet hat.** Die junge Frau und ihr Mann arbeiteten auf dem Feld, als sie vom Bruder und einigen Männern aus dem Dorf überfallen wurden.

Die Frau hat sehr viel Blut verloren und ist in kritischem Zustand. In der männlich dominierten Gesellschaft Pakistans ist Gewalt gegen Frauen ein großes Problem. Allein in den letzten 18 Monaten wurden 750 solcher Fälle registriert", stellte der „RTLtext" am 27. November 2005 (S. 128; Herv. hinzugefügt) fest.

Wie die Presse am 5. Dezember 2008 berichtete, sind **in der Türkei** „in den vergangenen sieben Jahren fast **300 Frauen bei ‚Ehrenmorden' getötet** worden. Zu diesem Ergebnis kommt eine Studie der Inönü-Universität in Malatya.

Bei ‚Ehrenmorden' werden Frauen, die angeblich das Ansehen ihrer Familie beschmutzt haben, von ihren Verwandten umgebracht. Es genüge, wenn eine Frau mit fremden Männern spricht. Wegen harter Strafen für diese Verbrechen würden inzwischen viele Frauen von ihren Angehörigen in den Selbstmord getrieben, sagte der Leiter der Studie, Osman Celbis."[135]

Und diese Fälle ereignen sich bis auf den heutigen Tag: „Ein Staatsanwalt in der Türkei untersucht den Tod einer 12jährigen, die nach dem Schreiben eines Liebesbriefchens mit drei Kugeln aus einem Sturmgewehr im Körper aufgefunden worden ist", stand am 18. Januar 2010 im „RTLtext" (S. 130) zu lesen, und weiter: „Die Familie behauptet, daß das Kind mit der Kalaschnikow des Vaters Selbstmord begangen hat. Es wird aber ein Ehrenmord vermutet.

Meryem hatte in ihrer Schulklasse 'Ich liebe Dich' an einen Jungen geschrieben. Der Lehrer fand den Zettel, stellte den Vater ein und übergab das Papier."

„Ein 16jähriges Mädchen ist im Südosten der Türkei Medienberichten zufolge lebendig begraben worden, weil die Familie ihre angeblich beschmutzte Ehre wieder reinwaschen wollte", hieß es nur etwas mehr als zwei Wochen später am 4. Februar 2010 zu einem weiteren ganz besonders grauenvollen Fall von „Rechtsauffassung" in den Medien. „Die Ermordete sei von ihren Angehörigen verdächtigt worden, Kontakt zu Männer gehabt zu haben, meldete die amtliche Nachrichtenagentur Anadolu.

Ihr Vater und ihr Großvater seien festgenommen worden, hüllten sich aber in Schweigen. Die Tote sei in sitzender Position in einem zwei Meter tiefen Grab gefunden worden, zitierte Anadolu einen Pathologen."[136]

Bereits Mitte März 2007 wurden im streng islamischen Nordwesten Pakistans drei Menschen öffentlich hingerichtet, darunter eine geschiedene Frau wegen Ehebruchs. Wie lokale Medien berichteten, hatten Stammesälteste und Mitglieder der Gruppe Lashkar-i-Islami die drei zunächst gesteinigt, bevor sie erschossen wurden.

„Viele Menschen aus der Region beobachteten die Hinrichtung unter freiem Himmel, nachdem in der örtlichen Moschee der unmittelbar bevorstehende Vollzug der Todesurteile bekanntgegeben worden war."[137] (Wenn sich immer mehr Konzilskatholiken für die Errichtung von Moscheen in der Bundesrepublik Deutschland einsetzen, brauchen sie sich nicht zu wundern, wenn die Scharia, das heißt das islamische Recht, auch in unserem Lande zunehmend Verbreitung findet!)

Am 12. Januar 2006 hatte **eine Mutter in der jemenitischen Provinz Schabwa ihren zwölf Jahre alten Sohn erhängt. „Sie sagte, sie sei mit ihren Erziehungsmethoden gescheitert** und habe das ständige Fehlverhalten des Jungen nicht mehr ertragen. Die Frau tötete das Kind am zweiten Tag des islamischen Opferfestes, an dem arabische Familien traditionell Besuch empfangen.

Daher bemerkten Nachbarn rasch, was geschehen war, obwohl die Mutter die Leiche bereits mit Hilfe des Vaters im Garten vergraben hatte."[138]

Je mehr die von den Hintergrundmächten der Weltpolitik angestrebte „multikulturelle Gesellschaft", die selbstverständlich auch interreligiös ist, bei uns voranschreitet, desto häufiger treten islamische Sitten auch in Deutschland zutage, unter anderem was das grausame Schächten von Tieren anbelangt: **„Das Oberhaupt einer Gießener Schwanenfamilie ist qualvoll gestorben, weil ein Spaziergänger das Tier spontan schächten und anschließend verzehren wollte"**, stand am 1. Oktober 2005 in der Presse zu lesen. „Wegen Verstoßes gegen das Tierschutzgesetz wurde der 26jährige Khelifa T. vom Amtsgericht der Stadt [Gießen] zu einer Geldstrafe von 75 Tagessätzen je zehn Euro verurteilt [Anm.: Leider gilt Tierquälerei in Deutschland immer noch als Kavaliersdelikt!].

In seiner Familie sei es bis vor vier Jahren üblich gewesen, jedes Jahr ein Schaf nach islamischen Ritus zu schächten, sagte der Deutsche tunesischer Abstammung zur Begründung. Das sei aber jetzt verboten. Er habe den Schwan essen wollen, weil er geglaubt habe, er schmecke wie Hähnchen.

Da der Mann bei der Tat im Juli [2005] nur über ein stumpfes Klappmesser verfügte, mißlang die Schächtung. Zusätzlich zu den bereits vorhandenen Verletzungen stach der Angeklagte aus Heusenstamm bei Offenbach das Tier noch einmal in den Hals und ließ es anschließend liegen. Der Schwan mußte eingeschläfert werden."[139]

„Nach Auskunft des Polizeipräsidiums Südhessen (am 5. April 2007) hat ein 44jähriger Türke in der Stadt Groß-Gerau mehrere Male auf einer Weide ein Schaf vergewaltigt. Er wurde von einer Überwachungskamera ertappt und mußte die Sodomie (Unzucht mit Tieren) gestehen.

Sodomie wird in islamischen Schriften erlaubt: Der iranische Ajatollah Chomeini schreibt in seinem 'Leitfaden für Muslime', daß Sodomie mit Kamelen, Kühen und Schafen Männern gestattet sei. Das Fleisch dieser Tiere dürfe aber nur im Nachbarort verkauft werden."[140]

Welch eine „Bereicherung" ist solch eine Kultur, die uns nicht zuletzt „christliche" Politiker wie Jürgen Rüttgers und Angela Merkel beschert haben! Und das Schlimmste ist: die Masse der (Konzils-)Katholiken schweigt sich gegenüber diesen Zuständen ebenfalls beharrlich aus, da sie der irrigen Annahme ist, es müßte ein „Dialog" der Religionen stattfinden. Dieser könnte sie indes eines Tages nicht nur um ihr irdisches Leben sondern auch um ihre unsterbliche Seele bringen.

In der BRD gibt es auch **„immer mehr Fälle von Zwangsheirat"**, wie man etwa am 15. August 2007 zur Kenntnis nehmen mußte. „Die Zahl der von Zwangsheirat bedrohten Frauen in Deutschland ist deutlich gestiegen: 2006 meldeten sich fast doppelt so viele Betroffene bei der Frauenrechtsorganisation Terre des Femmes in Tübingen wie im Jahr 2004. Vor drei Jahren seien es durchschnittlich acht Fälle im Monat gewesen, im vergangenen Jahr 14, sagte eine Sprecherin.

Im Juli 2007 hätten sich sogar noch mehr Mädchen gemeldet. In den Ferien beobachte man eine Konzentration der Heiratsverschleppungen ins Ausland."[141]

Wie abscheulich diese im Islam weit verbreitete Praxis ist und wo sie letzten Endes hinführen kann, zeigt das Beispiel eines zwangsverheirateten zwölfjährigen Mädchens im Jemen vom September 2009. „Wie die jemenitische Kinderschutzorganisation Sijadsch mitteilte, erlitt das Mädchen bei der Totgeburt seines Kindes in einem saudiarabischen Krankenhaus schwere Blutungen, an denen es starb.

Laut Sijadsch wurde die Kleine im Alter von elf Jahren von ihren völlig mittellosen Eltern zur Ehe gezwungen, mit zwölf Jahren wurde sie dann schwanger. 2008 sorgte der Fall der kleinen Nodschud Mohammed Ali für Aufsehen, die im Alter von acht Jahren nach zwei Jahren Zwangsehe per Gericht die Scheidung von ihrem 20 Jahre älteren Mann durchsetzte."[142]

Ehrenmorde, Schächtungen von Tieren, Zwangsehen und selbst Genitalverstümmelungen gehören aufgrund der liberalen Zuwanderungspraxis in Deutschland schon lange zum Alltag: **„In deutsche Frauenarztpraxen kommen einer Umfrage zufolge zunehmend**

mehr Frauen mit Genitalverstümmelungen. 43 % der Frauenärzte gaben an, bereits eine beschnittene Frau in ihrer Praxis behandelt zu haben, berichtet die Stuttgarter Zeitschrift 'Via medici'. Das sei vor allem **auf eine zunehmende Zahl an Migrantinnen zurückzuführen.**

Die Zeitschrift verweist auf eine Schätzung der Frauenhilfsorganisation Terre des Femmes, nach der mindestens [!] 24 000 Mädchen und Frauen in Deutschland beschnitten sind", so der „ARD-Text" am 29. September 2005 (S. 528; Herv. hinzugefügt).

Zwei Monate später war zu erfahren, daß **drei Millionen Mädchen nach einer UNICEF-Studie jedes Jahr beschnitten werden.** „Die Zahl liege höher als bisher angenommen, teilte UNICEF mit. Betroffen seien Frauen in 28 Ländern Afrikas und des Nahen und Mittleren Ostens. In Ägypten, Guinea und Sudan werden demnach mindestens 90 % aller Mädchen beschnitten.

Die Praxis reicht von der Abtrennung der Vorhaut der Klitoris bis zu Entfernung der Klitoris und der Schamlippen. Die Mädchen erleiden, abgesehen von der lebenslangen Verstümmelung, akute Schmerzen und starke Blutungen."[143]

Anfang Februar 2006 wurde diese Praxis erneut kritisiert: „Zum Internationalen Tag gegen Mädchenbeschneidung hat das UN-Kinderhilfswerk (UNICEF) kritisiert, daß **Tag für Tag immer noch über 8000 Mädchen weltweit an ihren Genitalien verstümmelt** werden.

Immer häufiger werde die grausame Tradition in Arztpraxen oder Krankenhäusern vollzogen. Der Brauch werde nur 'modernisiert', nicht abgeschafft.

Laut UNICEF wird in 28 Ländern in Afrika und dem Mittleren Osten beschnitten. Immer wieder sterben Mädchen an den Folgen des Eingriffs oder leiden ihr Leben lang unter starken Schmerzen."[144]

Sichten wir dazu ein repräsentatives Beispiel, über das man am Montag, den 13. August 2007 in der Presse erfuhr: **„Ein 13 Jahre altes Mädchen** ist in Ägypten **bei der Beschneidung gestorben.** Der Todesfall in der Provinz Gharbija ist bereits der zweite binnen zwei Monaten, wie Medien am Samstag berichteten. Der Fall wurde der unabhängigen Tageszeitung *Al Masri al Jum* bekannt, als der Vater des Mädchens am Freitag einen Totenschein beantragte und darin einen natürlichen Tod vermerkt haben wollte. Gegen ihn nahm die Staatsanwaltschaft Ermittlungen auf, ebenso gegen den Arzt, der die Operation durchführte. Sein Krankenhaus sei geschlossen worden, berichtete die staatliche Zeitung *Al Gomhoria* weiter. Im Juni war ein zwölfjähriges Mädchen an den Folgen der Genitalverstümmelung gestorben. Der Fall hatte öffentlich Empörung ausgelöst, die Regierung verbot daraufhin die Beschneidung von Mädchen. Laut einer UNICEF-Studie aus dem Jahr 2003 waren 97 Prozent aller verheirateten Frauen beschnitten."[145]

Mitte Juni 2007 löste eine Beschneidungsfeier für bedürftige Familien, bei der mehreren Jungen aus Platznot auf der Fleischerbank einer Schlachterei beschnitten wurden, in der Türkei Empörung aus. „Weil nicht genügend Betten vorhanden waren, war ein Dutzend Jungen in einen Fleischerladen gebracht und auf einem Tisch beschnitten worden, auf dem normalerweise Fleisch zerlegt wird.

In türkischen Familien wird die rituelle Beschneidung des männlichen Nachwuchses in der Regel prunkvoll gefeiert."[146]

Daß also gerade in Deutschland islamische Sitten eingeführt werden, wirft ein bezeichnendes Licht auf die verantwortlichen Politiker unseres Landes, die mittels des Phantoms Fremdenfeindlichkeit jegliche Kritik an dieser Praxis bereits im Keim ersticken wollen.

Darf die Türkei in die EU
aufgenommen werden?

Nun, hierzu muß die Frage beantwortet werden, welche Stellung der katholische Glaube am Bosporus einnimmt. Schließlich leben wir – zumindest noch offiziell – in einem christlichen Land. **„Das staatliche Religionsamt in Ankara verunglimpft christliche Missionare als Armee für 'moderne Kreuzzüge'"**, ließ die „Neue Zürcher Zeitung" ihre Leser in diesem Zusammenhang am 16. Juli 2005 wissen. „Die Religionsfreiheit werde in der Türkei durch die Verfassung garantiert, existiere in Wirklichkeit aber nur auf dem Papier, sagte Ende Juni [2005] der Nuntius des Vatikans in der Türkei, Monsignore Edmond Farhat, gegenüber der italienischen Nachrichtenagentur Ansa. Wie er ausführte, müßten Priester oft monatelang warten, bis sie ihre Niederlassungserlaubnis erhielten, die ohnehin nur ein Jahr lang gültig sei. Der Vatikan sei seit 1967 bemüht, die Erlaubnis für den Gottesdienst in einer 150 Jahre alten Kirche der südwestlichen Stadt Adana zu erhalten – umsonst. Im Jahr 2003 hätten alle christlichen Kirchen gemeinsam um eine rechtliche Anerkennung nachgefragt – ohne je eine Antwort aus Ankara zu erhalten.

Farhat lieferte statistische Angaben. **Gemäß der Volkszählung 1927 hätten die Christen der Türkei in einer Gesamtbevölkerung von 13 Millionen 900 000 Mitglieder gezählt. 2001 habe die türkische Gesamtbevölkerung 71 Millionen betragen, aber der Anteil der Christen sei auf 150 000 zusammengeschrumpft.** Daß die türkische Politik und die Presse dennoch eine Missionierungsgefahr an die Wand malten und das orthodoxe Seminar noch immer als 'Gefahr für den Islam' geschlossen hielten, sei lächerlich, so meinte Farhat undiplomatisch hart."[147]

Nicht selten sehen sich Christen in der Türkei nackter Gewalt ausgesetzt. „Pfarrer in der Türkei erschossen" lautete hierzu eine bezeichnende Schlagzeile vom 6. Februar 2006. „In der Türkei ist **ein katholischer Priester in seiner Kirche** von einem Unbekannten **erschossen worden.** Die tödliche Kugel traf den 60jährigen Italiener in die Brust, berichtet die Agentur Anadolu.

Nach Angaben der Behörden war der Priester in der Vergangenheit wegen angeblicher Missionarstätigkeit bedroht worden. Polizeischutz habe er aber nicht angefordert. Ob es einen Zusammenhang mit den [seinerzeitigen] Protesten gegen die Karikaturen des Propheten Mohammed [in einer dänischen Zeitung] gebe, könne man noch nicht sagen."[148]

In seiner Ausgabe vom 10. April 2006 widmete sich „Der Spiegel" diesem Fall und schrieb über Pater Pierre Brunissen, der in sich versunken im Nachtbus entlang der Schwarzmeerküste von Samsun nach Trabzon schaukelte: „Es gibt fröhlichere Umstände, dem Herrn zu dienen, er soll einen Amtsbruder vertreten, Pater Andrea Santoro ist vor kurzem in seiner Kirche ermordet worden. Es gibt auch fröhlichere Orte, die Botschaft zu verkünden, als Trabzon, wo unter 250 000 Muslimen kaum noch ein Dutzend Christen leben.

Das düstere Pfarrhaus strahlt Verlassenheit aus, im Besucherzimmer staubt ein Plastikbäumchen vom Weihnachtsfest vor sich hin. Ein freiwilliger Nachfolger für den getöteten Pater fand sich noch nicht. So erhielt der 75jährige Pater Pierre den Auftrag, einmal im Monat etwa 250 Kilometer per Bus von Samsun nach Trabzon zu fahren, um nach dem Rechten zu sehen.

Die katholische Santa-Maria-Kirche haben Kapuzinermönche vor 150 Jahren gegründet. Santoro ließ das Gotteshaus restaurieren, farbenfrohe Ornamente und Heiligenbilder schmücken wieder Decken und Wände. In der hintersten Kirchenbank kniete der Pater Anfang Februar im Gebet, als ihn zwei Schüsse trafen, der erste Schuß durchschlug die Lunge, der zweite ging mitten ins Herz. Im dunklen Holz kann man noch die Absplitterung sehen, die eine der Kugeln verursachte.

Heute soll die erste Messe seit Santoros Ermordung gefeiert werden, doch die Kirchenglocken bleiben stumm. 'Wen soll ich denn hier mit den Glocken herbeirufen?', fragt Pater Pierre. Die Christen sind eine winzige geduldete Minderheit in der zu 99 Prozent muslimischen Türkei, und der katholische Geistliche hält es offenbar für klüger, nicht aufzufallen. Seinen Gemeindemitgliedern in Samsun rät er, keine Glaubenszeichen sichtbar zu tragen, kein Kreuz über Bluse oder Hemd. ...

Auf ihr byzantinisches Erbe legt die alte Handelsstadt Trabzon, die sich auch im Tourismus behaupten will, eigentlich großen Wert. Zahlreiche Kirchen und Klöster aus den Jahrhunderten der oströmischen Christenherrschaft gibt es zu besichtigen, auch wenn die meisten von ihnen in Moscheen umgewandelt wurden. Beim großen 'Bevölkerungsaustausch' 1923 zwischen der Türkei und Griechenland waren nahezu 1,5 Millionen orthodoxe Christen aus Kleinasien verbannt worden, für sie kamen 356 000 Muslime aus Griechenland. Durch Massenmorde und Vertreibung der Armenier im Ersten Weltkrieg hatte das Land schon fast eine Million Christen verloren. Es entstand ein so gut wie rein muslimischer Staat.

Im Land gibt es heute nur noch etwa 100 000 Christen."[149]

Und es wird seitens radikalisierter Kreise mit Hochdruck daran gearbeitet, daß auch diese Menschen in der Türkei keine Zukunft mehr haben. So war der Mord an dem 60jährigen Priester kein Einzelfall, wie „Der Spiegel" in seiner Ausgabe vom 10. April 2006 auf Seite 120f (Herv. hinzugefügt) zu berichten wußte: „Kürzlich ging ein junger Mann im Mittelmeerstädtchen Mersin mit einem Keba-Messer auf einen Mönch und einen Priester im katholischen Kloster los. 'Wir sind hier nicht mehr sicher', sagt der Apostolische Vikar für Anatolien, Luigi Padovese. 'Mersin galt bisher als eine unserer ruhigsten Gemeinden.' Der Bischof reist nur noch mit Leibwächtern, die ihm das Innenministerium regelrecht aufdrängt.

Kurz nach dem Mord in Trabzon attackierten nationalistische Jugendliche den katholischen Priester von Izmir. Sie packten ihn an der Gurgel und schrien 'Wir bringen dich um!' und 'Allahu akbar! Gott ist groß'. Mit knapper Not konnte er sich in Sicherheit bringen. Danach wurden in Izmir, wie auch in anderen Orten zuvor, Polizisten vor der Kirche postiert.

Die christlichen Minderheiten hatten gehofft, daß die Reformen der Regierung Tayyip Erdogans, um der EU willen, nicht nur zu einigen Verbesserungen, sondern zu vollständiger Religionsfreiheit führen würden. Zwar dürfen die Christen ihren Glauben frei praktizieren, aber ihre Kirchen sind vielfach praktisch rechtlos und haben oft keinen Anspruch auf ihre Besitztümer.

Als Bischof Padovese um Arbeitserlaubnis für zwei kirchliche Mitarbeiter in Trabzon nachsuchte, schickte ihm das Innenministerium einen abschlägigen Bescheid: Es gebe keine katholische Kirche in der Türkei, da könne sie auch keine Anträge stellen. 'Das ist das Paradox', so Padovese. 'Wir sind da, aber juristisch existieren wir nicht.' Erst seit kurzem können Pfarrer, die bisher in der Regel als 'Konsularmitarbeiter' geführt wurden, sich in ihrem eigentlichen Beruf melden lassen.

'**Der Grundwasserspiegel antichristlicher Stimmung ist gestiegen**', sagt Felix Körner. ... So kursierten seit einiger Zeit auch wieder Verschwörungstheorien, die in islamischen Ländern in Krisenzeiten immer im Umlauf sind. **Da kann es passieren, daß ein Christ, der das Neue Testament verteilt, zusammengeschlagen wird.** Die staatliche Religionsbehörde verteilte im vergangenen Jahr eine Predigt gegen Missionare, in der gegen 'moderne Kreuzzüge' gewettert wird, die das Ziel hätten, 'unseren jungen Leuten den islamischen Glauben zu stehlen'."

Der Islam führt – wie auch andere falsche Religionen – geradewegs in die Hölle! Deshalb geht es in Wahrheit nicht darum, irgend jemandem etwas zu stehlen, sondern gerade im Gegenteil ihm das größte Geschenk zu machen, das einem Menschen auf Erden nur gemacht werden könnte: das ewige Leben! Gedankt wird es den Missionaren dann aber mit brutalem Abschlachten.

Am 18. April 2007 hatte die Gewalt gegen Christen in der Türkei einen neuen Höhepunkt erreicht, als es in der südosttürkischen Stadt Malatya zu einem Überfall auf ein christliches Verlagshaus kam, in dessen Verlauf zwei Türken und ein Deutscher regelrecht niedergemetzelt wurden. Die Täter schnitten ihren Opfern die Kehlen durch, wie der örtliche Gouverneur berichtete. Ein vierter Mann konnte sich bei dem Überfall durch einen Sprung aus dem Fenster retten und wurde verletzt in ein Krankenhaus gebracht.

„Einen Tag nach der **grausamen Ermordung von drei Christen** in der Türkei ... haben die Festgenommenen Medienberichten zufolge gestanden. Demnach gaben die 19 und 20 Jahre alten Männer religiös-nationalistische Motive an.

Sie hätten bei dem Überfall auf den Bibel-Verlag in der türkischen Stadt Malatya für 'Vaterland und Glauben' gehandelt. **Wir haben dies nicht für uns, sondern für unseren Glauben getan'**, zitierte die Zeitung 'Hürriyet' einen der Verdächtigen."[150] Über solche schrecklichen Taten wird nach relativ kurzer Zeit wieder der Mantel des Schweigens gelegt. Schließlich passen solche Verbrechen nicht so recht ins Bild des „interreligiösen Dialogs" und der „Völkerverständigung", die uns unsere ganz offensichtlich von der Realität abgeschnittenen Oberen mit aller Gewalt aufoktroyieren wollen. Wehrt sich jemand entschieden dagegen, besteht die Gefahr, daß er sich mit dem „Phantom Fremdenfeindlichkeit" konfrontiert sieht, daß heißt als „Rechtsextremist" oder gar „Neonazi" beschimpft wird.

Seit dem 23. November 2007 mußten sich die Christen-Mörder vor dem Richter verantworten. „Es war ein schreckliches Martyrium. Um ihres Glaubens willen wurden ein deutscher und zwei türkische Christen im April in einem Bibelverlag in der osttürkischen Stadt Malatya stundenlang mißhandelt, bevor die Mörder ihnen die Kehlen durchschnitten. Die Tat schockierte die Welt, auch die Türkei. ... Der mutmaßliche Anführer der Gruppe hatte Interesse am christlichen Glauben vorgegeben und Kontakt zum Zirve-Verlag gesucht, der christliche Literatur und Kreuze verkaufte. Die bewaffneten Täter kamen am 18. April in die Verlagsräume. Die Opfer glaubten vermutlich zunächst an keine bösen Absichten. Der Deutsche Tilmann Geske und die beiden türkischen Christen aber wurden überwältigt, an Stühle gefesselt und mit Messern gefoltert. **Haß auf Christen sieht die Anklage als Grund.**

Die Täter sind eher dem extrem-nationalistischen Spektrum als islamistischen Gruppen zuzuordnen."[151] So zumindest lautet die offizielle Version der Ereignisse.

Türkische Bürgerrechtler sehen die Gefahr, „daß in Malatya nicht nur den Mördern, sondern christlicher Missionierung in der Türkei der Prozeß gemacht werden könnte. So befaßten sich von 32 Ermittlungsakten nur acht mit den Mördern. In den restlichen Unterlagen wurde die Arbeit der Opfer in der Türkei genau dokumentiert.

Die türkische Tageszeitung 'Milliyet' vermißt bei den Justizbehörden zudem den Willen, die Hinterleute der Täter zu ermitteln, die zum Tatzeitpunkt erst 19 und 20 Jahre alt waren. In der türkischen Presse wird ein Verdächtiger genannt, der die jungen Männer aufgestachelt haben und ihnen geheime Unterstützung staatlicher Stellen für den Mord zugesagt haben soll. Die Anklage habe aber entschieden, daß gegen den Mann keine weiteren Ermittlungen nötig seien. Das Blatt schreibt, mehrfach fehlten in entscheidenden Momenten Aufzeichnungen von Überwachungskameras."[152]

Es dauerte keine vier Wochen, bis in der Türkei der nächste **katholische Priester niedergestochen** wurde. „Nach Angaben der Polizei wurde der Pater in der westtürkischen Stadt Izmir von einem einzelnen Angreifer überfallen und mit einem Messer verletzt.

Der Geistliche sei ins Krankenhaus eingeliefert worden, aber außer Lebensgefahr. Die Hintergründe des Angriffs seien unklar.

Die türkische Nachrichtenagentur Anadolu meldete, der Angreifer sei festgenommen worden, was die Polizei bisher nicht bestätigte."[153] (Sichten wir in diesem Zusammenhang nochmals die in Band 1 aufgeführte Meldung über Ausländerkriminalität in Deutschland vom 23. Juli 2007 über ein fast identisches Verbrechen, bei dem das Gericht dem Täter „verminderte Schuldfähigkeit" bescheinigte: „Zehn Monate nach dem lebensgefährlichen **Messerangriff auf** einen **katholischen Geistlichen** hat der mutmaßliche Täter die Tat vor Gericht bestritten.

Er habe den Pfarrer nicht attackiert und stehe unschuldig vor Gericht, sagte der 29jährige Türke zum Prozeßauftakt vor dem Kasseler Landgericht. Der Mann wird von der Staatsanwaltschaft als verwirrt angesehen und gilt als schuldunfähig."[154] Es ist also nicht weit hergeholt, damit rechnen zu müssen, daß sich das Christentum umso größeren Anfeindungen ausgesetzt sehen wird, je mehr Muslime in unserem Land Aufnahme finden!)

Die „Neue Zürcher Zeitung" brachte am 29. September 2005 einen Bericht über ein vergessenes Pogrom an Christen in der Türkei: „Schätzungsweise 120 000 Griechen lebten 1955 in Istanbul. Ihr Wohngebiet erstreckte sich vom Viertel Dolapdere auf das benachbarte Tarlabasi bis hin zum zentralen Viertel Beyoglu mit der mondänen Istiklal Caddesi, der damaligen Grand Rue de Péra. 90 Prozent der Geschäfte an der Istiklal-Straße gehörten Nichtmuslimen, vor allem Griechen und Armeniern. Die Unruhen fingen am Vormittag des 6. September 1955 an, als das staatliche Radio und die Tageszeitung 'Hürriyet' von einem Bombenattentat auf das Geburtshaus Kemal Atatürks in Thessaloniki berichteten. Innerhalb von wenigen Stunden nach der hetzerischen Pressekampagne zog **ein mit Dynamit und Äxten ausgerüsteter Mob** johlend durch Beyoglu, das als 'Klein-Paris der Levante' bekannt war, und **brandschatzte, plünderte und zerstörte alles, was nicht türkisch war. In einer Nacht wurden 59 Kirchen, 30 Schulen, 3000 Häuser und 4500 Geschäfte der Istanbuler Griechen völlig zerstört. Priester wurden verprügelt, über 200 Frauen vergewaltigt und 30 Personen umgebracht.**

Das Pogrom sei von den Spezialeinheiten des Staates ausgeführt worden und sei ein Beispiel hervorragender Organisation, sagte später der Viersternegeneral Sabri Yirmibessoglu gegenüber dem politischen Magazin 'Tempo'."[155] Daß es in der Geschichte der Türkei immer wieder zu Pogromen gegen Christen kam, ist vielen Deutschen leider nicht bekannt. Deshalb können sie die Gefahren auch nicht abwägen, die sich bei einem EU-Beitritt dieses Landes für sie ergeben.

„Über Jesus Christus sagt eine von der staatlichen türkischen Religionsbehörde herausgegebene Schrift (Diyanet, Islam): 'Daß Jesus ohne das Zutun eines Mannes und durch den Befehl Allahs «Sei» von seiner Mutter geboren wurde, bedeutet auf keinen Fall, daß er irgendeine göttliche Eigenschaft besaß ... Allah gab ihm einige Gebote und Verbote ... Jesus verkündete und bestätigte auch den allerletzten Propheten Mohammed ... Jesus hat mit einer göttlichen Eigenschaft oder einer Gottessohnschaft nichts zu tun. Vielmehr wird er am Jüngsten Tag solche Behauptungen mit aller Entschiedenheit zurückweisen und sagen, daß all das im nachhinein erdichtete Verleumdungen sind. Dies ist unser auf Vernunft und Offenbarung (Koran) gestützter Glaube von Jesus ... Die als 'Neues Testament' bezeichneten Bücher, welche die Christen heute benutzen, sind nicht das Evangelium, das Allah Jesus offenbart hat. Der Koran ist das einzige heilige Buch, das bis heute so bewahrt worden ist, wie Allah es unserem Propheten Mohammed offenbart hat.'"[156]

Kein Wunder also, daß die christlichen Kirchen in der Türkei keinerlei Anerkennung genießen, „es wird ihnen jeglicher [!] rechtliche Status verwehrt. D.h., daß es für sie beispielsweise keinen Rechtsanspruch auf Eigentum gibt. **'In der Praxis läuft alles darauf hinaus, daß die Regierung die christlichen Gemeinden auszulöschen versucht'** [Anm.: In der Bundesrepublik Deutschland hingegen unternimmt die Regierung alles, um den Islam im Land voranzubringen, nicht zuletzt durch die unentwegte Förderung des Moscheen-Ausbaus!]. Auch **Ausländer leben in der Türkei so gut wie rechtlos**, und die christlichen Kirchen werden wie 'Ausländer' behandelt, auch wenn es sich bei den Kirchenvertretern um Türken handelt. Die Aussicht, daß der türkische Staat die christlichen Kirchen juristisch anerkennt, ist **'bislang nicht in Sicht'**. 'Die Lage der christlichen Gemeinden hat sich **'eher verschlechtert als verbessert'**.'"[157]

„Angehörige christlicher Religionsgemeinschaften sind in der Türkei viel mehr als andere 'der Willkür ausgeliefert', wie der Türkei-Korrespondent der 'Frankfurter Allgemeinen Zeitung' (FAZ), Rainer Herrmann hervorhebt – sowohl in der Eigentumsfrage als auch bei der Ausbildung der Geistlichkeit ('Die Türkei und Europa', Edition Suhrkamp). **Die Anerkennung als eigene juristische Rechtsperson wird den christlichen Kirchen bis jetzt verweigert. Sie können keine Theologen ausbilden und sind auf ausländische Kleriker angewiesen, die sich nur drei Monate im Land aufhalten dürfen;** Religionsunterricht außerhalb des Wirkungsbereichs des Erziehungsministeriums ist streng untersagt.

Religionsfreiheit besteht für die nichtmuslimischen Minderheiten nicht. Die Türkei hält damit weder den Gleichheitsgrundsatz der eigenen Verfassung noch die Bestimmungen des Friedensvertrages von Lausanne (1923) ein. ...

Als das Osmanische Reich zerfiel, war jeder fünfte Einwohner auf dem Gebiet der heutigen Türkei Christ. In weniger als einem Jahrhundert ist der christliche Bevölkerungsanteil auf 0,15 Prozent geschrumpft. Die von Kemal Atatürk geschaffene laizistische

Republik grenzte sich mit dem türkischen Nationalismus vom osmanischen Vielvölkerstaat ab und mißtraute den nichtmuslimischen Minderheiten.

Aber auch die säkulare Türkei definierte die Nation über den Islam: Bei dem (1923 in Lausanne festgelegten) Bevölkerungsaustausch wurden die Muslime, so auch die kurdischen, zu Türken erklärt. In den Köpfen setzte sich damit fest, daß **jeder im Land wohnende Nichtmuslim ein Fremdkörper** sei, **der im Zweifelsfall gegen die Türkei handeln würde.** Dieses Mißtrauen wurde zu einem festen Bestandteil der türkischen Politik. Lange Zeit leitete die Paßnummer eines nichtmuslimischen türkischen Staatsbürgers die Ziffernfolge '31' ein. Im Namen des Säkularismus löste die Republik die meisten religiösen Institutionen sowohl der Muslime wie der Nichtmuslime auf. Nach 1950 ließ der Druck auf die Muslime nach, der auf die Nichtmuslime aber blieb."[158]

Es besteht also kein Zweifel, welchen Stellenwert das Christentum in der Türkei hat: „Von den einst 7000 armenischen Kirchen in der Türkei standen 915 unter Denkmalschutz. 466 von diesen wurden seit 1915 völlig zerstört, 252 sind Ruinen und 197 müßten wieder aufgebaut werden, also völlig restauriert, teilt die UNESCO mit. Im islamischen Dschulfa/Aserbaidschan ist ein Viertel des berühmten armenischen Steinkreuz-Friedhofs in den letzten Jahren mit Bulldozern niedergewalzt worden", berichtete der „Kurier der Christlichen Mitte" im Dezember 2004.

Was aber ist von den Reformen zu halten, welche die türkische Regierung im Zuge der geplanten Aufnahme der Türkei in die Europäische Union versprochen hat? Nicht viel, wie Karl-Heinz Schüler aus Baden-Baden in seinem Leserbrief an die „Süddeutsche Zeitung" vom 30. Dezember 2004 feststellt: „Wenn die türkische Regierung umfangreiche Reformen auf den Weg bringt, muß das nicht bedeuten, daß der ausführende Staatsapparat diese auch zügig umsetzt. Wie die Türkei einen deutsch-türkischen Vertrag versteht, zeigt folgendes Beispiel: Im Jahr 1952 wurde zwischen der Bundesrepublik Deutschland und der Türkei die Wiederanwendung des deutsch-türkischen Niederlassungsabkommens vom 12.1.1927 vereinbart, das sich mit dem Status der Angehörigen der beiden Staaten beim Aufenthalt im anderen Land befaßt. **Die Türkei hält sich nicht an das Abkommen. Andererseits wagt es unsere Regierung nicht, das Abkommen zu kündigen. Während prinzipiell jeder Türke in Deutschland ein kleines Geschäft, eine Änderungsschneiderei, ein Restaurant und so weiter aufmachen kann, und auch Grundstücke ohne räumliche Beschränkung erwerben kann, ist dies Deutschen in der Türkei nicht erlaubt.**

Es gibt über 30 türkische Gesetze, die eine Erwerbstätigkeit von Deutschen in mehr als 50 Berufen und sogar den Grundstückserwerb verbieten. Für Deutsche in der Türkei besteht – im Gegensatz zu Türken in Deutschland – keine Aussicht auf einen rechtlich abgesicherten Daueraufenthalt.

Nach Bestätigung des Auswärtigen Amts dürfen folgende Berufe von Deutschen in der Türkei nicht ausgeübt werden: Rechtsanwalt, Lehrer, Arzt, Zahnarzt, Tierarzt, Apotheker, Chemiker, Krankenpfleger, Krankenschwester, Börsenmakler, Optiker, Chefredakteur, Arbeiten in allen Arten von Transportgeschäften, Makler, Musiker, Fremdenführer, Dolmetscher, Photograph, Straßenhändler, Friseur, Schriftsetzer, Schneider, Schuster, Hutmacher, Arbeiter in der Bau-, Eisen- und Holz verarbeitenden Industrie, Pförtner, Hausverwalter, Kellner und so weiter.

Die von mir angeregte Kündigung des deutsch-türkischen Niederlassungsabkommens von 1927 sei, wie das AA mitteilte, 'nicht der geeignete Weg'. Die Türkei bewerbe sich um die Mitgliedschaft in der EU, 'ein Schritt, der nach einer gewissen Übergangsfrist die tatsächliche Niederlassungs- und Berufsfreiheit ermöglicht'."[159] Schöne Aussichten also für Deutschland!

Doch damit nicht genug: „Die Bilder und Berichte von der Mißhandlung irakischer Gefangener in Abu Ghraib kommen türkischen Menschenrechtsaktivisten irgendwie bekannt vor. **Gerade systematische sexuelle Erniedrigungen sind im Kontext mit Foltervorwürfen in der Türkei wiederholt genannt worden.**

Häufig beginnen Folterungen in der Türkei genauso wie in Abu Ghraib damit, daß man den oder die Gefangene auszieht und die Augen verbindet. Zu weiteren Mitteln der Folter gehören Elektroschocks, Aufhängen an den Armen und dauernder Schlafentzug durch das Abspielen überlauter Musik. **Alles Dinge, die nun auch aus Abu Ghraib bekannt wurden. Sehr häufig wird auch über sexuelle Erniedrigung durch Vergewaltigung mit Gegenständen berichtet.**

Ein Detail aus einem schon etwas zurückliegenden Prozeß gegen Polizisten in der westtürkischen Stadt Manisa gibt zu denken. Eine Gruppe von zehn Polizisten war angeklagt, Jugendliche schwer gefoltert zu haben. 1995 hatten sie 15 Jugendliche – die meisten zwischen 14 und 17 Jahre alt – festgenommen und **tagelang gequält.**

Durch die Bemühungen eines Abgeordneten und einiger Anwälte konnte die Folter an den Jugendlichen nachgewiesen werden. Der stellvertretende Polizeidirektor Fazli Sezgin geriet durch die Nachfragen von Journalisten in Bedrängnis und gab preis: '**Die Freunde von der Abteilung für Terrorismusbekämpfung kennen die Foltertechniken sehr gut. Sie wissen, wen sie wie behandeln müssen. Diese Menschen haben eine Ausbildung in Amerika erfahren. Sie haben sogar ein Zertifikat für diese Ausbildung bekommen.'**

Zurück in der Türkei, wußten die zehn Polizisten keine bessere Verhörmethode als physische Folter gepaart mit sexueller Erniedrigung. Mittlerweile ist die Frage legitim, ob die USA Foltertechniken an Verbündete weitergegeben haben. Auffallende Ähnlichkeiten bei den Methoden sprechen dafür."[160]

Die türkische Regierung schreckte im Oktober 2004 nicht einmal davor zurück, mit Panzern gegen Kurden vorzugehen: „**Die Türkei setzt nach ZDF-Informationen Schützenpanzer der ehemaligen Nationalen Volksarmee (NVA) der DDR gegen aufständische Kurden ein.** Das belegten heimliche Filmaufnahmen eines Kamerateams in der Provinz Sirnak, teilte die Redaktion der Sendung 'Frontal 21' mit. Der türkische Außenminister Abdullah Gül lehnte unterdessen bei einem Gespräch mit CDU-Chefin Angela Merkel die von der Union vorgeschlagene 'privilegierte Partnerschaft' seines Landes mit der EU ab."[161]

Im Juni 2005 wurde die Türkei wegen Menschenrechtsverletzungen abermals vom Europäischen Menschenrechtsgerichtshof verurteilt. „Die Straßburger Richter verurteilten unter anderem Übergriffe der Sicherheitskräfte im Kurdengebiet, **Verstöße gegen das Folterverbot** und **Mißachtung des Rechts** auf Vereinigungsfreiheit und **auf ein faires Gerichtsverfahren.** In drei Fällen machte das Gericht die türkischen Behörden für den Tod junger Kurden verantwortlich."[162]

„Kein Europaratsland ist im vergangenen Jahr so häufig wegen Menschenrechtsverletzungen verurteilt worden wie die Türkei", stellte die „Fuldaer Zeitung" ein gutes halbes Jahr später, am 24. Januar 2006 fest. „Insgesamt seien 290 Urteile gegen den EU-Beitrittskandidaten gesprochen worden, sagte der Präsident des europäischen Gerichtshofes für Menschenrechte, Luzius Wildhaber. **Die meisten Menschenrechtsbeschwerden betreffen mit mehr als 10 000 Rußland, dichtauf gefolgt von der Türkei (9600) und Rumänien (6700)."**[163]

Die Europäische Union äußerte sich bereits am 7. März 2005 „besorgt über die gewaltsame Auflösung einer Demonstration zum Weltfrauentag in Istanbul. **'Wir sind schockiert von den Bildern, die zeigen, wie die Polizei auf Frauen und junge Leute einprügelt'**, erklärten EU-Spitzenpolitiker bei einem Besuch in Ankara [Anm.: Offensichtlich nicht zu schockiert, da die EU hinter verschlossenen Türen mit Hochdruck daran arbeitet, die Türkei in ihren Staatenbund aufzunehmen!]. Die türkische Polizei hatte am Sonntag [den 7. März 2005] mit Schlagstöcken und Tränengas eine nicht angemeldete Protestaktion aufgelöst, an der etwa 500 Menschen teilnahmen. Auf Fernsehbildern war zu sehen, wie die Sicherheitskräfte die Demonstranten jagten und mit Knüppeln auf sie einschlugen."[164] („Der Internationale Frauentag geht auf eine von der [jüdischstämmigen] Sozialdemokratin Clara Zetkin 1911 anberaumte Versammlung zurück."[165])

„Türkei abermals wegen Folter von Gefangenen verurteilt" lautete eine Schlagzeile vom 31. Januar 2008: „Der Europäische Gerichtshof für Menschenrechte hat die Türkei abermals wegen Folter verurteilt. Die Richter gaben zwei Männern Recht, die im Juni 2000 nahe der

Stadt Diyabakir wegen mutmaßlicher Zugehörigkeit zu einer terroristischen Vereinigung festgenommen worden waren. Einer von ihnen wurde beim Verhör drei Stunden lang mit Elektroschocks gefoltert, der zweite mit Schlägen auf die Genitalien gequält.

Ankara wurde angewiesen, jedem der Kläger 8000 Euro Schmerzensgeld zu zahlen. **2007 wurde die Türkei vom Straßburger Gerichtshof 319mal verurteilt.**"[166]

Was die Türkei von Rechtsstaatlichkeit hält, zeigt eine andere Pressemeldung von Ende Juli 2005: „Ein **Kurdenpolitiker** ist in der Türkei **zu zehn Monaten Haft verurteilt** worden, **weil er den PKK-Führer Abdullah Öcalan in einer Wahlkampfrede als 'Herr' Öcalan bezeichnet hatte.** Ein zu lebenslanger Haft Verurteilter verdiene diese Anrede nicht, urteilte ein Schwurgericht in der osttürkischen Stadt Erzurum, wie türkische Medien berichteten. Das Gericht befand Bedri Firat der Propaganda für die verbotene Kurdische Arbeiterpartei (PKK) schuldig. Ihm wurde zudem eine Geldstrafe von 400 Lira (250 Euro) auferlegt."[167]

Kein Einzelfall, wie die Schlagzeile **„Sechs Monate Haft wegen 'Herr Öcalan'"** vom 7. März 2007 zeigt. „Ein türkisches Gericht hat einen Kurdenpolitiker zu einer Haftstrafe von sechs Monaten verurteilt, weil er PKK-Führer Abdullah Öcalan öffentlich als 'Herr Öcalan' bezeichnet hatte. Damit habe der Vorsitzende der prokurdischen Partei DTP, Ahmet Türk, einen Straftäter verherrlicht, urteilt das Gericht im südosttürkischen Diyarbakir gestern. Bei einer Pressekonferenz im Januar habe Türk die Anrede gleich mehrfach gebraucht. Die Kurdische Arbeiterpartei PKK wird von der Türkei, den USA und der EU als Terrororganisation eingestuft. Der vor acht Jahren gefaßte Öcalan verbüßt eine lebenslange Haftstrafe."[168]

Die „National-Zeitung" brachte in ihrer Ausgabe vom 9. September 2005 (Herv. hinzugefügt) ein weiteres Beispiel für türkische „Rechtsstaatlichkeit": „Die türkische Staatsanwaltschaft hat ein Verfahren gegen den Dichter Orhan Pamuk eröffnet, das Pamuk mit einer Haftstrafe von bis zu drei Jahren bedroht. Der Staatsanwalt des Istanbuler Bezirks Sisli beruft sich dabei auf **Artikel 301/1 des türkischen Strafgesetzbuches, der die Herabsetzung oder Beschädi-**

gung der 'türkischen Identität' und des Türkentums' als Straftat definiert und Freiheitsstrafen zwischen sechs Monaten und drei Jahren dafür vorsieht. Pamuk werden Äußerungen aus einem Interview zur Last gelegt, das im Februar dieses Jahres im Magazin des Schweizer 'Tages-Anzeigers' erschienen ist. Damals hatte Pamuk kritisiert, daß die Massaker an den [christlichen] Armeniern in der Türkei noch immer tabuisiert sind: **'Man hat hier dreißigtausend Kurden und eine Million Armenier umgebracht. Und fast niemand traut sich, das zu erwähnen.** Also mache ich es. Und dafür hassen sie mich."

„Drei Monate nach einer umstrittenen Historikerkonferenz zum Vorwurf des Völkermords an Armeniern während des Ersten Weltkriegs sind in der Türkei **fünf Journalisten wegen Verunglimpfung der Justiz angeklagt** worden.

Ihnen drohen Haftstrafen von bis zu zehn Jahren. Die Journalisten hatten im September [2005] die Entscheidung eines Verwaltungsgerichts kritisiert, durch die die Konferenz in Istanbul verhindert werden sollte und die internationale Kritik ausgelöst hatte", stand im „RTLtext" am 4. Dezember 2005 auf Seite 127 (Herv. hinzugefügt) zu lesen.

Unglaublich auch, daß **ein Türke, der auf Schulhöfen aufgestellte Büsten des türkischen Republikgründers Atatürk mit Ölfarbe übergossen hatte, Anfang November 2005 zu einer Freiheitsstrafe von insgesamt 22 Jahren und sechs Monaten verurteilt wurde.** „Der Mann habe zwar Reue bekundet, doch habe ihm das Gericht nicht abgenommen, es aufrichtig zu meinen, berichteten türkische Medien.

Von Ende März bis Anfang September hatte der Angeklagte aus Sincan unweit der Hauptstadt Ankara fünf Mal Atatürk-Büsten mit Farbe beschmiert. In der Türkei gibt es eigens ein Gesetz, das 'Verbrechen gegen Atatürk' zum Gegenstand hat."[169]

Was das hohe Ansehen Atatürks in der Türkei sowie die drakonischen Strafen anbelangt, die eine „Verunglimpfung" dieses Staatsgründers in aller Regel nach sich ziehen, so könnte es mit dessen wahrer Identität zusammenhängen (schließlich sind nach den Vorstellungen der Satanssynagoge einige Menschen „gleicher" als andere!).

298

In einem Internet-Forum stößt man in diesem Zusammenhang auf die brisante Frage eines Armeniers: **„War 'Vater der Türken' ein 'Sohn der Juden'?"** und die Information, daß der Todestag von Kemal Pascha 'Atatürk', dem Vater der modernen Türkei, im November (vor einigen Jahren) zu einer Belebung der alten Diskussion über seine wahrscheinlich jüdische Abstammung geführt hatte. „Die diesjährige Debatte in der türkischen Presse um den 10. November – am 10. 11. 1938 verstarb der Staatsgründer – wird in der Dezember-Zeitschrift des Zentralrates der Israelitischen Kultusgemeinden von Griechenland 'Zachronoth' zusammengefaßt. Auch zu den griechischen Juden hat diese Frage Bezug, da **Atatürk 1881 in Saloniki geboren** wurde. Dieses einstige **'Jerusalem des Balkans'** mit seiner unter den Sultanen **zu zwei Dritteln jüdischen Einwohnerschaft** gehört heute zu Griechenland … 'Zachronoth' zufolge gehörten die Eltern Kemals zur Gemeinschaft der sogenannten **'Dönmehs', was auf Türkisch 'Glaubenswechsler'** bedeutet. Es handelt sich dabei um die gerade in Saloniki stark vertretenen **Anhänger des falschen Messias Schabatai Zewi aus dem 17. Jahrhundert.** Dieser hatte unter anderem die äußerliche Annahme des Islam gepredigt, um den Juden im Osmanischen Reich auch die höchsten Staatsämter zugänglich zu machen. Nach schabataistischen Prophezeiungen sollte eines Tages sogar der Sultan aus ihren Reihen kommen. Fast so weit brachte es nach der jungtürkischen Revolution von 1908 deren Dönmeh-Minister Cavid (= David) Bey; immerhin jener Mann, mit dem die Zionisten vor dem Ersten Weltkrieg erfolgreich über ihre ersten Niederlassungen in Palästina verhandelt haben.

Wichtige Zeugin für die Herkunft Atatürks aus dieser Gemeinschaft ist die Sultanstochter Kenize Murad in ihren Memoiren aus der Palastzeit des damals jungen Generals Kemal Pascha. Gerade Atatürks Bemühen um säkulare Harmonie zwischen allen drei großen monotheistischen Weltreligionen in der Türkei anstelle der alten islamischen Vorherrschaft hinge mit seinem Dönmeh-Hintergrund zusammen."[170] Was den Völkermord an den Armeniern mit seinen rund 1,5 Millionen Opfern sowie die beinahe vollständige Auslöschung des Christentums in diesem Land am Bosporus anbelangt, so könnte Atatürks Abstammung eher ein Anzeichen für den unauslöschbar scheinenden Haß von Talmudisten auf die einzig wahre, von dem Sohn Gottes begründete Religion sein. Der von den Aposteln überlieferte katholische Glauben ist jedenfalls in der modernen Türkei so gut wie nicht mehr vorhanden, woraus ersichtlich wird, daß die „säkulare Harmonie" ebenfalls nur in den Wunschträumen allzu naiver Zeitgenossen existiert.

In diesem Sinne gibt es für einen gläubigen Christen also gleich mehrere triftige Gründe, die antichristliche Türkei auch in Zukunft *nicht* in die Europäische Union aufzunehmen, allen voran wegen des heidnischen Glaubens der allermeisten Bewohner dieses Landes: „Beim islamischen Opferfest sind in der Türkei trotz eines Verbots und der Androhung hoher Geldstrafen Tausende von Tieren auf offener Straße geschlachtet worden. In der Metropole Istanbul schlachteten viele Menschen ihr Opfertier durch Schächten auf den Grünstreifen entlang der Autobahn. Türkische Fernsehsender berichteten, Behördenvertreter oder die Polizei seien nicht zu sehen gewesen. Die türkischen Behörden hatten vor dem Opferfest angekündigt, das **illegale Schächten von Opfertieren auf offener Straße** werde mit Geldstrafen von mehreren Hundert Euro geahndet. Beim Opferfest, **dem höchsten Fest des Islam**, werden zum Gedenken an Abraham eine Ziege, ein Schaf oder ein Rind geschächtet; das Fleisch wird an Freunde und Bedürftige verteilt. **Allein in der Türkei werden jedes Jahr mehrere Millionen Tiere geopfert.**"[171]

Die brutale Praxis des Schächtens haben die Moslems aus dem Judaismus übernommen, denn wie in ausgezeichnet recherchierten Büchern wie „Woher kommt der Islam" und „Wer steuert den Islam" nachzulesen steht, handelt es sich bei dem Islam letzten Endes nur um eine jüdische Sekte, deren Kontrolle den Talmudisten und Kabbalisten im Laufe der Zeit weitgehend entglitten ist!

Von daher versteht man jetzt auch, warum sich gerade Juden mit deutlichen Worten für einen möglichst raschen Beitritt der Türkei in die EU aussprechen: „Am Sonntag traf (der türkische Ministerpräsident) Erdogan mit Staatspräsident Katsav (Israel) zusammen, dann besuchte er die Holocaust-Gedenkstätte Yad Vashem. Für den Abend war eine Begegnung mit Ministerpräsident Scharon geplant. Die beiden hatten erstmals am 15. April miteinander telefoniert. **Dabei dankte Erdogan Scharon, Israel und der jüdischen Lobby in den**

Vereinigten Staaten für ihre Unterstützung einer EU-Mitgliedschaft der Türkei"[172], wie die Presse am Montag, den 2. Mai 2005 verlauten ließ. Hohe Vertreter des Judentums wissen natürlich um den talmudistisch-kabbalistischen Ursprung der Türkei, weshalb es auch keinen Widerspruch darstellt, daß die Heimstätte des Zionismus mit einem Land wirtschaftlich und militärisch zusammenarbeitet, in dem nach außen hin der strenge Islam vorzuherrschen scheint.

„Die Türkei und Israel haben bereits 1996 im Rahmen eines Militärpakts den Schulterschluß vollzogen. **Der jüdische Staat zählt zu Ankaras wichtigsten Verbündeten in der Rüstungspolitik.** Um den Auftrag zur Modernisierung türkischer Panzer hatten sich israelische Spitzenpolitiker bei Besuchen in Ankara wiederholt beworben. Die Landstreitkräfte der mit 600 000 Soldaten zweitgrößten NATO-Armee verfügen insgesamt über mehr als 4000 Panzer, darunter befinden sich einige Hundert des deutschen Typs Leopard-I. Nach dem türkisch-israelischen Deal soll die Runderneuerung der M-60-Panzer innerhalb der nächsten fünf Jahre erfolgen", stand in der „National-Zeitung" am 3. Mai 2002 zu lesen.

Angesichts der langjährigen engen Zusammenarbeit zwischen Israel und der Türkei ist es kein Wunder, daß der ach so „christliche", in Wahrheit radikal zionistische **US-Präsident George W. Bush, der laut einer führenden mexikanischen Tageszeitung insgeheim selbst jüdischer Abstammung sein soll, eine EU-Erweiterung um die Türkei forderte.** Und da die Führung der CDU/CSU „traditionell auf Amerikas Führungsanspruch in der westlichen Welt fixiert ist, kommt schon von daher ein schwarzes Nein [zu diesem Beitritt] nicht in Betracht"[173], auch wenn einige CDU-Politiker aus wahltaktischen Gründen von Zeit zu Zeit etwas anderes verlauten lassen sollten.

Am 7. April 2009 war aus den Medien zu erfahren, daß auch der neue US-Präsident Barack Obama, obwohl Demokrat und nicht Republikaner wie Bush, die gleiche Linie wie sein Vorgänger vertritt und der Türkei schmeichelt. Beim G20-Gipfel in London hatte er angeblich noch gegen die Finanzkrise gekämpft, „beim NATO-Gipfel stellte er seine Strategie gegen den Terrorismus vor. In Prag forderte er eine Welt ohne Atomwaffen [Anm.: Ob das dann auch für den Staat Israel gilt, der mehr als 400 solcher todbringenden Waffen in seinem Arsenal haben soll?!?]. In Ankara versprach er den Türken Unterstützung für ihren großen Traum: die Aufnahme in die EU!

Obama im türkischen Parlament in Ankara: 'Die USA unterstützen nachdrücklich die Bemühungen der Türkei, Mitglied in der EU zu werden.

Die Türkei ist mit Europa durch mehr als Brücken über den Bosporus verbunden.' ... Obama bot eine **'Erneuerung der Freundschaft' zwischen der Türkei und den USA** an. ... Während seines Besuchs traf Obama den türkischen Präsidenten Abdullah Gül und Ministerpräsident Recep Tayyip Erdogan. Am Grab des türkischen Staatsgründers Kemal Atatürk (1881-1938) legte der US-Präsident einen Kranz nieder, ins Gästebuch der Gedenkstätte schrieb er ein Zitat des großen türkischen Politikers: 'Frieden zu Hause, Frieden in der Welt.'"[174]

„Seitens der bekannt einflußreichen jüdischen Lobby in den USA wird darauf hingewiesen, eine **EU-Mitgliedschaft der Türkei** liege auch **im Interesse Israels, denn der Judenstaat brauche als Ergänzung zu den USA den nahegelegenen Verbündeten Türkei.** In einem Beitrag für das Springer-Blatt 'Die Welt' ging jetzt [Anm.: Mitte Mai 2003] der in Großbritannien lebende jüdische Verleger Arthur Georg Weidenfeld einen Schritt weiter und nannte es einen 'genialen Schachzug', wenn die EU denjenigen Staaten im Nahen Osten, die wirtschaftlich, kulturell und gesellschaftspolitisch den Normen des vereinten Europas entsprächen, die Chance gäbe, sich nicht nur enger wirtschaftlich einzubinden, sondern dereinst die **Vollmitgliedschaft** zu erringen.

Weidenfeld präzisierte, Israel und Libanon würden in diesem Zusammenhang sich als berechtigte Kandidaten präsentieren. Vor allem **Israel erfülle alle finanziellen und demokratischen Voraussetzungen.**"[175]

Daß der zionistische Judenstaat auf Biegen und Brechen in die Europäische Union will, bestätigten die „Politischen Hintergrundinformationen"[176] in ihrer Ausgabe vom 28. November 2003: Es wurde in Israel ein Verein gegründet und „es wird zur Unterzeichnung einer

Unterschriftenliste aufgerufen, in der die **Aufnahme Israels in die 'Europäische Union'** gefordert wird. Der Gründungsaufruf wurde von 5094 Personen unterzeichnet, darunter 136 Personen aus Deutschland. ... Die Fahne der Vereinigung ist in einem typischen Freimaurerblau gehalten, in dessen Mitte sich ein großer goldgelber Judenstern befindet, und rund herum tanzen die kleinen Sternchen, welche die bisherigen Mitgliedsstaaten der Europäischen Union symbolisieren sollen. Wir von PHI wissen nicht, ob wir diese Vereinsfahne als Dummheit oder Frechheit ansehen sollen: Die Aussage, ob gewollt oder nicht gewollt, ist klar. Wir Juden wollen den machtmäßigen Mittelpunkt der Europäischen Union darstellen und die übrigen Staaten Europas sollen dann nach unserer Pfeife um uns herumtanzen."

Ende April 2009 brachte dann auch der umstrittene israelische Außenminister Avigdor Lieberman einen Beitritt seines Landes in die Europäische Union zur Sprache. Er „sagte der 'Berliner Zeitung': 'Ich denke, das ist eine Option.'

Die EU sei durch Zypern heute nur noch eine halbe Flugstunde von Israel entfernt. Zudem seien die **Beziehungen zwischen der EU und Israel sehr eng.** Der Großteil der Außenhandelsbeziehungen Israels bestehe mit Europa.

Einer Vollmitgliedschaft [!] könne man sich Schritt für Schritt annähern."[177] Ganz ähnlich wie mit der Türkei also, deren Aufnahme letzten Endes das Sprungbrett für den EU-Beitritt des zionistischen Judenstaates sein soll.

Als der neue ungarische Ministerpräsident Gordon Bajnai seine erste Auslandsreise – nach Israel! – antrat, „traf er sich mit führenden Politikern und besuchte die Gedenkstätte Yad Vashem. Bei dieser Gelegenheit versprach er ausdrücklich, sich für den EU-Beitritt Israels einzusetzen. Ungarn ist seit Mai 2004 Vollmitglied der Europäischen Gemeinschaft und hat entsprechenden Einfluß in Brüssel. Bajnais Äußerung läßt auch an der israelischen Zielsetzung keinen Zweifel. Denn es wäre unsinnig, einen Beitrittswunsch zu unterstützen, der gar nicht existiert. **Israels Staatspräsident Schimon Peres hatte schon im Oktober 2007 auf einem Wirtschaftsforum in Tel**

Aviv freimütig erklärt: 'Wir kaufen uns Ungarn, Rumänien und Polen ... und haben keine Probleme.'"[178]

Interessanterweise ist der parteilose, „aber der Linken nahestehende Ministerpräsident Gordon Bajnai einer jener exkommunistischen Oligarchen, die nach der 'Wende' innerhalb weniger Jahre steinreich wurden. Als Manager und 'Wertpapier'-Händler war er federführend an der Privatisierung großer Staatsbetriebe beteiligt, darunter die wichtigsten Bank-, Öl-, Pharma- und Telekom-Adressen."[179]

Wie dem auch sei, da die Konzilskirche nichts weiter als der verlängerte Arm des Judaismus ist, kann es nicht verwundern, daß sich auch der **Vatikan wiederholt für eine Mitgliedschaft der Türkei in der EU ausgesprochen** hat. „Die Türkei sei 'definitiv ein säkularer Staat', sagte der Außenminister des Vatikanstaats, Kardinal Bertone, in einem Interview mit 'La Stampa' [vom 30. Mai 2007].

Die Türkei habe große Fortschritte gemacht und respektiere die 'grundlegenden Regeln des Zusammenlebens', sagte Bertone. Daher sei eine Mitgliedschaft in der EU möglich. Papst Benedikt XVI. [sic!] hatte sich im Jahr 2004 noch als Kardinal Ratzinger gegen einen EU-Beitritt der Türkei ausgesprochen. Nach seiner Wahl hatte der Vatikan dies als 'persönliche Äußerungen' bezeichnet."[180]

„Papst hofft auf EU-Beitritt der Türkei" lautete hierzu eine aus christlicher Sicht völlig unverständliche (zumindest wenn man nicht um die bereits vor mehr als 100 Jahren einsetzende Unterwanderung des Vatikans durch die Satanssynagoge und ihre Agenten weiß!) Schlagzeile vom 28. November 2006. „Der Papst hat sich zu Beginn seines mit Spannung erwarteten Besuchs in Anatolien für einen 'Dialog' mit dem Islam und 'gegenseitiges Verständnis' ausgesprochen. Zu einer EU-Mitgliedschaft der Türkei steht der Pontifex inzwischen anders als vormals Kardinal Ratzinger.

Der Papst sehe den Islam als 'Religion des Friedens', sagte der türkische Ministerpräsident Recep Tayyip Erdogan, der den katholischen [sic!] Kirchenführer bei der Ankunft in Ankara am Flughafen empfing [Anm.: Wie friedlich sich diese Religion am Bosporus gebärdet, sieht man vor allem daran, daß die Anzahl von Christen in der Türkei seit dem Jahr 1927 von 900 000 auf mittlerweile weniger als 100 000 zusammengeschrumpft ist, die Bevölkerung im gleichen Zeitraum hingegen um rund 60 Millionen Menschen zugenommen hat. Das Christentum wurde also fast vollständig ausgelöscht! Siehe in diesem Zusammenhang auch eine Meldung vom 25. April 2009: „Gegen die Unterdrückung von Christen in der Türkei haben ... in Köln sieben Migranten-Verbände demonstriert. Der Protest war gegen eine mögliche Schließung des über 1600 Jahre alten Klosters Mor Gabriel gerichtet. Gegen die syrisch-orthodoxe Abtei laufen vier Verfahren. Umliegende Dörfer beanspruchen Ländereien des Klosters. Die Bundestagsfraktionen von CDU/CSU, SPD und FDP forderten die Bundesregierung auf, sich für den Erhalt des Klosters einzusetzen. Laut Polizei protestierten 750 Menschen für das Kloster.“[181] Bezeichnend ist auch eine brisante Studie, die mit Unterstützung der EU erarbeitet und Anfang Oktober 2009 in der Türkei veröffentlicht wurde. Danach „wollen 42 % der Türken keinen christlichen Nachbarn haben. Eine Beschäftigung von Christen in den Sicherheitskräften und der Justiz lehnen 55 % ab. Nach der deutschen 'Hochzeits-Studie' lehnen 55 % der in Deutschland lebenden Türken eine Ehe mit einem deutschen Partner ab.“[182]]. ... Benedikt habe ihm auch zu verstehen gegeben, daß er einer Mitgliedschaft in der Europäischen Union 'wohlwollend' gegenüber stehe.“[183] Trotz alledem begreifen die allermeisten der ganz offensichtlich vom Glauben abgefallenen (Konzils-)Katholiken nicht, daß Joseph Ratzinger kein rechtmäßiger Nachfolger Christi sein kann, sondern bloß einen weiteren der nach dem Zweiten Vatikanischen Konzil aufgekommenen Anti-Päpste darstellt, deren Erscheinen für die Endzeit ausdrücklich prophezeit wurde.

„Moratinos: Türkei muß in die EU“ lautete eine bezeichnende Schlagzeile vom 23. Januar 2010, die abermals keinen Zweifel daran läßt, daß einige der mächtigsten Politiker der Welt alles daran setzen, das Land am Bosporus dem ehemaligen christlichen Abendland anzugliedern. **„Der spanische Außenminister und amtierende EU-Ratspräsident, Moratinos, hat sich erneut für eine Vollmitgliedschaft der Türkei in der Europäischen Union ausgesprochen.** 'Wir haben uns immer uneingeschränkt zu einer Vollmitgliedschaft der Türkei bekannt und glauben, daß Europa daraus mehr Vorteile als Nachteile entstehen würden', sagte er der 'Welt am Sonntag'.

Die Türkei sei Teil der europäischen Völkerfamilie. 'Sie in der EU zu haben ist besser, als sie draußen vor der Tür stehenzulassen'."[184]

Was also einen möglichen EU-Beitritt der Türkei anbelangt, so hatte der türkische Ministerpräsident Erdogan guten Grund, fest davon überzeugt zu sein, „daß sein Land schon bald in die Europäische Union aufgenommen wird. Entsprechend äußerte sich Erdogan [Anfang August 2004] in der 'Bild'-Zeitung. Die Türkei habe [angeblich!] bereits die allermeisten Bedingungen für eine Aufnahme erfüllt."[185]

Unsere Oberen ließen in den letzten Jahren denn auch keinen Zweifel an ihrer engen Verbundenheit mit der von dem geheimen Juden Kemal Atatürk begründeten Türkei, darunter Bundeskanzler Schröder, der bei einem Besuch in diesem Land am aus kabbalistischer Sicht symbolträchtigen 13. Oktober 2005 das Ziel einer türkischen Vollmitgliedschaft in der EU bekräftigt hatte. „Er erteilte der von CDU/CSU favorisierten 'privilegierten Partnerschaft' erneut eine Absage.

Als erster westlicher Regierungschef nahm Schröder auf Einladung des türkischen Ministerpräsidenten Erdogan am Fastenbrechen im Ramadan teil.

Erdogan würdigte Schröders Verdienste. Er hoffe, daß die neue Bundesregierung den Beitrittsprozeß gleichermaßen unterstützen werde."[186]

„Die US-Regierung hat sich erneut hinter den Wunsch der Türkei nach einer Vollmitgliedschaft in der Europäischen Union gestellt", hieß es 10 Tage zuvor in den Medien. „Die Türkei werde eine positive Kraft sein, um Frieden, Wohlstand und Demokratie [Anm.: Nichts als leere Worthülsen!] voranzutreiben [Anm.: Das exakte Gegenteil wird der Fall sein!]. Die US-Regierung habe [angeblich!] zwar keine Stimme in dem Prozeß, habe aber stets ihre Unterstützung für die Türkei zum Ausdruck gebracht."[187]

„**Der türkische Außenminister Abdullah Gül hat die Einigung auf Beitrittsverhandlungen mit der EU als ein 'historisches Ereignis' auf dem langen Weg der Türkei in die Europäische Union bezeichnet.** Mit der Aufnahme der Beitrittsgespräche erlange sein Land einen neuen 'Status', sagte Gül [am 3. Oktober 2005] vor dem Abflug zur EU-Regierungskonferenz in Luxemburg.

Die Türkei könne einen 'großen Beitrag' zur EU leisten. Den 'Freunden' in der EU dankte der türkische Außenminister für ihre Unterstützung. Gül gab sich zuversichtlich, daß die Türkei eines Tages EU-Vollmitglied werden könne."[188]

Außenminister Joschka Fischer hatte die Einigung im EU-internen Streit über die Beitrittsverhandlungen mit der Türkei seinerzeit „als 'historischen Schritt' und großen Erfolg bezeichnet. Es sei gelungen, einen einstimmigen Beschluß in der EU herbeizuführen. 'Die Verhandlungen werden noch heute Nacht beginnen', sagte Fischer. 'Europa hat heute gewonnen.'"[189] Nicht das Europa des christlichen Abendlandes, sondern das neue „Europa" der Satanssynagoge, die alles daran setzt, auch noch die letzten Reste des katholischen Glaubens auszumerzen.

Was also die Frage nach einer Aufnahme der Türkei in die EU anbelangt, so ist sie von jedem Christen und Patrioten mit aller Entschiedenheit mit „Nein" zu beantworten. Schließlich ließ der Orientexperte Peter Scholl-Latour bereits vor mehr als sechs Jahren keinen Zweifel daran, womit sich gerade Deutschland in solch einem Fall konfrontiert sehen würde: „**Fünf bis zehn Millionen Türken würden im Fall einer EU-Mitgliedschaft ihres Landes** und der damit verbundenen Niederlassungsfreiheit **nach Deutschland strömen.** Das erwartet der Orientexperte Peter Scholl-Latour laut 'Welt am Sonntag'."[190]

Nicht wenige dieser Leute würden in unserem Land ein ganz anderes Verständnis von „Ehre", „Rechtsstaatlichkeit" und „Glauben" an den Tag legen, als es sich die meisten Deutschen auch nur im Traum vorstellen könnten. Dann müßte man wohl damit rechnen, daß es auch in unserem Lande zu einer zunehmend blutigen Verfolgung des Christentums käme. Aber vielleicht ist das ja auch das beabsichtigte Ziel ...!

Wir haben in diesem Buch einiges vom heißblütigen Temperament vieler Südländer erfahren. Dazu paßt auch eine Meldung vom 29. Juli 2009, in der es um den bestialischen Mord an einer 18 Jahre alten Türkin ging: „Ein 26jähriger hat gestanden, seine junge Ehefrau in Ostwestfalen erst mit einem Messer niedergestochen, dann mit einem Billardqueue geschlagen und zuletzt dreimal [!] absichtlich mit einem Auto überfahren zu haben. Die Frau war danach an 20 [!] Stichwunden verblutet. Der junge Kurde mit türkischem Paß legte zum Auftakt des Prozesses gestern ein knappes Geständnis ab ... Auslöser der Bluttat ... war laut Anklage die Eifersucht des 26jährigen. Täter und Opfer waren Cousin und Cousine. Sie waren nach türkischem Recht standesamtlich verheiratet, lebten aber getrennt voneinander: Der Mann hatte seinen Wohnsitz in der Türkei, die 18jährige war in Gütersloh aufgewachsen."[191]

„Der Verteidiger erklärte die Tat mit einem 'Wechselbad der Gefühle': Der Türke sei illegal nach Deutschland eingereist, um seine Frau zurückzugewinnen. Sie habe den Scheidungsantrag dann angeblich zurücknehmen wollen. Er habe sich dennoch abgelehnt gefühlt. Auch sei er wütend gewesen, weil sie nicht mit ihm Silvester feiern wollte. Als die Frau bei einem Gespräch im Auto das Radio lauter gemacht habe und gelangweilt eine Zigarette angezündet habe, habe er die Kontrolle über sich verloren."[192]

„Die am Samstag in einem Wald bei Saulheim aufgefundene vergrabene Türkin aus Groß-Umstadt ist vor ihrem Tod brutal mißhandelt worden", stellte die „Fuldaer Zeitung" am Dienstag, den 10. November 2009 zu einem ähnlich gelagerten Verbrechen fest, das von einem mitfühlenden Anwalt wohl ebenfalls mit einem „Wechselbad der Gefühle" entschuldigt werden wird. „Bei der Obduktion seien zahlreiche Verletzungen aufgrund 'massiver Gewalteinwirkung' entdeckt worden, berichtete die Polizei gestern in Darmstadt. ... Die 37jährige soll nach Angaben von Bekannten am Tag ihres Verschwindens eine heftige Auseinandersetzung mit ihrem 42 Jahre alten Ehemann gehabt haben. Dieser hatte seine Frau nach Polizeiangaben schon früher körperlich angegriffen. Er hatte sich nach dem

Verschwinden Figen Capkans in die Türkei abgesetzt und war später auf Antrag der Darmstädter Staatsanwaltschaft in Georgien festgenommen worden."[193]

Nur einen Tag später wurde an der Fachhochschule Darmstadt eine 26 Jahre alte türkische Studentin erstochen. „Als mutmaßlichen Täter hat die Polizei einen 24jährigen Kommilitonen festgenommen. Der Mann hatte sich kurz nach der Tat bei der Bundespolizei im Darmstädter Hauptbahnhof gestellt. Als Motiv für die Bluttat vermuten die Ermittler Beziehungsprobleme zwischen den beiden Türken."[194]

Zahlreiche deutsche Frauen mußten ebenfalls am eigenen Leibe spüren, was es bedeutet, dem „Wechselbad der Gefühle" ihrer südländischen Partner ausgesetzt zu sein, wie wir bereits gesehen haben und wie auch das Beispiel der 41jährigen Nicole B. zeigt, die am 25. März 2009 im Parkhaus eines Wellnesscenters in Othmarschen von einem Türken auf brutalste Weise ermordet wurde. Anfang Oktober 2009 war Prozeß-Auftakt gegen den gleichaltrigen Suat G.

Das Verbrechen spielte sich folgendermaßen ab: Die Deutsche, die im Aqua Fit am Empfang arbeitete, „hat gegen 17 Uhr Feierabend und will heim. Vor dem Fenster ihres Toyota Yaris sei dann plötzlich ihr Ex-Freund aufgetaucht, so die Anklage. 'Er schlug das Fenster ein, riß die Tür auf, stach mit einem Messer und großer Kraft auf sie ein.' Oberstaatsanwalt Wilhelm Möllers spricht von einer 'ausufernden Gewaltanwendung'. 28 der 36 [!] Stichverletzungen an Kopf, Hals und Oberkörper seien potentiell tödlich gewesen.

G. gerät sofort ins Visier der Ermittler. Im Januar hatte sich Nicole B. nach dreijähriger Beziehung von ihm getrennt. Seitdem soll er ihr das Leben zur Hölle gemacht haben, indem er ihr auflauerte, sie bedrohte. So wie es die Staatsanwaltschaft sieht, hat er das Liebes-Aus nie akzeptiert."[195]

Der Türke soll extrem eifersüchtig gewesen sein. „Wie heftig der Montage-Arbeiter ausrasten kann, wenn ein Mann mit seiner Freundin spricht, erfuhr ein Polizist [!] aus Harburg. Andre R. ist im Juli 2008 auf dem Heimweg. Nicole B. wartet mit einer Freundin an der Wilstorfer Straße auf den Bus, sie war beim Schlagermove, hat noch

Blumen im Haar. 'Ich dachte, daß sie Hilfe benötigen', sagt R. Doch plötzlich kommt Suat G. hinzu und schlägt den Polizisten brutal zusammen.

Spätestens am 14. März weiß sie, zu welchen Taten der Stalker fähig ist. Bei einem Treffen mit Freunden im Restaurant Bolero (Harburg) kreuzt ihr Ex auf. Checkt die Kurznachrichten auf ihrem Handy und zertrümmert es, kurz danach springt er unvermittelt vor ihr Auto. Es reicht ihr: B. zeigt ihn an und erwirkt eine einstweilige Verfügung. Er darf sich ihr nicht mehr nähern. Kurz danach soll der Türke seine Schwester geschickt haben, damit sie die Anzeige zurückzieht – was sie nicht tut. Mußte sie dafür mit ihrem Leben bezahlen?"[196]

„Die Staatsanwaltschaft hat Suat G. wegen Mordes aus niedrigen Beweggründen angeklagt. Wut, Eifersucht und Rache hätten ihn getrieben. Sein Verteidiger Siegfried Schäfer hingegen spricht von einer Beziehungstat im Affekt.

'Er ging nicht ins Parkhaus, um die Frau zu töten', sagt er. Dafür habe es 'keinen Grund' gegeben [Anm.: Warum hatte der brutale Kerl dann das Messer dabei, lieber Herr Anwalt?]. War es Mord? 'Es war genauso wenig Mord wie bei Bubi Scholz.' Der Boxer war 1985 verurteilt worden. Nicht wegen Mordes, sondern wegen fahrlässiger Tötung."[197] Ungeheuerlich, wie ein ums andere Mal versucht wird, die Gewaltausbrüche ausländischer Krimineller als „Taten im Affekt" hinzustellen und sie dadurch in den Augen der Öffentlichkeit abzumildern!

Es überrascht also nicht wirklich, daß auch in diesem Fall am 20. November 2009 ein erschreckend mildes Urteil gefällt wurde. „Die Schwestern der erstochenen Nicole Breckwoldt können es nicht fassen. Das Urteil für den Täter ist ihnen zu niedrig – acht Jahre und sechs Monate wegen Totschlags für diesen Mann. Der 41jährige Suat G. …, so die Entscheidung des Hamburger Landgerichts, sei nur vermindert schuldfähig gewesen, weil er unter Drogen stand und im Affekt gehandelt habe, so der Richter. Die jüngste Schwester der Toten ist entsetzt.

Dörte Breckwoldt, Schwester der Toten: 'Es ist ein Nichtverstehen. Unverständnis.'

Im März sticht [Suat G.] wie besessen auf seine Ex-Freundin ein; 36 Messerstiche zählen die Gerichtsmediziner später. Die alleinerziehende 41jährige Mutter schließt sich noch in ihrem Wagen ein, aus Angst vor dem gewalttätigen Ex-Freund. Er aber schlägt das Seitenfenster ein und tötet sie.

Im Prozeß läßt der Staatsanwalt [!] den Mordvorwurf fallen. [Suat G.] könnte somit schon nach vier [!!!] Jahren wieder freikommen."[198] Es sei nochmals daran erinnert, daß deutsche „Volksverhetzer", im Gegensatz zu solchen ausländischen Gewaltverbrechern, nicht selten die ganze Härte des Gesetzes zu spüren bekommen und sie zu langjährigen Haftstrafen verurteilt werden, obwohl sie niemandem ein Haar krümmten.

Wie dem auch sei, verschwiegen werden dürfen im Falle eines EU-Beitritts der Türkei natürlich nicht die enorm hohen Kosten für den deutschen Steuerzahler, denn eines steht bereits heute fest:

Deutschland ist längst pleite und eilt dem Staatsbankrott entgegen

Während Deutschland immer mehr im multikulturellen bzw. multikriminellen Chaos versinkt, verscherbeln unsere Bediensteten auch noch unser letztes Vermögen, wie etwa am 22. Juni 2005 unter der Schlagzeile „Regierung plant Ausverkauf" zu erfahren war: „Bundesfinanzminister Eichel will durch den **Verkauf des letzten [!] Tafelsilbers** das Milliardenloch im Haushaltsentwurf 2006 stopfen. Wie die 'FTD' berichtet, will der Minister das sogenannte ERP-Sondervermögen auflösen, das der Bund in über fünf Jahrzehnten aus dem Marshallplan zum Wiederaufbau Europas angespart hat. Eichel will außerdem die letzten Staatsanteile an Telekom und Post verkaufen.

Eichel unternimmt damit den letzten Versuch, einen Haushalt ohne Steuererhöhungen zustandezubringen."[199]

Ganz gleich, ob Deutschland von Schwarz-Gelb, Rot-Grün oder einer großen Koalition bestehend aus SPD und CDU geführt wird, das Voranpeitschen der multikulturellen Gesellschaft schreitet ebenso unaufhörlich voran wie der Ausverkauf deutschen Volkseigentums: „Noch ist der laufende Verkauf landeseigener Immobilien nicht abgeschlossen. Da plant Hessens Finanzminister Karlheinz Weimar (CDU) schon den nächsten Coup", war von der Internetseite „hr-online.de" am 23. September 2005 zu erfahren. **„Hessen werde** im kommenden Jahr ein ähnlich **großes Paket von Landesimmobilien veräußern** wie in diesem Jahr, sagte Weimar der 'Financial Times Deutschland' ... 770 Millionen Euro seien dafür in den Landeshaushalt 2006 eingeplant worden. Am Markt sei ein solches Portfolio zur Zeit mühelos zu plazieren.

In der Endrunde des laufenden Veräußerungsprozesses sind nach Informationen der FTD noch vier Interessenten: [die New Yorker Investmentgesellschaft] Cerberus, Fortress, Commerz-Leasing und die britische Reit Asset Management. Noch im Herbst solle entschieden werden, wer den Zuschlag erhalte, berichtet das Blatt unter Berufung auf verhandlungsnahe Kreise. **Zum Verkauf stehen 18 Gebäude, darunter das Finanz- und Innenministerium [!] in Wiesbaden, das Frankfurter Polizeipräsidium [!] und Behörden in Wetzlar, Gießen und Fulda.** Die Gebote sollen rund eine Milliarde Euro erreicht haben, 200 Millionen Euro mehr als Weimar ursprünglich erwartet hatte. **Die Immobilien sollen nach dem Verkauf zurückgemietet [!!!] werden."**[200]

Am 22. November 2006 bestätigte die „Fuldaer Zeitung" (Herv. hinzugefügt) dieses unglaubliche Vorhaben: „Das Land Hessen will insgesamt 36 Bürogebäude für 768 Millionen Euro an die österreichische Firma CA Immobilien Anlagen verkaufen. Wie das Finanzministerium berichtete, sind unter den 36 Liegenschaften auch das Kultusministerium, das Wirtschaftsministerium sowie das Justizzentrum Kassel. **Für die Miete** der vom Land auch weiterhin genutzten Immobilien **werde Hessen pro Jahr 41,8 Millionen Euro aufwenden.**

Nach Worten von Finanzminister Karlheinz Weimar (CDU) umfassen die 36 Gebäude eine Gesamtmietfläche von 450 000 Quadratmetern. CA habe das höchste Gebot vorgelegt. Die Mietzahlungen seien im Verhältnis zum Kaufpreis für das Land äußerst vorteilhaft. ... Der Erlös trägt laut Weimar dazu bei, den laufenden Etat zu decken. Der Minister sprach von einem 'hervorragenden Ergebnis', obwohl er ursprünglich 770 Millionen Euro einkalkuliert hatte. Allerdings hatte er dafür noch drei weitere Gebäude veräußern wollen. ... Hessen hatte bereits 2005 zahlreiche [!] Landesimmobilien verkauft, um sie anschließend zurückzumieten."

Trotz solcher Verzweiflungstaten steigen die Staatsschulden auch weiterhin ins Unermeßliche, wie etwa der Bundesbankpräsident **Prof. Dr. Axel Weber** bereits Anfang 2005 feststellte: „Im vergangenen Jahr lagen **das staatliche Defizit** mit 81 Milliarden Euro **und die Staatsverschuldung** mit knapp 1,4 Billionen Euro **auf historischen Höchstständen.** Der Bund, mehrere Bundesländer und viele Gemeinden überschritten die regulären nationalen Obergrenzen für die Kreditaufnahme, und auch die Sozialversicherungen schlossen mit merklichen Defiziten ab. Bei Licht betrachtet, ist das **mehr als besorgniserregend** ... Die hohe Verschuldung schlägt sich durch die umfangreichen Zinsverpflichtungen in den Staatshaushalten nieder. So beliefen sich die staatlichen Zinsausgaben 2003 insgesamt auf 67 Milliarden Euro. **Die Zinszahlungen verdrängen andere staatliche Ausgaben** und verringern das Potential für Steuersenkungen ganz erheblich."[201]

Zahlreiche Schreckensmeldungen aus jüngster Zeit lassen an der bedrohlichen Lage der deutschen Staatskasse nicht den geringsten Zweifel:

„Die Wirtschaftskrise steigert die Neuverschuldung des Bundes sprunghaft. Minister Steinbrück erwartet für 2009 'deutlich über 50 Milliarden Euro' neue Schulden.

'Dieses Jahr ist extrem. **Wir erleben den größten Einbruch der Wirtschaft in der Geschichte der Bundesrepublik',** begründete er die Rekord-Neuverschuldung. Bislang waren neue Kredite von 36,9 Milliarden vorgesehen. Darin sind aber noch nicht die Ausgaben für das Konjunkturpaket II und die Stabilisierung der Banken enthalten", so der „RTLtext" am 26. April 2009 auf Seite 126 (Herv. hinzugef.).

„Eine vertrauliche Aufstellung der Finanzaufsicht Bafin zu Milliardenrisiken deutscher Banken sorgt für Wirbel. Laut Medienberichten [vom selben Tag] wird **das Volumen der von der Finanzkrise betroffenen Wertpapiere und Kredite auf insgesamt 816 Milliarden Euro beziffert.**

Die Liste ist wohl Teil der Arbeiten an den Bad Banks, in die vom Ausfall bedrohte Vermögenswerte ausgelagert werden sollen. Die Bafin versuchte den Schaden zu begrenzen: Die Liste lasse keine Rückschlüsse auf die Bonität der Banken zu."[202]

„Neuverschuldung auf Rekordniveau"[203], hieß es dann am 30. Mai 2009. „Die Neuverschuldung des Staates wird sich nach Einschätzung von Bundesfinanzminister Steinbrück auch in den kommenden Jahren auf Rekordniveau bewegen. 'Ich werde voraussichtlich einen **Haushalt für 2010** vorlegen, der eine **Neuverschuldung von über 90 Milliarden Euro** ausweist', sagte der SPD-Politiker der 'Süddeutschen Zeitung'.

Erst 2013 könne man realistisch damit rechnen die Kreditaufnahme auf das Niveau von 2005 zu senken. Damals betrug das Defizit des Bundeshaushalts 55 Milliarden Euro."[204]

„Die Finanzmarktkrise könnte nach Schätzungen der EU-Kommission [vom 23. Juni 2009] **die europäischen Steuerzahler rund zwei Billionen Euro kosten.** Das entspreche einem Sechstel der gesamteuropäischen Wirtschaftsleistung von rund 12 Billionen Euro, wie aus einem in Brüssel veröffentlichten Bericht hervorgeht.

Die von den 27 EU-Staaten geschnürten Hilfspakete für die Banken belaufen sich demnach auf 44 Prozent der gesamteuropäischen Wirtschaftsleistung, das sind über fünf Billionen Euro."[205]

Tatsächlich soll die Finanzkrise die Weltwirtschaft allein bis Ende 2009 „**über 10 Billionen Dollar** [=10 000 000 000 000] kosten. Zu dieser Einschätzung kommen Experten von Commerzbank Research, berichtet die 'Welt'. **Je Erdenbewohner beliefen sich die Kosten damit auf etwas mehr als 1500 Dollar.** Der deutschen Volkswirtschaft gehen nach den Berechnungen durch die Krise 237 Milliarden Dollar verloren: Auf 104 Milliarden belaufen sich allein die Abschreibungen deutscher Banken."[206]

„'Ein finanzpolitischer Tsunami rollt auf uns zu', malt Fuldas Finanzchef und Kämmerer Gerhard Möller [Anfang Juli 2009] ein düsteres Bild im Hinblick auf die städtische Haushaltslage der kommenden Jahre.

'Die Finanzkrise wird in voller Wucht 2010 auf uns zukommen', weist er auf die aktuelle Steuerschätzung hin, die für den Finanzausgleich zwischen Land und Kommunen ein deutliches Minus bei den allgemeinen Finanzzuweisungen prognostiziert."[207]

„**Städtetag befürchtet Mega-Krise**"[208] lautete die Schlagzeile zu einer besorgniserregenden Meldung vom 29. August 2009: „Die Präsidentin des Deutschen Städtetags, Roth, warnt vor einer '**beispiellosen Finanzkrise' der deutschen Kommunen.** Die Gemeinden müßten im kommenden Jahr ein Defizit von mehr als zehn Milliarden Euro befürchten, sagte die Frankfurter Oberbürgermeisterin der 'Leipziger Volkszeitung'.

Damit lägen ihre Kredite schon heute bei insgesamt 31,6 Milliarden Euro – mehr als fünfmal so hoch wie vor zehn Jahren: 'In diesem Umfang müssen Kommunen Aufgaben wie Kinderbetreuung auf Pump finanzieren.'"[209]

„Laut Angaben des Bundesfinanzministeriums wird das «Finanzierungssaldo», also die Differenz zwischen Einnahmen und höheren Ausgaben, das durch neue Schuldenaufnahmen gedeckt werden muß, in folgenden Größenordnungen liegen:

2009:	112,5	Milliarden Euro
2010:	132,5	Milliarden Euro
2011:	109,0	Milliarden Euro
2012:	85,5	Milliarden Euro
2013:	69,5	Milliarden Euro

Damit nehmen Bund, Länder und Gemeinden bis 2013 neue Schulden in Höhe von insgesamt 509 Milliarden Euro auf."[210]

An einigen Tagen erreichen uns gleiche mehrere Schreckensmeldungen zum wirtschaftlichen Stand der Bundesrepublik Deutschland, so etwa auch am 27. August 2009:

„Hessen steigert Schulden 2010 auf Rekordwert – Wegen der andauernden Wirtschaftskrise will Hessen 2010 so viele neue Schulden machen wie nie zuvor. Finanzminister Karlheinz Weimar (CDU) plant eine Nettokreditaufnahme von fast 3,4 Milliarden Euro."[211]

„Sozialhilfe-Ausgaben klettern immer weiter – Der Staat muß immer mehr Geld für Sozialhilfeleistungen ausgeben: Laut Statistischem Bundesamt stiegen die Ausgaben 2008 um 4,9 Prozent auf netto 19,8 Milliarden Euro.

Pro Kopf wurden rechnerisch 241 Euro für Sozialhilfe ausgegeben, 2007 waren es noch 229 Euro."[212]

„Unter den Hartz-IV-Empfängern in Deutschland ist der Anteil der Zuwanderer überdurchschnittlich hoch. Während 8 % der Gesamtbevölkerung Arbeitslosengeld II beziehen, sind es bei den Migranten 19 % (Studie Uni Duisburg-Essen)", wie die „Bild" am 20. November 2009 feststellte und damit aufzeigte, wie man sich die multikulturelle „Bereicherung" in der Praxis vorzustellen hat.

„Gemeinden stehen vor dem Kollaps"[213], hieß es schließlich bedrohlich am 2. Februar 2010 in den Medien. „Wegen der Wirtschaftskrise erwarten Deutschlands Städte und Gemeinden in diesem Jahr ein Rekorddefizit von 12 Milliarden Euro. Das seien fast 50 Prozent mehr als in der bislang schwersten kommunalen Finanzkrise 2003 sagte Städtetags-Präsidentin Roth.

Nachdem die Kommunen 2008 noch ein Plus von 7,6 Milliarden Euro verbuchten, betrug bereits 2009 das Defizit demnach etwa 4,5 Milliarden Euro. Vor allem die Gewerbesteuer sei massiv eingebrochen, so Roth."[214]

Da es also schon allein aus wirtschaftlicher Sicht nicht im Interesse des hochverschuldeten deutschen Volkes liegen kann, ständig weitere Völkermassen aus aller Herren Länder bei uns aufzunehmen und zu logieren, muß die dringende Frage beantwortet werden:

Wer steckt wirklich hinter dem Plan zur systematischen Errichtung von multikulturellen Gesellschaften?

Drei große Personengruppen haben ein elementares Interesse daran, die Welt neu zu gestalten, das heißt Landesgrenzen zu beseitigen, Währungen zu vereinen und Völker zu vermischen:

1.) **Die Großbanken und internationalen Konzerne**, denen es nicht etwa um den Wohlstand der Leute in den einzelnen Ländern, sondern um Gewinnmaximierung geht.

Zur Erringung der Weltherrschaft lassen sie und ihre Helfershelfer, die man als „Globalisten" und „Internationalisten" bezeichnen kann, „mit Hilfe willfähriger Politiker die Staaten der Welt zu einer Art impotenter Bezirksvertretungen globalistischer Firmenkonglomerate degenerieren. Im Globalismus verarmen die Bevölkerungen, und nur 20 Prozent, so die Planung, haben die Möglichkeit, als **billige Arbeitssklaven** dahinzuvegetieren. Den nationalen Parlamenten bleibt im Globalismus die Rolle von Quasselbuden vorbehalten, wo das Demokratie-Märchen und anderes Geschwätz als Dauerbrenner gepflegt werden sollen, während Präsidenten und Kanzler von den globalistischen Konzernführungen ihre Weisungen erhalten. 'Wenn Regierungen in allen existentiellen Zukunftsfragen nur noch auf die übermächtigen Sachzwänge der transnationalen Ökonomie verweisen, gerinnt alle Politik zu einem Schauspiel der Ohnmacht, und der demokratische Staat verliert seine Legitimation. **Die Globalisierung gerät zur Falle für die Demokratie.**' (Die Globalisierungsfalle, Rowohlt, Hamburg 1996, S. 20; Herv. hinzugefügt) ...

Die Weltherrschaft läßt sich nicht über die Parlamente der Welt herstellen, zu unterschiedlich prallen dort die Interessen aufeinander. Vielmehr müssen die Parlamente zu Hilfswilligen der global operierenden Konzerne gemacht werden. Mit der Steuerbefreiung und der totalen unternehmerischen Bewegungsfreiheit über alle Grenzen hinweg, inklusive unkontrollierter Geldtransfers, haben die Nationalstaaten ihre Macht an die globalistischen Unternehmen schon jetzt zum großen Teil abgegeben. ...

Die Hilfswilligen in den nationalen Parlamenten propagieren mittlerweile lautstark und ohne Schamgefühl die menschenverachtenden Ziele der Globalisten, nämlich die Löhne der Massen auf Armutsniveau zu senken [Anm.: Siehe hierzu eine repräsentative Meldung vom 29. Juli 2009: „Arbeitgeberpräsident Dieter Hundt hält vor dem Hintergrund der Weltwirtschaftskrise in der kommenden Tarifrunde Forderungen nach Lohnkürzungen aus rein betriebswirtschaftlicher Sicht für eine 'vernünftige Möglichkeit'. Das war ja zu erwarten, daß die 'kleinen Leute' die Zeche der Weltwirtschaftskrise zahlen sollen und werden, die letztlich von den Brüdern im Geiste des Dieter Hundt verursacht wurde. … Man kann auch darauf wetten, daß unmittelbar nach der Bundestagswahl die Blockparteien die Mehrwertsteuer erhöhen und sich auf die eine oder andere Weise in die Debatte um weitere Lohnkürzungen einschalten werden. Bekanntlich hat genau diese etablierte Politik im Zusammenspiel mit einer asozialen Wirtschaft im letzten Jahrzehnt Bedingungen geschaffen, wo viele Millionen Arbeitnehmer von ihren Löhnen nicht mehr leben können. Und der Lohnklau geht munter weiter; Hunderttausende wurden in den letzten Monaten auf Kurzarbeit gesetzt, was für die Betroffenen zu einem Reallohnverlust von mehreren Hundert Euro pro Monat führt."[215]]. Als Mittel zur sogenannten Problemlösung werden von Politikern und Managern heute **nur noch 'Billigjobs' und 'Entlassungen'** genannt. Doch nur die Multis lösen mit 'Billigjobs' und 'Entlassungen' ihre Probleme. Die breiten Massen hingegen, die in die Armutsfalle gestoßen werden, sehen sich mit einer nie gekannten existentiellen Katastrophe konfrontiert. Gleichzeitig schwafeln die politischen Handlanger der Globalisten von Wirtschaftswachstum, das sie angeblich ansteuern würden. Diese Phrase kommt der Logik gleich, mit Benzin ein Feuer löschen zu wollen. Wer nichts mehr verdient, kann nicht mehr konsumieren – somit kann kein Wirtschaftswachstum stattfinden.

Das System lenkt von dieser **Irrfahrt in die globale Hölle** ab, indem einzelne Sozialhilfe-Betrügereien von Deutschen in den Medien überdimensional aufgeputscht werden wie z.B. die Sozialhilfeleistung für einen Deutschen in Miami. Auch arbeitslose deutsche Schwarzarbeiter, die nebenbei Sozialhilfe kassieren, werden im Fernsehen als Ursache allen Übels dargestellt. In Wirklichkeit handelt es sich um ganz wenige Ausnahmefälle. Die Sozialhilfeleistung für im Ausland lebende 'Deutsche' wurde damals für Juden eingeführt. Jetzt profitierte ein deutscher Schmarotzer davon und schon laufen die Hetzer Amok. ...

Die Globalisten trachten nach der Verarmung der Menschen, denn Arme können sich nicht wehren, ihre Maßnahmen zur Weltherrschaft also politisch nicht mehr stören. Die globalistischen Pläne sehen vor, daß 20 Prozent der Massen Arbeit haben, der Rest muß dahinvegetieren: **'Die Zukunft verkürzen die Pragmatiker im Fairmont Hotel [Globalisten-Kongreß in San Francisco 1995] auf ein Zahlenpaar und einen Begriff: «20 zu 80». ... 20 Prozent der arbeitsfähigen Bevölkerung würden im kommenden Jahrhundert ausreichen, um die Weltwirtschaft in Schwung zu halten. «Mehr Arbeitskraft wird nicht gebraucht», meint Magnat Washington SyCip. Ein Fünftel aller Arbeitssuchenden werde genügen, um alle Waren zu produzieren und die hochwertigen Dienstleistungen zu erbringen, die sich die Weltgesellschaft leisten könne. Diese 20 Prozent werden damit aktiv am Leben, Verdienen und Konsumieren teilnehmen – egal, in welchem Land. ... 80 Prozent der Arbeitswilligen ohne Job? «Sicher», sagt der US-Autor Jeremy Rifkin.'** (Die Globalisierungsfalle, Rowohlt, Hamburg 1996, S. 12)

Die Betonung bei diesem globalistischen Konzept liegt auf 'Weltgesellschaft'. Es stört die Globalisten nicht, ob in Deutschland sich nur 20 Prozent der Bevölkerung noch etwas leisten können und der Rest unter den Brücken hausen muß. Da die Grenzbarrieren sowie die Steuern für Global-Konzerne gleichgeschaltet weltweit abgeschafft wurden, Produkte, Handel und Dienstleistungen von heute auf morgen an jeden beliebigen Ort der Welt verlagert werden können, reichen 20 Prozent der Weltbevölkerung aus, um die Globalisten immer reicher zu machen und ihre Macht immer weiter zu festigen. Jene, die unter den Brücken enden, stellen keine Gefahr mehr für die globalistischen Sklavenhalter dar, und die 20 Prozent Beschäftigten werden alles tun, um ihren Herren zu gefallen. Wer möchte schon zu den 80 Prozent Ausgestoßenen gehören? Wenn sich z.B. 20 Prozent der Chinesen die Waren und Dienstleistungen der Globalisten leisten können, dann sind das 300 Millionen Konsumenten, fast vier Mal mehr als die Gesamtbevölkerung Deutschlands.

Die Globalisten können also getrost in jedem Land Armut schaffen. Da sie global operieren, reichen 20 Prozent Konsum- und Arbeitspotential voll und ganz aus, den unermeßlichen Reichtum und die Macht der globalen Oligarchen weiter zu steigern bzw. zu sichern.

Ungeachtet aller Politiker-Phrasen und -Lügen wird auch Deutschland im Zeitalter des Globalismus von bitterer Massenarmut heimgesucht werden, da im Land nur noch das hergestellt wird, was derzeit im Ausland noch nicht hergestellt werden kann. Der Mittelstand, der im Lande bleiben und für Arbeitskräfte sorgen würde, wird mit gezielten Steuer- und Abgabenangriffen fertiggemacht. Und so fallen auch diese Beschäftigungsbastionen den globalistischen Konzernen zum Opfer, die nach der Übernahme bzw. Zerschlagung der Mittelstandsbetriebe alles ins Ausland verlagern und die Arbeitskräfte auf die Straße setzen. ... Jene Menschen, die z.B. in Deutschland durch die Produktionsverlagerung ins Ausland arbeitslos wurden, können sich die im Ausland produzierten Produkte aber nicht mehr leisten. Das ist der Beweis, daß die Globalisten und ihre willfährigen Politiker niemals vorhatten, den Wohlstand in den einzelnen Ländern aufrechtzuerhalten. Die standortunabhängige Produktion sucht sich im Globalismus ihre Konsumenten innerhalb der 20 Prozent Beschäftigten auf der ganzen Welt. Das reicht den Oligarchen. ...

Die planmäßig [!] in die Wege geleitete Weltverarmung unter dem Banner des Globalismus läuft bereits auf Hochtouren: **'Der größte Teil der Welt mutiert zu einem Lumpenplaneten, reich nur an Megastädten mit Megaslums, in denen sich Milliarden Menschen notdürftig durchschlagen. Jede Woche wachsen die Städte um eine Million Menschen. ... 358 Milliardäre sind gemeinsam so reich wie insgesamt 2,5 Milliarden Menschen, fast die Hälfte die Weltbevölkerung.'** (Die Globalisierungsfalle, Rowohlt, Hamburg 1996, S. 40)

Die Entmachtung der nationalen Parlamente und damit die Ausschaltung der Demokratien wurde weitestgehend durch die Schuldenfalle der Globalisten erreicht. ... Das Volksvermögen der untergegangenen DDR wurde nach folgender Methode privatisiert. Ein US-Unternehmen kaufte für EINE MARK [Anm.: rund 50 Cent] einen Volksbetrieb und erhielt Millionen an sogenannter Anstoßfinanzierung. Auf diese Weise floß annähernd eine Billion Mark [Anm.: etwa 500 Milliarden Euro] nach Übersee, womit das marode US-Bankensystem vorübergehend gerettet wurde. Den Deutschen wurden dadurch Zins- und Schuldendienste in unvorstellbarer Höhe für alle Zeiten aufgeladen und die Beschäftigten in den 'privatisierten' Betrieben fanden sich dennoch auf der Straße wieder. ...

Die von den Globalisten durchgesetzte Multikultur-Politik diente nicht nur dazu, daß z.B. Deutschland immer höhere Schulden zur Finanzierung dieses Wahnsinns aufnehmen mußte, sondern man **schaffte ein Instrument, um für alle Zukunft den neu errichteten Multi-Kulti-Staaten den Virus des Unfriedens einzupflanzen.** Multikultur bedeutet Unfrieden, und durch Unfrieden und Disharmonie sind Multi-Kulti-Staaten und ihre Bevölkerungen gezwungen, sich ständig mit sich selbst beschäftigen zu müssen. Das erlaubt den Globalisten, die Geschicke der Welt in ihren prunkvollen Führungsetagen in den Milliardärsvierteln ungestört zu lenken. Darüber hinaus **liefert ein Multi-Kulti-Staat bei Bedarf immer einen Kriegsanlaß, sollte er gegenüber den großen Drahtziehern unbotmäßig werden. Es findet sich jederzeit eine 'unterdrückte Minderheit', die bei Bedarf 'befreit' werden kann (siehe Kosovo usw.).**

Eines steht fest, in Zukunft wird es keinen Wohlstand, sondern Armut für 80 Prozent der Bevölkerungen (auch in Deutschland) geben. Darüber sollte das Politikergeschwätz nicht hinwegtäuschen. Immerhin sind es die Politiker selbst, die ständig 'Billigjobs' verlangen, also den Menschen eine Arbeit andrehen wollen, deren Entlohnung nicht einmal zum Leben ausreicht. Über kurz oder lang muß jeder in Deutschland seine ärztliche Versorgung und seine Rente selbst absichern, was für mindestens 80 Prozent unmöglich sein wird. **Der 'Lumpen-Planet' wird als Folge ein 'Lumpen-Deutschland' gebären.**

Für den Fall, daß die mit dramatischer Geschwindigkeit eingeleitete Verarmung der Massen den finanziellen Zusammenbruch des Systems nicht mehr aufhalten kann, könnte Plan B zum Einsatz kommen – ein weltweiter Krieg. Deutschland ist pleite, jede Sekunde muß der immer weniger verdienende Nochbeschäftigte 2300 Euro nur an Zinsen aufbringen [Anm.: Mittlerweile hat jeder Bundesbürger einen Anteil von mehr als 24 000 Euro an der Staatsschuld; der Schuldenzuwachs pro Sekunde beträgt rund 4500 Euro!]. Selbst ein leichter Anstieg des Zinsniveaus könnte den sofortigen Zusammenbruch der BRD auslösen. An eine Rückzahlung der Billionen-Schuldenlast ist ohnehin nicht mehr zu denken.

In den USA sieht es finanziell noch viel schlimmer aus. Deshalb haben sich die globalistischen Strippenzieher mit dem Vorwand 'Krieg gegen den Terror' ein wunderbares Instrument geschaffen, einen Weltkrieg mit verheerenden Folgen vom Zaun zu brechen. **Unter dem Vorwand der Terrorbekämpfung hat sich USrael einen Freibrief ausgestellt, präventiv in jedes [!] Land einzufallen, das angeblich Terroristen Unterschlupf bzw. Unterstützung gewährt.** Damit bedarf es für künftige Kriege keiner großen Anstrengungen mehr, Gründe zu fälschen, wofür früher immer viel Zeit und Energie aufgewendet werden mußte."[216]

Zum einen stecken also wirtschaftliche Interessen hinter der Errichtung von multikulturellen Gesellschaften. Die Zuwanderer sollen die Löhne der Einheimischen drücken, die sich dann im harten Konkurrenzkampf mit Leuten sehen, die solche zweifelhaften Arbeitsbedingungen bereits aus ihren Heimatländern in der Dritten Welt gewohnt sind. Aus diesem Grund will die EU auch möglichst rasch Flüchtlinge auf den hiesigen Arbeitsmarkt lassen, wie wir bereits gesehen haben. Es geht um massenhaftes „Lohndumping" bzw. um eine stetige Vergrößerung des Arbeitslosenheeres (was indes durch frisierte Statistiken vor der Allgemeinheit geheimgehalten werden soll!).

„Der Liberalkapitalismus ist von Natur aus menschenfeindlich", kritisiert Claudia Maschke und stellt fest, daß er Sklavenarbeit und Hungerlöhne zur Profitmaximierung in seinem Schweinesystem braucht und daher rücksichtslos alle Grenzen beseitigt, die dabei hinderlich sind. Die teuflische Globalisierung sorgt dafür, „daß die einheimischen Arbeitnehmer bei den Löhnen und Sozialstandards in einen Wettbewerb mit Ländern wie China, Indien und Bangladesh treten. Hierbei können nur die Konzerne gewinnen und die deutschen Arbeitnehmer verlieren.

Am 9. Mai 2009 stellte der 'Express' die Frage, ob man sechs Tage die Woche arbeiten wolle, mit 13. Monatsgehalt und Rentenversicherung – für 69 Euro im Monat!

Diese Frage war kein Scherz. Zum Beispiel die Textilfirma Carreman im südfranzösischen Castres meinte das durchaus ernst: Sie bietet ihren Mitarbeitern zu den genannten Konditionen eine Beschäftigung in Indien an. Und Angebote wie dieses seien kein Einzelfall. Ein Maschinenbauer im Elsaß bietet seinen Mitarbeitern an, sie in Rumänien für 110 Euro im Monat weiterzubeschäftigen. Die Angestellten eines Unternehmens aus der Bretagne bekamen ein Angebot, künftig für 230 Euro in der Türkei zu arbeiten.

Der Grund für diese Angebote ist ein französisches Gesetz, das den Arbeitgeber verpflichtet, bei 'Umstrukturierungen' mit Stellenabbau eine Weiterbeschäftigung an einem anderen Standort anzubieten. Und das gelte auch dann, wenn die Filialen in Indien, Polen oder Papua seien.

Wer es schon vergessen haben sollte, auch die Firma Nokia bot seinerzeit den vor der Entlassung stehenden Arbeitern in Bochum an, nach Rumänien umzuziehen und für die dortigen Konditionen im neuen Werk weiterzuarbeiten. Für dieses Angebot bedurfte es keines Gesetzes. Hier kam der Zynismus der Globalisierer zum Ausdruck, der mit dem Vorurteil aufräumte, daß der Liberalkapitalismus eine soziale Komponente hat und Arbeit mit fairen Löhnen schafft, damit es auch den Arbeitnehmern gut geht, wenn es der Firma gut geht."[217]

„Armut trotz Arbeit – so etwas hat es seit Menschengedenken in Deutschland nicht mehr gegeben. In der BRD ist das hingegen für viele eine bittere Realität. Die Betroffenen können sich bei den etablierten Blockparteien dafür bedanken, daß Hunderttausende ehemals menschenwürdig bezahlte Arbeitsplätze einem künstlich geschaffenen Niedriglohnbereich geopfert wurden, oder gleich ganz nach Indien verschwanden.

Insofern fällt die Bilanz der Globalisierung in den entwickelten Ländern ähnlich aus: Wenigen, die zu den Gewinnern zählen, stehen unzählige Menschen gegenüber, die durch Lohn- und Sozialdumping sowie durch 'Umstrukturierungen' offenkundig zu Verlierern wurden.

Maßnahmen wie etwa die 1-Euro-Job-Regelung, die Hartz-IV-Gesetzgebung oder die flächendeckende Einführung von Zeitarbeitsfirmen, bei denen Arbeitnehmer für einen Niedriglohn als regelrechte „Sklaven" schuften müssen, während die Chefs dieser Unternehmen steinreich werden, dienen einem einzigen Zweck: der systematischen Verelendung von immer mehr Menschen unseres Landes, deren Lebensstandard schrittweise an den der Dritten Welt angepaßt werden soll.

In Ländern wie Bangladesch ist Kinderarbeit gang und gebe. Nicht selten werden dort Waren produziert, die auch auf den deutschen Markt gelangen. (Die Globalisierung ist ein einziger Teufelskreislauf, der in ehemals reichen Ländern wie den USA und Deutschland sehr viele Arbeitsplätze vernichtet, um sie anschließend in Billiglohnländern anzusiedeln!)

(Quellenhinweise: **Oben:** Der Spiegel, 9.5.05, S.116; **Unten:** ebd. 4.7.05, S.114)

Die Globalisten haben dafür gesorgt, daß Länder, in denen viele Christen leben, wirtschaftlich und kulturell systematisch ruiniert wurden. So hatte die Verlagerung der Textilfabrikation für die amerikanische Traditionsindustrie verheerende Folgen (**oben** eine chinesische Textilfabrik in Qingdao). **Unten** sehen wir eine Schuhproduktion im kommunistischen Vietnam. Die Arbeiter, die in diesen Firmen arbeiten, bekommen meist einen Niedriglohn, der kaum zum Leben reicht.

(Quellenhinweise: **Oben:** Der Spiegel, 25.8.03, S.60; **Unten:** ebd. 30.6.03, S.77)

Menschen, die noch vor zehn oder fünfzehn Jahren einen sicheren und menschenwürdig bezahlten Arbeitsplatz hatten, stehen heute nach der 'Flexibilisierung', 'Entgrenzung' und 'Beschleunigung' durch die Globalisierung mit dem Rücken zur Wand."[218]

Die multikulturelle Gesellschaft wird dafür sorgen, daß diese Zustände in Deutschland in Zukunft immer schlimmer werden.

2.) **Talmudisten und Kabbalisten**, die aufgrund ihrer Religion allen Ernstes der Überzeugung sind, Gott höchstpersönlich habe sie dazu auserwählt, die Welt zu regieren. Sie meinen, sie hätten die Aufgabe erhalten, die Welt zu einen, das heißt alle Rassen zu vermischen (also „multikulturelle Gesellschaften" zu errichten!) und sich selbst als „reinste Rasse" an oberste Stelle zu setzen.

Wie wir im Zusammenhang mit dem im Jahr 1925 erschienenen Buch „Praktischer Idealismus" bereits gesehen haben, soll der kommende Mensch nach dem Willen der Weltverschwörer ein Mischling sein. „Für 'Paneuropa' wünschen sie sich eine 'eurasisch-negroide Zukunftsrasse', um die Vielfalt der Völker und Kulturen durch eine Vielfalt der Persönlichkeiten zu ersetzen. Die Führer sollen die Juden stellen, denn: 'Eine gütige Vorsehung hat Europa mit den **Juden eine neue Adelsrasse von Geistes Gnaden** geschenkt'. Der Mensch der Zukunft soll ein Mischling sein. Diese neue Bevölkerung soll den 'auserwählten' Weltverschwörern als Sklaven dienen. Damit diese 'Zukunftsrasse' sich niemals gegen ihre Herren erheben wird, soll sie sich durch 'Charakterlosigkeit, Hemmungslosigkeit, Willensschwäche, Unbeständigkeit, Pietätlosigkeit, Freiheit von Vorurteilen, Weite des Horizonts' 'auszeichnen'."[219]

Sichten wir dazu 10 repräsentative Aussagen hochstehender Leute aus dieser Glaubensgemeinschaft, etwa Baruch Levy, einen der Korrespondenten von Karl Marx, der die marxistische These in einer treffenden Art und Weise formulierte: „**Das jüdische Volk** insgesamt genommen soll sein eigener Messias sein. Seine **Herrschaft über das Universum** soll durch das **Zusammenschweißen der anderen Rassen** erlangt werden, dank der **Abschaffung von Grenzen** und Monarchien, die das Bollwerk der nationalen Besonderheiten bilden. Auf diese Weise soll eine **Universelle Republik** errichtet werden. ... In dieser neuen Organisierung der Menschheit sollen **die Söhne Israels**, die jetzt über die Fläche des Globus zerstreut sind, ... **allerorten das beherrschende Element** ohne jegliche Opposition werden."[220]

„Die **Weltrevolution**, die wir erleben werden, wird ausschließlich Sache unserer Hände sein. ... Diese Revolution wird die **Vorherrschaft der jüdischen Rasse über alle anderen** befestigen"[221], so das jüdische Organ „Le peuple juif" vom 8. Februar 1919.

Adolphe Crémieux, Großmeister der Grand-Orient-Loge Frankreichs und Leiter des „Ministeriums für ausländische Angelegenheiten" forderte: „**Die jüdische Lehre muß die ganze Welt bedecken!** Ganz gleich, wo das Schicksal Euch hinführen sollte – obwohl über die ganze Erde zerstreut, müßt Ihr euch immer als **Mitglieder einer auserwählten Rasse** betrachten. ... Das Netz, das das Judentum über den Erdball ausgeworfen hat, wird täglich dichter und dehnt sich immer weiter aus."[222]

Der jüdische Professor für Moderne Geschichte an der Oxford-Universität Goldwin Smith stellte im Oktober 1981 fest: „**Wir Juden betrachten unsere Rasse als überlegener als jede andere Rasse** auf dieser Erde, und wir wollen keine Verbindung mit anderen Rassen eingehen, sondern wir wollen über sie herrschen und triumphieren."[223]

„'**Die jüdische Lehre ist rassistisch, und das ist gut so.**' (Rechavam Zeevi, ehemaliger israelischer Tourismusminister, SZ, 27.10.2001). Derselbe im israelischen Armeeradio: 'Wir sollten die Palästinenser auf gleiche Weise entfernen, wie man Läuse los wird.'"[224]

Beweise für die Behauptung anzuführen, die jüdische Lehre sei rassistisch, hieße im Prinzip, Eulen nach Athen zu bringen. Greifen wir dazu nur eine Meldung der in Tel Aviv erscheinenden „Israel Nachrichten"[225] vom 27. Mai 2009 auf, die zeigt, daß im Judenstaat sogar Trauer unter Strafe gestellt wurde: „Die israelische Regierung will das Gedenken von arabischstämmigen Bürgern an Israels Staatsgründung 1948 als 'Nakbaa', also als eine Katastrophe, unter Strafe stellen. Ein Gesetzentwurf sehe vor, daß arabischstämmige

Israelis für das Begehen des Staatsgründungsjubiläums als Trauertag mit bis zu drei Jahre Haft bestraft werden könnten, verlautet aus Regierungskreisen. Der Gesetzestext sei von der Partei Unser Haus Israel von Außenminister Lieberman vorgeschlagen und trotz ablehnender Haltung der Staatsanwaltschaft im Gesetzesausschuß der Regierung angenommen worden."

„Warum sind die Juden im Geschäftsleben überall auf der Welt unglaublich erfolgreich, außer in Israel? **In Israel gibt es nicht genug Gojim, will heißen Trottel**, die darauf warten, betrogen zu werden. Wenn alle um den Ball stehen, kann keiner ein Tor schießen"[226], beschreibt der israelische Schriftsteller Chaim Bermant die wirtschaftliche Situation in seiner Heimat.

„Jede große Nation hat eine andere zum Sklaven; so hat Frankreich Korsika, so hat England Irland, so hat Groß-Serbien Montenegro und, um es kurz zu sagen: **Israel hat die ganze Menschheit zum Sklaven**"[227], behauptete Simon-Tov Yacoel im Jahre 1921 frech.

„Je weniger aber seine Idee sich zu verwirklichen schien, um so mehr klammerte sich der Jude an sie, und in allem Elend wurde er aufrechterhalten durch den Glauben an seine Mission", so der Israelit Paul Cohen-Portheim in „Die Mission des Juden" (Berlin 1922) auf Seite 8, und weiter: „Durch diese Idee lebte er, aber bei der Menge wurde der Gedanke entgeistigt. Die Menge erhoffte die Rückkehr nach Jerusalem unter Führung des Messias, den **Sieg des mosaischen [Anm.: in Wahrheit talmudistisch-kabbalistischen] Gesetzes in der Welt und die Herrschaft Israels über die Völker der Erde.**"[228]

„Die Nationen werden sich versammeln, um dem Volk Gottes zu huldigen; **der ganze Reichtum der Nationen wird in die Hände des jüdischen Volkes fallen.** Als Gefangene in Ketten werden sie hinter dem jüdischen Volk her marschieren und sich vor ihm niederwerfen"[229], so Isador Loeb (1868-1954).

„Der westliche Jude wird eine Armee von 20 000 000 Menschen im Osten ausrüsten, um das Christentum und die menschliche Kultur zu zerstören und das **jüdische Weltreich** zu errichten"[230], schrieb wiederum der Jude Sziliczei-Varady Gyula in seinem Buch „From the Ghetto to the Throne".

Der Gedanke an eine „Universelle Republik" bzw. an ein „Weltreich" scheint im auf dem Talmud und der Kabbala begründeten jüdischen Glauben also durchaus eine zentrale Stellung einzunehmen. Aus diesem Grund stehen auch Juden, die sich oft als „Weltbürger" betrachten, an vorderster Front, wenn es um die Verteufelung des Patriotismus geht. Hören wir dazu den jüdischen Literaten und Empfänger des „Friedenspreises des Deutschen Buchhandels" György Konrád vor rund 18 Jahren: „Der Nationalismus, aggressiv von Grund auf, ist eine Ideologie des Hasses [Anm.: Wie wir aber soeben vom ehemaligen israelischen Tourismusminister erfahren mußten, ist *gerade die jüdische Lehre* sogar „rassistisch"!] und eine europäische Krankheit. Der Nationalismus hindert die Menschen Europas, Europäer zu werden. Das Zusammenwachsen zu einer europäischen Nation, unter einem Weltrecht, muß das Ziel der gegenwärtigen Nationen sein. **Das Europa von morgen ist nur als eine multinationale, multikulturelle Einheitskonstruktion vorstellbar."**[231]

Für wen? Für die Deutschen, Franzosen oder Engländer? Wohl eher für diejenigen talmudistisch-kabbalistischen Kreise, die anderen Menschen ihre verkehrte Vorstellung von der Gestaltung der Welt aufzwingen wollen und das dann auch noch „Demokratie" nennen!

In diesem Zusammenhang wird man übrigens unweigerlich an jenes obskure Dokument namens „Protokolle der Weisen von Zion" erinnert, das um die letzte Jahrhundertwende, im Jahre 1897 um genau zu sein, in Rußland an die Öffentlichkeit gelangte. Im Internetlexikon „Wikipedia" heißt es hierzu, es sei „ein seit Anfang des 20. Jahrhunderts verbreitetes antisemitisches Pamphlet, das eine jüdische Weltverschwörung belegen soll. Es wurde von unbekannten Redakteuren auf der Grundlage der satirischen Schrift *Gespräche in der Unterwelt zwischen Machiavelli und Montesquieu* von Maurice Joly und weiterer fiktionaler Texte zusammengestellt. Trotz mehrfach erbrachter Beweise, daß es sich bei den Protokollen um Fälschungen handelt, findet sich der Glaube an ihre Authentizität oder Wahrheit noch heute unter Antisemiten und Anhängern von Verschwörungstheorien in der ganzen Welt.

Die *Protokolle* wurden als geheime Dokumente einer jüdischen Weltverschwörung ausgegeben. Tatsächlich handelt es sich aber um eine Zusammenstellung mehrerer fiktionaler Texte. Der etwa achtzig Seiten lange Text ist in 24 Abschnitte unterteilt, jeder entspricht einer angeblichen Sitzung und enthält eine fiktive Rede, die ein jüdischer Führer vor der Versammlung der 'Weisen von Zion' gehalten haben soll.

Der anonyme Sprecher erläutert, wie das angebliche Weltjudentum plane, die Regierungen in den verschiedenen Staaten und damit die Weltherrschaft zu übernehmen, die er als 'Gewaltherrschaft' und 'allumfassenden Terror' beschreibt."[232]

Ohne uns an den Diskussionen über Glaubhaftigkeit oder Fälschung dieser „Protokolle" beteiligen zu wollen, ist es doch äußerst aufschlußreich, wie abwertend in diesem Dokument über all jene Menschen gesprochen wird, die nicht der „auserwählten Herrenrasse" angehören, und welche konkreten Ziele darin aufgelistet werden: „Der Pöbel hegt eine besondere Bewunderung und Achtung vor den Genies der politischen Macht. Er nimmt ihre Gewalt-Tätigkeiten mit dem bewundernden Ausdruck auf: 'Es ist zwar gemein, aber sehr klug! … eine List, wenn du willst, aber wie geschickt gespielt, wie glänzend durchgeführt! Welch schamlose Verwegenheit!' –

Wir rechnen damit, alle Völker zu der Aufgabe heranzuziehen, einen neuen Staatsbau zu errichten, dessen Plan von uns aufgezeichnet worden ist. Deshalb brauchen wir Führer, die mit unbekümmerter Kühnheit und unwiderstehlicher Geisteskraft auf ihr Ziel losgehen. Dann werden wir alle Hindernisse überwinden.

Wenn wir unseren Staatsstreich ausgeführt haben, werden wir zu den Völkern sagen: 'Die Ereignisse sind schrecklich und schlecht gewesen [Anm.: Wird hier etwa auf die beiden Weltkriege oder gar die gegenwärtig absichtlich herbeigeführte (neuerliche) Weltwirtschaftskrise, mit einhergehender Massenarbeitslosigkeit und Verelendung der Völker, gesprochen?]. Alles ist leidvoll ausgegangen. Aber seht, **wir vernichten nun die Ursachen eurer Not: Nationalitäten, Grenzen, Verschiedenheiten der Währungen** [Anm.: Interessanterweise wurde das alles mit dem diabolischen Konstrukt „Europäische Union" erreicht!]. Es steht euch natürlich frei, den Urteils-spruch über uns zu fällen; aber kann es ein gerechter sein, wenn ihr ihn vollzieht, ehe ihr das versucht habt, was wir euch jetzt anbieten?'

… Dann wird **der Pöbel uns zujauchzen und auf seinen Händen tragen** in einmütigem Triumph der Hoffnungen und Erwartungen. **Wir haben die öffentlichen Wahlen zu einem Mittel gemacht, das uns auf den Thron der Welt verhelfen wird,** indem sie auch dem Geringsten im Volke den Anschein geben, durch Zusammenkünfte und Vereinigungen auf die Gestaltung des Staates einzuwirken."[233]

Was im Gegensatz zu den „Protokollen der Weisen von Zion" nicht als „Fälschung" gilt, ist folgendes berüchtigte Zitat eines be-rühmten Staatsmannes: **„Unsere Rasse ist die Herrenrasse. Wir sind die zu vergötternden Götter dieses Planeten.** Wir stehen so hoch über den minderwertigen Rassen wie diese über den Insekten. In der Tat sind im Vergleich zu unserer Rasse andere Rassen Kreatu-ren und Tiere. Viecher im günstigsten Fall. Andere Rassen sind wie menschliche Exkremente. Unser Schicksal ist die Herrschaft über die minderwertigen Rassen. Unser irdisches Königreich wird von unse-rem Führer mit eisernem Stab beherrscht werden. **Die Massen wer-den unsere Füße lecken und uns als Sklaven dienen."**[234]

Wer diese menschenverachtenden Sätze sprach? Etwa Adolf Hit-ler oder irgendein verkappter Neonazi? Mitnichten! Es war der Jude Menachem Begin (1913-1992), der von 1977 bis 1984 als Minister-präsident des zionistischen Staates Israel amtierte (der Rassist Begin erhielt im Jahre 1978 gemeinsam mit dem ägyptischen Politiker An-war as-Sadat sogar den Friedensnobelpreis!).

Übrigens: Beispiele dafür anzuführen, wie *ausgerechnet jüdische Organisationen* sich in Ländern wie den USA oder Deutschland im Dienste der „Völkerverständigung" gegen „Diskriminierung", „Rechtsextremismus" und „Nationalismus" einsetzen, wobei sie sich gleichzeitig bei jeder passenden Gelegenheit für „Migranten", „Flüchtlinge" und den „Multikulturalismus" im allgemeinen stark machen, hieße im Prinzip, Eulen nach Athen zu bringen!

Äußerst merkwürdig, daß die bereits 1897 an die Öffentlichkeit gebrachten „gefälschten Protokolle der Weisen von Zion" unter anderem die Forderung nach einer „Vernichtung der Währungen" aufstellten. Nichts anderes wurde nämlich mehr als 100 Jahre später dank des (gegen den demokratischen Willen der Mehrheit der Deutschen eingeführten) „Euro" in die Tat umgesetzt. Hier sehen wir ehemalige Geldscheine von Teilnehmerländern der Europäischen Währungsunion.

Wie konnte in jenem obskuren Dokument aus dem Jahr 1897 von der „Beseitigung der Grenzen" gesprochen werden, wenn an eine etwaige „Europäische Union" seinerzeit nicht einmal zu denken war? Die letzten 20 Jahre hingegen haben auf erschreckende Weise gezeigt, daß unsere im Dienste des Multikulturalismus den Nationalismus (!) immerzu bekämpfenden Oberen parteiübergreifend keinerlei Skrupel haben, unser Volk an einen diktatorischen EU-Superstaat auszuliefern. Dieses Photo zeigt Angela Merkel (CDU) und Außenminister Frank-Walter Steinmeier (SPD) bei der Unterzeichnung des äußerst dicken Vertrags von Lissabon am aus kabbalistischer Sicht symbolträchtigen 13. Dezember 2007. Grenzen wurden seit dem Fall der Berliner Mauer im Jahre 1989 viele abgeschafft!

(Quellenhinweise: **Oben:** National-Zeitung, 5.2.10; **Unten:** Frankfurter Rundschau, 14.12.07)

3.) Die internationale Geheimgesellschaft der Freimaurerei, die offiziell im Jahr 1717 durch die Gründung der ersten Großloge in London ins Leben gerufen wurde.

Hierzu muß man wissen, daß diese Organisation gar nicht so unreligiös ist, wie sie sich nach außen hin immer wieder gerne darzustellen sucht. Vielmehr ist sie auf der Kabbala begründet, die man ohne Übertreibung als „Religion des Satans" bezeichnen kann (näheres hierzu siehe in meinem im Jahr 2009 im Verlag Anton A. Schmid erschienenen Buch „Okkulte und freimaurerische Zahlensymbolik in Politik, Kultur und Presse Band I – Ein Satanisten-Netzwerk regiert die Welt" auf den Seiten 66 bis 114!). Von daher überrascht es nicht im geringsten, daß auch die dieser Institution beigetretenen „Herrschaften", obwohl in der überwältigenden Mehrzahl Nichtjuden, für die gleichen Ideale eintreten wie die Talmudo-Kabbalisten.

Wir wollen hier stellvertretend ein Dutzend autoritative Stimmen zu Wort kommen lassen, die an der Zielsetzung dieses mächtigen, weltweit anzutreffenden Geheimbundes keinen Zweifel lassen:

„'Wir sind auch Verfechter der Interessen der Menschheit, die **Verbrüderung der Völker Europas** [Anm.: Wir haben oben ja bereits gesehen, wie diese „Verbrüderung" im einzelnen auszusehen hat, mit den vielen Fällen von Ausländerkriminalität gegenüber den Deutschen!] schwebt auch uns als Ideal vor, und wir wären die ersten, die der Beseitigung der Grenzen der Vereinigten Staaten Europas zustimmen, zu einer allgemeinen Republik.' (Revue maçonnique 1908, S. 137)"[235]

„'Die Freimaurerei wird ihr Ende erlangt haben, wenn es dahin gekommen sein wird, daß es keine Parteien irgendwelcher Art unter den Menschen mehr geben wird, wenn Ein Hirt [Anm.: nach christlicher Lehre der Antichrist als „Sohn des Verderbens"!] sein wird und **Eine Herde**; dann wird der Bund der Freimaurer aufgehen in die Menschheit. Der Bund der Freimaurer hat eine gewaltige Kraft, die zunimmt von Jahr zu Jahr, bis zur Allmacht geworden …' (Bruder Oswald Marbach. 'Agenda B', Ritual und Material für Beförderungs- und Unterrichtslogen im Gesellengrade. Verlag Bruder Bruno Zechel, Leipzig 1894, S. 22)"[236]

„'**Wir proklamieren die Weltrepublik, die Niederlegung der Grenzen**, die Existenz eines einzigen Gesetzes: Menschenrechte, welches unsere glorreichen Vorfahren von der Großen Revolution verkündeten.' (Lozano, spanischer Freimaurer, auf dem Weltkongreß in Rom 1914)"[237]

„'Der Tag wird kommen, an welchem bei allen Völkern, die weder ein 18. Jahrhundert noch ein 1789 hatten, die Monarchien und Religionen zusammenstürzen. Dieser Tag ist nicht mehr fern. Das ist der Tag, den wir erwarten. ... Dann werden alle Großlogen und alle Großoriente der ganzen Welt sich in einer **allgemeinen Verbrüderung** zusammenfinden. **Die Spaltungen und die Landesgrenzen**, durch welche die Freimaurerei getrennt ist, **werden** dann **verschwunden sein**, das ist das glanzvolle Zukunftsideal, das uns vorschwebt. Unsere Sache ist es, den Tag der **allgemeinen Verbrüderung** zu beschleunigen.' (Congrès mac. Internationale du Centenaire, Paris 1889, S. 147)"[238]

„'Der Gedanke einer Weltrepublik (République Universelle) gelangte mit voller Klarheit auf dem zweiten allstaatlichen Freimaurerkongreß in Paris (1900) zum Ausdruck, und zwar als Grundgedanke des ganzen Kongresses, denn fast jeder Redner berief sich auf ihn. Vor allem Br. [Anm.: Freimaurerbruder] Quartier la Tente, der den Antrag stellt, eine freimaurerische Weltgeschäftsstelle zu schaffen, die 'darauf hinarbeiten soll, den Zusammenschluß aller freimaurerischen Kräfte der ganzen Welt für den Triumph der ihnen teueren Ideen und für die **Errichtung der Weltrepublik** (République Universelle) zu bewerkstelligen' ... 'In der Vereinigung der freimaurerischen Kräfte der ganzen Welt werden wir den Stützpunkt haben, mittels dessen wir die Welt aus den Angeln heben werden ... '"[239]

„'Auf das Wohl der französischen Republik, der Tochter der französischen Freimaurerei, auf das Wohl der **Weltrepublik** von morgen, der Tochter des Weltfreimaurertums.' (Convent des Großen Orients 1923, S. 403)"[240]

Die Geheimgesellschaft der Freimaurerei, mit ihren Millionen von Mitgliedern in aller Welt, wirkt tatkräftig an der Errichtung der Neuen Weltordnung der „Synagoge Satans" (Offb 2, 9) mit. Ihre Mitglieder haben einflußreiche Posten in Politik, Wirtschaft, Kultur und den Medien, von wo aus es ihnen möglich ist, die ganze Gesellschaft gemäß ihren antichristlichen Idealen (Zerstörung der Familie, Förderung multikultureller Gesellschaften, religiöser Indifferentismus etc.) umzugestalten. Dieses Photo zeigt die mehr als 270 Jahre alte Hamburger Loge „Absalom zu den drei Nesseln".

Die jährliche Zusammenkunft von Logenbrüdern (hier im Jahr 1992) in „Freemasons' Hall" in London, dem Hauptquartier der Vereinigten Großloge von England. Szenen wie diese hier sucht man in den 20-Uhr-Nachrichten vergebens, was indes nicht weiter überraschen sollte, handelt es sich bei den Massenmedien in erster Linie doch um Propaganda-Instrumente eben dieser okkulten Kreise.

(Quellenhinweise: **Oben:** Nation & Europa, April 1998, S.69;
Unten:http://www.unexplainedstuff.com/Secret-Societies/The-Freemasons.html)

Das imposante „House of the Temple" ist das Hauptquartier des 33. Grades des Schottischen Ritus der Freimaurerei in der US-Metropole Washington D.C.

Links: Der „Grand Commander's Throne" im „House of the Temple". Auf beiden Seiten neben diesem Thron befinden sich zwei goldene Phönix-Schlangen an der Wand, was ein deutlicher Hinweis darauf ist, welchem „Gott" in diesem Raum gehuldigt wird bzw. wer oberster Herr dieser verschworenen Bruderschaft ist. **Rechts:** Die über diesem „Tempel" angebrachten Zirkel und Winkelmaß sind die Symbole der Freimaurerei.

(Quellenhinweise: **Oben:** http://www.conspiracyarchive.com/pics; **Unten links:** ebd.; **Unten rechts:** http://freemasonwatch.freepress-freespeech.com)

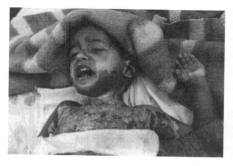

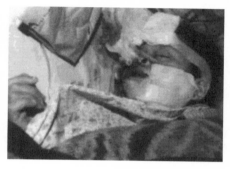

Wer wissen will, was für eine Art Welt(un)ordnung die „ehrenwerten" Freimaurer-brüder im Dienste ihrer nicht mehr ganz so geheimen Oberen zu errichten gedenken, muß sich nur solche zu Herzen gehenden Photos anschauen. Die Millionen von Op-fern, die der verlogene „Krieg gegen den Terror" in Ländern wie Palästina, Afghani-stan, dem Irak oder Pakistan bereits forderte, haben Leute wie der Skull & Bones-Logenbruder George W. Bush zu verantworten. Die beiden **oberen** Photos zeigen Opfer des Irak-Kriegs im Anschluß an den 11.9.; **links unten** ein gepeinigter Iraker im US-amerikanischen Foltergefängnis Abu Ghraib und **rechts** daneben die von israelischen Terroristen ermordete 10jährige Palästinserin Gader Abu Mekhemer.

(Quellenhinweise: **Oben:** http://www.faktinfo.de/irakkrieg-bilder;
Unten links: Der Spiegel, 11.4.05, S.124;
Unten rechts: http://s023.dyndns.org/kawther/K20041024A.html)

„'Wir sind auch Verfechter der Interessen der Menschheit, die Verbrüderung der Völker Europas schwebt auch uns als Ideal vor, und wir wären die ersten, die der **Beseitigung der Grenzen der Vereinigten Staaten Europas** zustimmen, **zu einer allgemeinen Republik.**' (Revue maçonnique 1908, Seite 137)"[241]

„'Wie jene Turmbauer zu Babel wollen die Freimaurer bis in den Himmel hinaufbauen; wie jener Zimmermann aus Galiläa, der zum Eckstein geworden ist, wollen sie **einen einzigen großen Dom über alle Länder und Völker der Erde** hinweg wölben.' (Freimaurer Hornesser, 'Deutsche und ausländische Freimaurerei', 1915, Seite 13)"[242]

„'Es ist in Abrede zu stellen, daß die Freimaurerlogen Wohltätigkeitsvereine sind. Um Wohltätigkeit zu üben, braucht man sich doch nicht einzuschließen, mit Schurzfell und Bändern zu behängen. Nein, **wir bauen die Fundamente einer neuen Gesellschaftsordnung.** Dazu brauchen wir das Geheimnisvolle zu unserem Zusammenhalt. Die Wohltätigkeit ist nur der Deckmantel, den man abwirft, sobald er nicht mehr notwendig ist. Das Gelöbnis der Geheimhaltung hätte auch gar keinen vernünftigen Sinn, wenn es sich nur um Wohltätigkeit handelte, die fürchterlichen Freimaurer-Eide wären gar nicht nötig.' ('Kelett', Amtliches Organ der Symbolischen Großloge von Ungarn, Juli 1911)"[243]

„'Die Freimaurerei ist die einzige Gesellschaft auf Erden, die sich die **Pflege des Weltbürgertums** zur Aufgabe gestellt hat. Demgemäß würden die Logen nur weltbürgerliche und allgemein menschliche Bestrebungen fördern und sich nicht bei vaterländischen und staatsbürgerlichen Bestrebungen beteiligen.' (Allgemeines Handbuch der Freimaurer; zit. nach 'Die Freimaurerei im Spiegel deutschen Lebens', Verlag Grüne Briefe, Berlin, Seite 30; Herv. im Orig.)"[244]

„Alle Begriffe wie Rasse, Landesgrenzen, soziale Klassen etc. müssen beseitigt werden, um einer weltweiten Integration (gemeint ist: Gleichschaltung) Platz zu machen. Darin besteht die große Revolution unseres Zeitalters, die wahre Revolution, die uns aufgetragen ist"[245], hieß es im November 1982 in „Humanisme", dem Mitteilungsblatt des Groß-Orient, eines Zweigs der Freimaurerei.

„Seit vierzig Jahren ist es der Traum meines Lebens gewesen", schrieb der jüdischstämmige Freimaurer Dr. Ottokar Mascha im Jahre 1922 in seinem der Großloge Wien erstatteten Rechenschaftsbericht, „durch gemeinsame brüderliche Arbeit nicht nur die Freimaurerei, sondern **die Demokratien im allgemeinen zu vereinigen,** um sich gegenseitig zu verstehen und um eines Tages die **Weltrepublik** ins Leben zu rufen."[246]

Weisen wir also noch darauf hin, daß diese drei auf das gleiche Ziel (vor allem die Errichtung „multikultureller Gesellschaften"!) hinarbeitenden Personengruppen im Einzelfall durchaus deckungsgleich sein können. Das heißt, man kann es mit Juden an der Spitze von internationalen Konzernen und Banken zu tun haben, die dann auch noch Mitglieder der Geheimgesellschaft der Freimaurerei sind.

Interessant ist in diesem Zusammenhang übrigens, wer überhaupt der Urheber der von unseren Politikern vielgerühmten „Globalisierung" ist. **„Der 'totale Freihandel' geht im wesentlichen auf David Ricardo (1772-1823) zurück. Der Sproß aus wohlhabender holländisch-jüdischer Familie** machte als Bankier und Börsenmakler in London ein beträchtliches Vermögen und zog schließlich auch ins britische Unterhaus ein. In seinen volkswirtschaftlichen Schriften stellte er die Theorie der 'komparativen Kostenvorteile' auf: Wenn zwei Staaten die gleichen Güter zu verschiedenen Preisen produzieren, kann es für beide Seiten vorteilhaft sein, sich jeweils auf die Produkte zu spezialisieren, die man am kostengünstigsten herstellen kann. Anschließend werden dann die Güter über Handelsbeziehungen ausgetauscht, und dadurch steigt der Wohlstand beider Länder. Eine schöne Theorie, die freilich ihren Wert verliert, wenn man sie verabsolutiert. Hauptsächlich diente sie den Engländern im 19. Jahrhundert dazu, eigene Industrieprodukte (Textilien, Eisenwaren) über die ganze Welt zu verbreiten. Die 'Handelspartner' hatten davon wenig. Der Reichtum ballte sich an Londons Börse.

Ricardos Freihandelsdoktrin, von der heutigen Globalisierung ziemlich exakt umgesetzt, hat – wie schon in den früheren Republiken der Sowjetunion – breit gefächerte und ausdifferenzierte Volkswirtschaften in industrielle Monokulturen verwandelt, die aufgrund ihrer Weltmarktabhängigkeit ständig zwischen Boom und Depression schwanken. ... Eine gesunde und funktionierende Volkswirtschaft setzt 'völkisches' Denken voraus. Dagegen ist es **dem herrschenden Globalismus egal, wo die Fabriken stehen und wer darin arbeitet.** Hauptsache, sie werfen Gewinn für ihre Eigentümer ab."[247]

„Bisher hat **der Globalisierungsprozeß** nach Ansicht der Internationalen Arbeitsorganisation ILO nicht [!] zur Schaffung von Arbeit beigetragen", war den Medien am 11. Dezember 2005 zu entnehmen, und weiter: „Trotz des weltweiten Wachstums werden **immer weniger neue Jobs geschaffen,** die zur Armutsminderung beitragen könnten.

Der ILO-Bericht zeigt auch, daß **die Hälfte aller Arbeitnehmer weltweit – 1,38 Milliarden Menschen – derzeit nicht mehr als 1,70 Euro am Tag** verdient."[248] (Die Bundesrepublik Deutschland mit ihrer 1-Euro-Job-Regelung nähert sich indes immer mehr den Zuständen in der Dritten Welt an!)

Bereits am 25. Januar 2007 – also vor Ausbruch der neuerlichen Weltwirtschaftskrise – war der Presse zu entnehmen, daß weltweit fast 200 Millionen Menschen auf Arbeitssuche waren: **„Weltweit sind so viele Menschen arbeitslos wie nie.** Zu diesem Ergebnis kommt die Internationale Arbeitsorganisation (ILO) in einer Untersuchung, die sie in Genf vorstellte. Demnach stieg 2006 die Arbeitslosenzahl trotz kräftigen Wirtschaftswachstums auf 195,2 Millionen. ... Am schlimmsten sei die Lage im Nahen Osten und in Nordafrika."[249] Gegenwärtig dürfte diese Zahl vor allem im Zuge der von den Geheimen Oberen planmäßig herbeigeführten globalen Finanzkrise noch um viele Millionen gestiegen sein!

So wurde am 3. Februar 2010 davon gesprochen, daß über Westeuropa eine neue Welle von Firmenpleiten hinwegrolle. „Die Wirtschaftskrise hat im vergangenen Jahr zahlreiche Unternehmen in die Zahlungsunfähigkeit getrieben. Insgesamt traten 185 000 Betriebe den Gang zum Insolvenzrichter an. Das war ein Anstieg von 22 %. In Spanien und Irland verdoppelten sich die Zahlen nahezu.

In diesem Jahr werden bis zu 210 000 Firmenzusammenbrüche erwartet. Deutschland kam mit rund 34 300 Unternehmenspleiten noch relativ glimpflich davon."[250]

„Tatsächlich nutzt eine Welt, die ihre Grenzen nicht mehr kennt, nur den ganz Starken: weil die sich am globalen Wühltisch am besten durchsetzen können", erkennt auch der CSU-Bundespolitiker Dr. Peter Gauweiler, und weiter: „Während **die Schwachen** auch noch **landfremd und heimatlos** werden **und** – via Globalisierung – **nur mehr Ameisen-Menschen** sein dürfen. Also: Jeder Mensch braucht ein Vater- oder Mutterland, und die Politik braucht wieder die Verpflichtung, für das eigene Haus verantwortlich zu sein. Auch für unser Haus Deutschland."[251]

Der Wirtschaftswissenschaftler Professor Dr. Rudolf Eder aus Wien stellte schon vor Jahren ebenfalls fest, daß das der Globalisierung zugrunde liegende Dogma Liberalisierung hauptsächlich einer Gruppe Vorteile bringt, „während eine andere Gruppe die Folgen als Nachteile zu tragen hat. Vereinfacht ausgedrückt: **Die Reichen werden reicher und die Armen werden ärmer.** Dabei ist noch zu bemerken, daß viele Menschen nur glauben, sie seien reich. Tatsächlich sind sie nur reicher als die ganz armen. Zur Asymmetrie gehört auch, daß **durch Auslagerung von Industrien, Anheuerung von Fremdarbeitern und Migration ganz allgemein die Arbeitskräfte einer völlig unzumutbaren Konkurrenz ausgesetzt** werden, während sich Konzerne und Großunternehmen durch Konzentration ungeheuren Ausmaßes vor Konkurrenz schützen und Manager sich durch Firmenverkäufe und Gesundschrumpfen astronomische Einkommen sichern."[252]

Das Endziel der „Synagoge Satans" (Offb 2, 9) und ihrer vielen Vasallen in Politik, Wirtschaft, Kultur und Presse lautet also nicht: „Europäische Union" sondern „Weltdiktatur", wenn auch unter harmlos klingenden Phrasen wie „Vereinigte Staaten der Welt", „Weltrepublik", „Neue Weltordnung", „vereinigte Welt" oder neuerdings „weltweite Partnerschaft": „Bundeskanzlerin Merkel hat die großen Mächte der Welt beschworen, in einer Sicherheitspartnerschaft die eskalierenden Konflikte von Nahost bis Afrika zu lösen. **'Kein Land der Welt hat genug Macht, Geld und Einfluß, um sich allein den Herausforderungen zu stellen. Das kann nur in einer Sicherheitspartnerschaft gelingen'**, sagte Merkel in einer Grundsatzrede bei der Internationalen Sicherheitskonferenz [Mitte Februar 2007] in München.

'Das **gemeinsame Handeln der großen Mächte** ist wichtiger als Rivalitäten', sagte die Kanzlerin."[253]

Um das Ziel einer weltumspannenden Diktatur in die Tat umsetzen zu können, bedarf es allerdings der weitgehenden Zustimmung der Bevölkerungen in den einzelnen Ländern, denen durch die gleichgeschalteten Propaganda-Medien ständig irgendwelche Schreckgespenster (Vogelgrippe, Klimakatastrophe, Finanzkrise, Schweinegrippe usw.) vorgesetzt werden, um bei ihnen den Gedanken an ein „gemeinsames Handeln" zu wecken. So traf Bundesinnenminister Wolfgang Schäuble am 4. April 2007 in Berlin mit seinen Amtskollegen aus den USA und Rußland zusammen, um über eine engere Zusammenarbeit im Anti-Terror-Kampf zu sprechen. **„Terrorismus und organisierte Kriminalität sind nach Ansicht des amtierenden Ratspräsidenten der EU-Innenminister zunehmend globale Probleme.**

Schäuble und Bundesjustizministerin Zypries kommen zudem am Abend unter anderem mit ihren Amtskollegen aus den USA sowie mit Vertretern der künftigen EU-Ratspräsidentschaft Portugal zusammen."[254]

Obwohl das Phantom El Kaida seinerzeit noch unbekannt war, sprach ich bereits in meiner 1999 im Verlag Anton A. Schmid erschienenen Schrift: „Eine Welt des Bösen III – Die Erde im Chaos" auf Seite 198 von „gern zitierten 'globalen' Problemen", die angeblich nur „gemeinschaftlich" von der Menschheit bewältigt werden könnten, „unter anderem die weltweiten Flüchtlingsströme, der Terrorismus [!], der Drogenhandel und die Staatsverschuldungen".

Sichten wir hierzu eine Meldung vom 23. September 2009 über den angeblich mächtigsten Mann der Welt an der Spitze der internationalen Staatengemeinschaft: „US-Präsident Obama hat bei seiner ersten Rede vor der UN-Generalversammlung dazu aufgerufen, die weltweiten Probleme gemeinsam anzugehen.

Er verwies auf die Zusammenarbeit seines Landes mit der UNO und warb für eine bessere Kooperation im Kampf gegen Terrorismus, Armut und den Klimawandel."[255]

Wie am 9. November 2009 aus den Medien zu erfahren war, hatte sich auch Kanzlerin Merkel „für eine neue globale Ordnung ausgesprochen, in der die Nationalstaaten Kompetenzen an multilaterale Organisationen abgeben.

Ein friedliches Zusammenleben in der Welt werde nur in einer solchen globalen Ordnung möglich sein, sagte sie auf der Wissenschaftskonferenz 'Falling Walls', die anläßlich des 20. Jahrestags des Mauerfalls stattfindet.

Vor diesem Hintergrund warb Merkel dafür, beim UN-Klimagipfel in Kopenhagen zu einem Ergebnis zu kommen, dem sich auch China und Indien anschließen."[256]

In den letzten zehn Jahren hat sich an der Taktik der Regierenden (und deren Hintermänner) also nichts geändert, was man ja schließlich auch in der Hl. Schrift bestätigt findet: „Was war, wird wieder sein; was geschah, wird wieder geschehen, und **nichts Neues gibt es unter der Sonne**" (Pred 1, 9)!

Bleibt angesichts all dessen die dringende Frage:

Wann wachen die Deutschen endlich auf?

Wahrscheinlich erst, wenn sie mit dem Hals in der Schlinge stecken, also wenn es bereits zu spät ist! Die Frage müßte denn auch anders lauten: Wann endlich interessieren sich unsere Landsleute wieder für den tieferen Sinn des Lebens hier auf Erden und wollen in diesem Zusammenhang auch den tatsächlichen Grund in Erfahrung bringen, weswegen ihre Gesellschaft heute ein derart niederschmetterndes Bild bietet. Wo man auch hinschaut, gibt es zerrüttete Familien, Ehebruch oder Scheidungen. Ausbeutung und Mobbing gehören für viele am Arbeitsplatz zum Alltag. Die Aggression gegeneinander nimmt ebenso zu, wie die Verrohung der Sitten von Kindern und Jugendlichen.

Kurz: wir haben es mit einer Gesellschaft am Rande des Abgrunds zu tun, die eine verblüffende Ähnlichkeit mit den für die Endzeit angekündigten chaotischen Zuständen aufweist. Hören wir hierzu den hl. Paulus in seinem Brief an Timotheus, wo der Apostel Christi darlegte, daß sich das Zusammenleben der Menschen in den letzten Tagen immer schwieriger gestalten wird, „denn es werden die Menschen selbstsüchtig sein, geldgierig, großtuerisch, überheblich, schmähsüchtig, widerspenstig gegen die Eltern, undankbar, ehrfurchtlos, lieblos, unverträglich, verleumderisch, unbeherrscht, zuchtlos, rücksichtslos, verräterisch, verwegen, aufgeblasen, mehr auf Genuß bedacht als auf Gott" (2 Tim 3, 2ff). Keine Attribute würden besser auf die Mehrzahl der heute lebenden Menschen passen als diese!

Anstatt diese Zusammenhänge zu begreifen und sich endlich dafür zu interessieren, wer am traurigen Erscheinungsbild Deutschlands die Schuld trägt, sitzen viele Bundesbürger lieber mit einer Chipstüte und einem Bier in der Hand auf ihrer bequemen Couch vor dem Fernsehgerät, das zu ihrem „Altar" geworden ist. Mittlerweile verbringen sie vor diesem Gerät 256 Minuten am Tag und schauen sich dort den größten Blödsinn an, wobei sie nicht merken, wie ihnen von morgens bis abends auch politische, wissenschaftliche, historische, wirtschaftliche und religiöse Propaganda vorgesetzt wird (beispielsweise werden sie Tag für Tag mit der Lüge einer zufälligen Entstehung des Lebens und einer seit Milliarden von Jahren andauernden Erdgeschichte indoktriniert!). Sie fiebern etwa mit, wer Deutschlands neuer „Superstar" oder Deutschlands neues „Top-Model" wird, wollen aber über den katholischen Glauben, der ihre einzige Rettung darstellen würde, nichts mehr wissen.

Der britische Philosoph Bertrand Russell (1872-1970) könnte eine Erklärung für dieses selbstmörderische Verhalten (nicht nur) der allermeisten Deutschen liefern: „Bereits in einem sehr frühen Alter werden sich Schonkost, Injektionen und Anweisungen miteinander verbinden, um die Art von Charakter zu erzeugen, die von der Obrigkeit als wünschenswert betrachtet wird. Jegliche ernsthafte Kritik an den Mächtigen [im Hintergrund] wird auf diese Weise psychologisch unmöglich werden. Auch wenn es allen schlecht geht, werden alle glauben, sie seien glücklich, weil die Regierung ihnen sagen wird, daß es so ist."[257]

Man hat es also mit einer ganz gezielten Umerziehung, einer regelrechten alchemistischen Umwandlung der Menschheit auf okkulte

Weise zu tun, die die allermeisten Leute zu gedankenkontrollierten Robotern gemacht hat. Sie haben kein Ehrgefühl und keinen Nationalstolz mehr. Tugenden wie Beständigkeit, Mut oder Opferbereitschaft sind für sie zu Fremdworten geworden.

Bereits in der Schule setzt diese gezielte Manipulation ein, die sich fürs ganze Leben – vor allem mit Hilfe der Medien – fortsetzen wird. Dr. W. P. Shofstall, der staatliche Aufsichtsbeamte für öffentliche Schulen im US-Bundesstaat Arizona, „sagte im Jahre 1973: '**Die Atheisten haben ... in diesem Land das öffentliche Erziehungswesen übernommen.** Ich kann nicht anders, als mich an die Worte der Hl. Schrift zu erinnern, die da lauten: «Der Tor sprach in seinem Herzen: Es gibt keinen Gott.»'

Sich des Erziehungssystems einer Nation zu bemächtigen, ist nichts neues. Die Freimaurerei ging vor einem Jahrhundert in Italien ähnlich vor. Am 20. April 1884 schickte Papst Leo XIII. ein päpstliches Rundschreiben über die Freimaurerei an alle 'Brüder, alle Patriarchen, alle Primaten, alle Erzbischöfe und Bischöfe der Katholischen Kirche'. Ein Teil dieses Briefes las sich wie folgt:

'**Die Freimaurerei versucht auch, die Kontrolle über die Erziehung der Jugend zu erlangen und sie nach ihren eigenen gottlosen Idealen zu formen.** Deswegen wird der Kirche kein Anteil an der Erziehung zugestanden, und an vielen Orten hat die Freimaurerei diese Erziehung erfolgreich in die Hände von Laien gelegt und aus der Moralerziehung alle Hinweise auf die Pflichten des Menschen gegenüber Gott verbannt.'"[258]

Es kommt also nicht von ungefähr, daß die überwältigende Mehrzahl unserer Mitmenschen von der Wahrheit nichts mehr wissen wollen und sie all jene wie Aussätzige behandeln, die ihnen etwa bezüglich einer weltweiten Verschwörung die Augen öffnen wollen. Sie sind ganz einfach nicht mehr selbständiges Denken gewohnt, sondern verlassen sich stur auf die Aussagen ihrer Oberen, wenn es um Themen wie den „Krieg gegen den Terror", die angeblich vom Menschen verursachte Klimaerwärmung oder die Schweinegrippe geht.

Zudem scheinen viele Deutsche nach dem Erleiden jahrzehntelanger psychologischer Kriegsführung durch ihre alliierten „Befreier", die ihnen Tag für Tag durch Presse, Rundfunk, Fernsehen, Internet und Kino einreden wollen, was für große Verbrecher ihre Vorfahren doch waren, keinen Mumm mehr in den Knochen zu haben. Als Nachkommen der „Nazis" fühlen die meisten von ihnen sich immerzu der politischen Korrektheit verpflichtet und sehen es als ihre „heilige" Pflicht an, den „Rassismus" bzw. die „Fremdenfeindlichkeit" in all ihren vermeintlichen Erscheinungsformen nicht nur zu ächten, sondern sogar regelrecht zu bekämpfen.

Dabei haben wir bereits gesehen, daß die in diesem Lande öffentlich zutage tretende Heuchelei kaum noch in Worte zu fassen ist. Kommt es nämlich zu einer „einfachen" Schlägerei zwischen betrunkenen Deutschen und Zuwanderern, überschlagen sich Medien und Politik in der Regel förmlich, um darin einen „fremdenfeindlichen Tötungsversuch" zu erkennen und anzuprangern. Zur selben Zeit scheinen sie nichts Verwerfliches dabei zu finden, wenn unsere Landsleute nicht nur in ihrer Heimat, sondern auch im Ausland überfallen oder sogar ermordet werden. Zumindest bekommt man diesen Eindruck, wenn man sieht, wie rasch solche Fälle in der Regel achselzuckend ad acta gelegt werden.

Lassen wir auch hierzu einige repräsentative Meldungen der letzten Jahre folgen, die erste datiert vom Donnerstag, den 31. März 2005: **„An der Costa Blanca ist ein deutscher Urlauber entführt und ermordet worden. Zuvor wurde er schwer mißhandelt.**

Der Mord an einem deutschen Urlauber an der Costa Blanca gibt den spanischen Behörden Rätsel auf. Wie die deutschsprachige «Costa Blanca Rundschau» am Donnerstag berichtete, wurde die Leiche des 67jährigen Versicherungsunternehmers aus dem Sauerland vor knapp zwei Wochen in einem Landhaus in der Gemeinde Monforte del Cid gefunden. Die zuständige Untersuchungsrichterin verhängte inzwischen eine Nachrichtensperre.

Zuvor wurde bekannt, daß der Mann mit seinem Wagen aus Deutschland angereist sei, um in der Gegend Freunde zu besuchen. Er kam jedoch nie bei ihnen an. Der genaue Tathergang sei bislang nicht bekannt. Die Leiche des Deutschen sei in einem Landhaus nahe der Autobahn Madrid-Alicante entdeckt worden. Dessen Eigentümer sei zur Tatzeit nicht anwesend gewesen.

Der Mann war an den Füßen gefesselt und schwer mißhandelt worden, wie es weiter hieß. Er sei vermutlich an diesen Verletzungen gestorben."[259]

Mehr als drei Jahre nach der **Ermordung zweier deutscher Urlauberinnen in der Türkei** hat ein Gericht am 23. Februar 2007 „zwei Türken zu lebenslangen Haftstrafen verurteilt. Wie die Zeitung 'Sabah' berichtete, hatten die 28 und 37 Jahre alten Männer während des Prozesses in der Mittelmeerstadt Antalya gestanden, die Touristinnen getötet und ausgeraubt zu haben. Die beiden Frauen aus Stuttgart und ihr türkischer Reisebegleiter waren im Oktober 2003 umgebracht worden."[260]

Im Juli 2007 wurde **in Namibia ein Deutscher durch einen Kopfschuß ermordet:** „Die namibische Polizei will mit Hochdruck nach den Mördern eines Deutschen suchen, der am Sonntag [Anm.: den 8. Juli 2007] bei einem Überfall erschossen wurde. Wie Polizeisprecher Stephan Nuuyi ... [zwei Tage später] erklärte, war der 56jährige Deutsche erst am Sonntag zusammen mit seiner Frau in Namibia eingetroffen. Noch am selben Tag wurden beide an einem Aussichtspunkt 60 Kilometer westlich der Hauptstadt Windhuk von zwei Männern überfallen. ... Der Deutsche habe offenbar gerade Affen photographiert, als zwei Männer seine Frau, die noch in dem Mietwagen saß, angriffen, sagte Nuuyi. Als er ihr zu Hilfe eilen wollte, hätten ihm die Angreifer in den Kopf geschossen. Die Angreifer warfen seinen Leichnam in den Kofferraum und fuhren davon. Später hätten sie die Leiche in ein trockenes Flußbett geworfen."[261]

Am 14. März 2008 wurde **ein Urlauber aus Deutschland in der jordanischen Hauptstadt Amman niedergestochen.** „Der verletzte 63jährige wurde in ein Krankenhaus eingeliefert und befand sich nach einer Operation in stabilem Zustand. Der Deutsche wurde von einem 34jährigen in der Innenstadt nahe der Al-Husseini-Moschee angegriffen. Der Täter wurde festgenommen."[262]

Ein deutscher Tourist wurde am 11. April 2008 „**in Peru überfallen und erschossen.** Der 70jährige hatte gerade Geld aus einem Bankautomaten [in Lima] gezogen. Zwei Freunde warteten im Auto, konnten nicht mehr helfen."[263]

Im Januar 2009 wurde **eine Deutsche in Thailand getötet.** Ihr Besuch der Vollmondparty auf der Insel Phangan wurde der 45jährigen Astrid A. zum Verhängnis, denn dort traf sie auf ihren Mörder: einen 29 Jahre alten einheimischen Tätowierer. Am nächsten Tag wurde die halbnackte Leiche der Frau, die Blutergüsse an der Wange und an der rechten Hand aufwies, im Wasser gefunden.

Mitte Juni 2009 wurden **im Jemen zwei deutsche Frauen ermordet.** Die Studentinnen an einer Bibelschule absolvierten dort ein Praktikum in einem Krankenhaus. „Noch ist unklar, wer Anita G. und Rita S. tötete.

Wie die Bibelschule im nordrhein-westfälischen Lemgo berichtete, hätten sie sich „im dritten Studienjahr befunden. 'Aufgrund ihres ausgeprägten sozial-diakonischen Engagements entschieden sie sich für ein Praktikum im Jemen', hieß es weiter. ... Das Schicksal der übrigen Gruppenmitglieder ist ungeklärt. Niemand vermag derzeit zu sagen, ob sie noch leben oder nicht. Es handelt sich um ein deutsches Ehepaar und seine drei kleinen Kinder sowie einen Briten. Der deutsche Techniker Johannes H. und seine Ehefrau Sabine arbeiten an einem Krankenhaus in der Stadt Saada. ...

Die gesamte neunköpfige Gruppe arbeitet im Jemen für die Hilfsorganisation 'Worldwide Services' (WWS) aus den Niederlanden. ... Für gewöhnlich, so [der Sprecher der Organisation Peter] Lieverse, arbeiten die WWS-Mitarbeiter an ihrem Einsatzort ohne Entgelt; sie würden sich ihren Aufenthalt im Ausland selbst finanzieren oder von Sponsoren bezahlen lassen."[264]

„Deutscher wegen 50 Cent erstochen" lautete eine Schlagzeile vom 21. Juli 2009. „Ein Streit um weniger als einen halben Euro war offenbar der Grund dafür, daß **ein Deutscher in Istanbul auf offener Straße niedergestochen und getötet** worden war. Der mutmaßliche Messerstecher Ibrahim A. hatte den Touristen angebettelt und wollte von ihm 1 Lira – etwa 47 Cent, berichtete die türkische Presse. Als er kein Geld bekam, stach er mit einem Brotmesser zu. Der 26jährige Türke soll geistig verwirrt sein [Anm.: Diese Behauptung soll wohl als eine Art Entschuldigung dienen!].“[265] Der 41jährige Deutsche erlag seinen schweren Verletzungen im Krankenhaus.

Am 19. September 2009 stand im „RTLtext“ auf Seite 134 zu lesen, daß einer **deutschen Touristenfamilie**, die **in Kroatien von wütenden Einheimischen verprügelt** worden ist, ein Gratis-Urlaub in dem Land angeboten wurde. „Doch das Ehepaar will Kroatien nie mehr besuchen.

Auslöser für den Angriff im Adria-Ferienort Brela war die 52jährige Ehefrau: sie hatte den Fahrer einer Luxuskarosse darauf hingewiesen, daß er in einer Fußgängerzone unterwegs war. Der Kroate und seine Freunde stürzten sich daraufhin auf die Familie und verletzten sie leicht.“[266]

„Eine 40 Jahre alte Deutsche ist vermutlich beim Trampen **in Italien erstochen worden.** Das teilte die Polizei mit“, wie die Medien am 7. Dezember 2009 berichteten. „Die Leiche der Frau war von der Polizei im Straßengraben einer Autobahn nahe der kalabrischen Stadt Cosenza gefunden worden. Möglicherweise habe ein Autofahrer die Tramperin mitgenommen und dann umgebracht. Die Frau habe in Aachen gewohnt und stamme aus dem nahe gelegenen Würselen. In Brust und Hals entdeckten die Rechtsmediziner etwa zehn Einstiche.“[267]

„Deutsche in Brasilien ermordet“[268], hieß es schließlich am 18. Februar 2010. „Eine Deutsche ist nahe Recife im Nordosten Brasiliens erschossen worden. Die junge Frau war mit ihrem brasilianischen Mann, dem zweijährigen Sohn und den Schwiegereltern in einem Leihauto unterwegs.

Unbekannte überfielen die Familie und raubten sie aus. Die Täter flohen und nahmen die junge Frau mit. Jetzt wurde die Leiche mit vier Einschüssen im Brustkorb an einer Landstraße entdeckt, wie die Polizei berichtete.“[269]

Kommt es aufgrund solcher Verbrechen in Deutschland etwa zu Massendemonstrationen oder zu scharfen Protesten seitens führender Politiker? Mitnichten! Solche Vorfälle werden in der Regel „unter ferner liefen" abgehandelt und geraten recht schnell wieder in Vergessenheit.

Folglich geht es den „Wächtern der öffentlichen Ordnung" auch nicht um Mitmenschlichkeit, wenn sie sich über vermeintliche „Fremdenfeindlichkeit" in unserem Lande beklagen, sondern um eine bestimmte Politik, die vorsieht, daß die Deutschen immer nur die Täter und Leute aus einem anderen Land immer nur die Opfer sind. Zumindest was die nachträgliche Rollenverteilung anbelangt.

Zur Hölle mit der Neuen Weltordnung!

Es gibt nicht den geringsten Zweifel, daß wir in der endzeitlichen Hölle auf Erden leben, deren Hauptmerkmal in der Bekämpfung des einzig richtigen Glaubens und der damit verbundenen Wahrheiten besteht. Das ist der Grund, warum uns von morgens bis abends die allergrößten Lügen (unter anderem gegenwärtig folgende Behauptungen: zufällige Entstehung und anschließende Entwicklung des Lebens vor Jahrmilliarden, die Deutschen als schlimmste Übeltäter der Weltgeschichte, Mondlandung der NASA, durch den Menschen verursachte Klimakatastrophe, der 11. September 2001 als Anschlag von in Afghanistan beheimateten Terroristen, neue Erreger als Auslöser von BSE, Vogel- und Schweinegrippe, Demokratie als Volksherrschaft usw.) aufgetischt werden, nicht zuletzt auch über das tatsächliche Ausmaß der hierzulande anzutreffenden Ausländerkriminalität, die Gesamtzahl von Zuwanderern in der Bundesrepublik oder eben die tatsächliche Arbeitslosenzahl in unserem Land (in Wahrheit insgesamt mehr als fünf Millionen!).

Überhaupt muß man fragen: Was ist das nur für eine Gesellschaft, in der ein 89jähriger (John Demjanjuk) in den USA unter Hausarrest gestellt wird, um ihn anschließend um die halbe Welt zu fliegen, damit er sich in Deutschland für Verbrechen „verantworten" kann, die er nachweislich (!) gar nicht begangen hat, während brutalste Schläger in schöner Regelmäßigkeit mit Bewährungsstrafen davonkommen bzw. Mörder aufgrund „psychischer Probleme" als schuldunfähig hingestellt werden? Was ist das nur für eine Gesellschaft, in der ältere Menschen, die ihr Leben lang geschuftet haben, mit einer kärglichen Rente in Höhe von wenigen Hundert Euro ihren Lebensunterhalt bestreiten müssen, während Banken, die willentlich riesige Vermögen in den Sand gesetzt haben, von der Bundesregierung mit unserem Steuergeld in Höhe von mehr als 500 Milliarden Euro unterstützt werden? Was ist das nur für eine Gesellschaft, in der immer mehr Rechte an die EU-Diktatur in Brüssel abgetreten werden, während die Masse der Menschen nicht zu begreifen scheint, daß das teuflische Konstrukt „Europäische Union" keineswegs ihren Interessen (etwa Frieden und Wohlstand), sondern in erster Linie den internationalen Konzernen und Großbanken dient, die keinerlei Hemmungen haben, die ganze Welt auszubeuten und sie in den Abgrund zu stürzen?

Was ist das nur für eine Gesellschaft, in der Männer wie Karol Wojtyla (alias Johannes Paul II.) oder Joseph Ratzinger (alias Benedikt XVI.) von angeblichen Katholiken als rechtmäßige „Stellvertreter Christi" angesehen werden, während viele ihrer Lehren und Handlungen dem von dem Gottessohn und Seinen hl. Aposteln seit 2000 Jahren überlieferten katholischen Glauben diametral entgegengesetzt sind?

Was ist das nur für eine Gesellschaft, in der nur noch Wohlbefinden, Unterhaltung, Spaß und Entspannung unter den englischen Bezeichnungen „Wellness", „Entertainment", „Fun" und „Chillen" zählen und kaum noch jemand dazu bereit ist, den tieferen Ursachen auf den Grund zu gehen?

Zur Hölle mit all den (geschichtlichen, wissenschaftlichen, gesundheitlichen usw.) Lügen, die uns von den internationalen Propaganda-Medien von morgens bis abends aufgetischt werden! Zur Hölle mit in Geheimgesellschaften straff organisierten korrupten Politikern, denen ihre Pfründe wichtiger als die Menschen ihres jeweiligen Landes sind! Zur Hölle mit der Ungerechtigkeit, der sich zahlreiche Deutsche Tag für Tag vor hiesigen Gerichten ausgesetzt sehen, nur weil sie es etwa wagten, unliebsame „Äußerungen zur Zeitgeschichte" von sich zu geben! Zur Hölle mit der politischen Korrektheit, die einzig dazu ersonnen wurde, unerwünschte Stimmen mundtot ma-

chen zu können, wie unter anderem der CDU-Politiker Jörg Schön-
bohm, Innenminister des Landes Brandenburg erkannt hat: „Was wir
momentan erleben, ist ein Amoklauf der politischen Korrektheit. In
allen Bereichen infizieren uns Gutmenschen mit dem Betroffenheits-
virus, normieren die Sprache und bestimmen unsere Lebensgewohn-
heiten … Letztendlich verbirgt sich hinter der ideologiebedingten
Säuberung der Sprache nichts anderes als die Intoleranz der selbster-
nannten Tugendwächter. Die katastrophalen Folgen dieser geistigen
Selbstzensur sind Konformität und Uniformität des Denkens. Wir
legen uns freiwillig den Maulkorb an. Denkfeigheit tritt an die Stelle
freiheitlichen Bürgermuts. Freimütige demokratische Diskussionen
werden im Keim erstickt und ganze Themenbereiche dem öffentlichen Diskurs entzogen. Wir brauchen die Freiheit der Gedanken, und
wir brauchen die Freiheit des Wortes – und das nicht nur hinter vor-
gehaltener Hand."[270]

Zur Hölle mit der talmudistisch-kabbalistischen Neuen Weltordnung, die den „Traum" der Pharisäer zur Errichtung einer absoluten
Weltdiktatur umsetzen will! Zur Hölle mit dem konzilskirchlichen
Vatikan und all seinen Vertretern, die ein Bündnis mit den Feinden
Gottes und aller Menschen eingegangen sind, um möglichst viele
Seelen ins ewige Verderben zu stürzen! Zur Hölle mit der Ausbeutung durch Finanzzaren und Manager, denen es um Gewinnmaximierung auf Kosten der Arbeitnehmer geht! Zur Hölle mit den Kriegs-
treibern in Washington und Israel, die, nachdem sie bereits Länder
wie Afghanistan, den Irak oder Pakistan ins Chaos gestürzt haben,
alles daran setzen, auch noch den Iran in ein regelrechtes Schlachtfeld zu verwandeln!

Zur Hölle mit der kaum noch zu ertragenden Heuchelei führender
Politiker und Medienvertreter, die jeden noch so kleinen Vorfall einer angeblich „fremdenfeindlich" motivierten Straftat ausschlachten,
um ihrem Volk die größten Vorhaltungen machen zu können! „Gren-
zenlosigkeit, Multikult, Globalisierung, Vermischung von Rassen
und Religionen und Vielvölkerstaaten bringen Krieg, Tod und Teu-
fel, sind aber heute «cool», werden von Minderheiten als «modern
und weltoffen», als menschenfreundlich, offenherzig, unrassistisch
und gleichberechtigend an die Mehrheiten verkauft."[271]

Zur Hölle mit „Globalisierung" und „Krieg gegen den Terror", die nichts weiter als die aktuellen Hauptmittel zu unserer Verarmung und Versklavung sind, denn nur ganz wenige Menschen, „die Geldströme, Medien und multinationale Konzerne kontrollieren, entscheiden nach der Globalisierung – unter finanzwirtschaftlichen und politischen Gesichtspunkten – über das Schicksal von Völkern und Kulturen, die ihnen fremd und gleichgültig sind."[272]! Zur Hölle mit der (nicht nur) uns aufgezwungenen „multikulturellen Gesellschaft" bzw. „Zwangsintegration" ganzer Völkermassen, für die wir mit unserem hart verdienten Steuergeld aufkommen sollen! Zur Hölle mit Gesetzesinitiativen wie „Hartz IV" oder der „1-Euro-Job-Regelung", die Millionen Menschen unseres Landes zu Bittstellern gemacht haben!

Zur Hölle mit dem uns aufgezwungenen Euro, der beispiellose Preiserhöhungen mit sich brachte (ein Beispiel aus eigener Hand: Päckchen mit Linsen, Erbsen oder Bohnen, die in einem bestimmten Lebensmittelmarkt vor Einführung des Euro noch für 0,99 Pfennig zu haben waren, kosten heute – also sieben Jahre später – nicht weniger als 1,69 Euro, das heißt rund 3,40 Mark. Das ergibt eine Preissteigerung von beinahe 350 %!). Zur Hölle mit der Ausbeutung durch ständig ansteigende Steuern und Gebühren, die selbst nach offiziellen Angaben mittlerweile mehr als 53 % jedes erarbeiteten Euro betragen!

Erfreulich ist für Katholiken nur, daß sie die absolute Gewißheit haben, daß den Treulosen, den Unheiligen, Mördern, Unzüchtigen und Zauberern, den Götzendienern und allen Lügnern in der Tat ihr Anteil sein wird im See, „der von Feuer und Schwefel brennt" (Offb 21, 8). Während des Lebens hier auf Erden hatten all diese Personengruppen durchaus die Möglichkeit gehabt, für Wahrheit und Gerechtigkeit ihren Mund aufzumachen, etwa über die Zustände im Nahen Osten, wo das Leiden des palästinensischen Volkes kein Ende zu nehmen scheint, wie vereinzelte, oft mit wenigen Zeilen abgehandelte Meldungen zeigen: „Israels Blockade der Grenzübergänge zum Gazastreifen schließt die Palästinenser einer UN-Studie zufolge seit mehr als zwei Jahren von der Außenwelt ab. Die Maßnahme habe die Palästinenser unter anderem ihres Lebensunterhalts beraubt und zu einer Energie-, Wasser- und sanitären Krise geführt."[273]

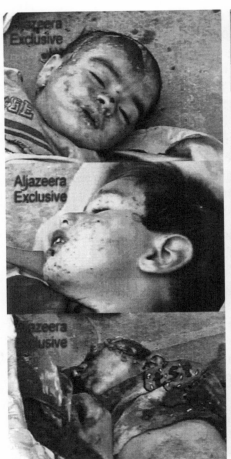
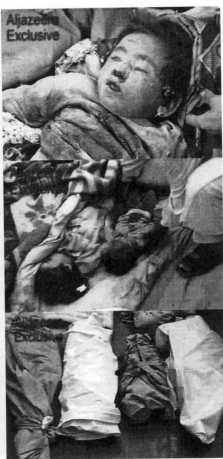

Wer allen Ernstes meint, mit ihrer Ausländerpolitik ginge es unseren Oberen um das Wohl anderer Menschen, sitzt einem Trugschluß auf. Schließlich unternehmen sie nichts gegen die Völkermordpolitik der US-Streitkräfte im Irak, die seit 1991 mittlerweile mehr als vier Millionen Menschen das Leben kostete. Diese traurigen, Anfang April 2004 in Falludscha entstandenen Photos zeigen einige wenige der vielen Kinder, die seinerzeit beim US-Angriff auf diese Stadt gnadenlos getötet wurden.

(Quellenhinweise: alle Photos:
http://portland.indymedia.org/en/2004/04/285247.shtml)

354

Es ist eine Schande, daß in zahlreichen Ländern Kinderarbeit an der Tagesordnung ist, vor allem in Afrika. Unten sehen wir die fünfjährige Anna, die in einem Schotterbetrieb in Sambia Steine zerkleinert. Sie arbeitet bereits seit ihrem ersten Lebensjahr. „150 Millionen Kinder unter 15 Jahren müssen hart arbeiten und können deshalb nicht zur Schule gehen."* So sieht die Neue Weltordnung der „Synagoge Satans" in der Praxis aus!

(Quellenhinweise: **Oben:** Fuldaer Zeitung, 27.8.01; **Unten:** ebd. 17.7.02; *: ebd. 7.10.09)

355

Welches unsägliche Leid mit dieser Politik verbunden ist, geht aus diesem Zweizeiler nicht einmal ansatzweise hervor! Und spricht ein Mann wie der iranische Präsident Ahmed Ahmadinedschad diese Zustände offen an, dann wird das von seiten des israelischen Staates auch noch als Beweis für „seine Gefährlichkeit" hingestellt.

Den allermeisten Menschen ist ihr Wohlstand und ihr Streben nach Lustgewinnung (mittels Alkohol, Drogen, Pornographie, Puffs, außerehelichen Affären usw.) wichtiger als die christliche Nächstenliebe bzw. der Einsatz für den wahren Glauben. Deshalb tragen sie selbst die Schuld für die Zustände in ihrem Land, die letzten Endes nur als die gerechte Strafe Gottes zu werten sind. Schließlich kann jeder in der Hl. Schrift selbst nachlesen, was das Volk zu erwarten hat, das der Stimme Gottes nicht gehorcht und Seine Gebote und Satzungen nicht einhält, wie Er es befohlen hat: **„Der Fremdling in deinem Gebiet wird dir gegenüber allmählich hochkommen, du aber gehst immer mehr abwärts"** (Deut 28, 43). Ist das nicht exakt das, was wir in diesem Buch über die Situation in der Bundesrepublik Deutschland festgestellt haben?

Hören wir dazu nochmals einige Aussagen führender Vertreter dieses Landes:

„Der deutsche Arbeitsmarkt ist erschöpft. Die Heranziehung von noch mehr ausländischen Arbeitskräften stößt auf Grenzen. Nicht zuletzt führt sie zu Kostensteigerungen und zusätzlichen Belastungen unserer Zahlungsbilanz."[274] (Ex-Bundeskanzler Ludwig Erhard im Jahre 1965, bei nur 1,2 Millionen Ausländern!)

„Mit weit über 4 Millionen Ausländern ist die Aufnahme der deutschen Gesellschaft erschöpft, wenn nicht ganz große Probleme entstehen sollen. ... Mehr als 4,5 Millionen Ausländer können wir mit Anstand nicht verdauen ..."[275] (Altbundeskanzler Helmut Schmidt gegenüber Zeitungsverlegern zu seinen Zeiten)

„Beim Zuzug von Gastarbeiter-Angehörigen ist die zulässige Grenze inzwischen erreicht und in manchen Fällen bereits überschritten. Ich warne vor einem Nationalitäten-Problem in der Bundesrepublik Deutschland!"[276] (Altbundeskanzler Helmut Schmidt im Jahre 1975)

„Wir haben 4 Millionen Ausländer, wir wollen keine 6 Millionen!"[277] (Helmut Schmidt im Jahre 1980)

„Die Zahl der ausländischen Arbeitnehmer muß verringert werden."[278] (Joseph Stingl, Präsident der Bundesanstalt für Arbeit, Februar 1976) Seit damals wurde sie indes kontinuierlich erhöht.

„Aus politischen und religiösen Gründen ist die Mehrzahl der 1,2 Millionen Türken in der Bundesrepublik nicht integrierbar! Viele Türken sind Mitglieder in rechts- oder linksextremen Organisationen. Polarisierung und Bereitschaft zur Gewalt, Reislamisierung und nicht zuletzt ein schwer disziplinierbarer Volkscharakter ergeben eine brisante Mischung und stellen eine wachsende Bedrohung der inneren Sicherheit dar."[279] (Ein Sprecher des niedersächsischen Landesamts für Verfassungsschutz, 1980)

„Aber es ist auch wahr, daß wir die jetzige vorhandene Zahl der Türken in der Bundesrepublik nicht halten können, daß das unser Sozialsystem, die allgemeine Arbeitsmarktlage, nicht hergibt. Wir müssen jetzt sehr rasch vernünftige, menschlich sozial gerechte Schritte einleiten, um hier eine Rückführung zu ermöglichen."[280] (Helmut Kohl, in einem ZDF-Interview vom 3. Oktober 1982, dem ersten Tage seiner Kanzlerschaft) Dieser freimaurerische Heuchler tat genau das Gegenteil, nämlich alles, um Deutschland in ein multikulturelles Babylon zu verwandeln, nicht zuletzt durch die großzügige Aufnahme sogenannter Kontingentflüchtlinge aus dem Osten!

„Bei Allah, Wir werden solange kämpfen, bis es von Zypern bis Oslo überall Koranschulen und Moscheen gibt und überall die türkische Fahne weht!"[281] (Imam Harun Reschid Tuyloglu, Festhalle Recklinghausen, 14. Juni 1979 vor 3000 Türken)

„Es wird offen zugegeben, daß überhaupt nicht die Absicht besteht, die in Deutschland siedelnden Türken zu Deutschen zu machen, sondern sie als türkische Eroberungsmassen zu nutzen. Das ist das Ziel der Türkei, organisatorisch geleitet von der DITIB (Dachverband 'Türkisch-Islamische Union'): ‹Denn die Ditib kann nichts machen, was Ankara nicht zumindest gutheißt», sagt Selim Abdullah, der Leiter des Islam-Archivs in Soest. ... «Und sie sieht in den Türken in Deutschland nach wie vor Türken – keine Deutschen türkischer Abstammung, auch wenn sie einen deutschen (Zweit-)Paß haben».' (FAZ, 25.11.2004, S. 3)

Die Türkei fühlt sich durch die Politik und politische Komplizenschaft von BRD-Politikern bereits derart ermutigt, daß ihre Medien die türkischen Massen in Deutschland offen zum Umsturz des BRD-Systems aufrufen. Selbst das Kommando zum Abbrennen der Hauptstadt ist kein Tabu mehr. Im Jahr 2007 feuerten türkische Tageszeitungen ihre Landsleute in der BRD mit folgenden Parolen gegen das BRD-System an: 'Ehrenhafter Widerstand der in Deutschland lebenden Türken'. (HÜRRIYET, zitiert in Die Welt, 12.7.2007, S. 3) Die sogenannte liberale Tageszeitung MILLIYET forderte sogar dazu auf, 'Berlin in Schutt und Asche zu legen.' (Welt, 12.7.2007, S. 3)'[282]

„Der türkische SPD-Politiker Vural Öger machte bereits 2004 keinen Hehl mehr aus der geplanten Eroberung Deutschlands: 'Was Sultan Süleyman 1529 mit der Belagerung Wiens begonnen hat, werden wir über die Einwohner mit unseren kräftigen Männern und gesunden Frauen verwirklichen.' (Vural Öger im Juni 2004; siehe hierzu eine Meldung vom November/Dezember 2009: „Laut der amtlichen österreichischen Bevölkerungsstatistik, der 'Statistik Austria', wurden 2008 in der Alpenrepublik 77 752 Kinder geboren, von denen allerdings nur noch 49 444 (63,3 Prozent) eine katholische Mutter hatten. Islamische Mütter bekamen der Statistik zufolge 10 883 Kinder, immerhin 14 Prozent. In der Hauptstadt Wien liegt der Anteil der katholischen Neugeborenen sogar nur noch bei 36,7 Prozent, der der muslimischen bei 24,1 Prozent."[283]) Und der türkische Ministerpräsident Erdogan gab den Kampfauftrag wie folgt vor: 'Die Minarette sind unsere Lanzen, die Kuppeln unsere Helme, die Gläubigen (d.h. die kräftigen Männer und gesunden Frauen) unsere Armee.' (Dr. Hubert Meister, Münchner Merkur, 13.10.2009)'[284]

„Wir können nicht mehr Ausländer verdauen, das gibt Mord und Totschlag!"[285] (Helmut Schmidt in einer DGB-Veranstaltung seines Hamburger Wahlkreises, November 1981) Die vielen Beispiele in diesem Buch von Morden, die von Zuwanderern an Deutschen begangen wurden, zeigen, daß diese Befürchtung nicht unbegründet war.

Trotz all dieser Aussagen und Appelle nahm die Zahl der Migranten seit damals um weitere Millionen zu, so daß sie heute mehr als 30 Millionen betragen dürfte, wie wir bereits gesehen haben. Und nicht wenige dieser Leute werden im Laufe ihres Aufenthalts in der Bundesrepublik eingebürgert, also zu Neu-Deutschen, so etwa auch in der Bischofsstadt Fulda. „Stadt gibt Empfang für Neubürger" lautete hierzu eine entsprechende Schlagzeile der in der Region Osthessen einmal in der Woche erscheinenden Zeitung „Fulda aktuell" vom 3./4. Oktober 2009. „'Wir freuen uns mit Ihnen, daß Sie den Schritt der Einbürgerung gewagt haben, und heißen Sie herzlich willkommen', ruft deshalb Stadtverordnetenvorsteherin Margarete Hartmann den Gästen der Stadt im Marmorsaal zu, die von Bürgermeister Dr. Wolfgang Dippel ihre Einbürgerungsurkunden erhalten. Die Übergabe sei ein 'sichtbares Zeichen gelungener Integration.' 'Fühlen Sie sich wohl und aufgehoben bei uns', sagt Fuldas Sozialdezernent.

Rein äußerlich ändere sich für viele kaum etwas. Doch nun seien sie gleichberechtigte Bürgerinnen und Bürger dieses Landes, erläutert Hartmann ihren Zuhörerinnen und Zuhörern, die aus 16 Ländern rund um den Globus stammen. Die christdemokratische Kommunalpolitikerin warnt davor, sich nicht vom allgemeinen Desinteresse anderer am gesellschaftlichen Leben irritieren zu lassen. 'Zeigen Sie, was Sie wollen, denn mit der Einbürgerung haben Sie alle demokratischen Rechte – auch das Wahlrecht', macht Hartmann deutlich. Vielleicht habe mancher sogar Interesse, politisch in der Stadtverordnetenversammlung mitzuwirken. Viel Beifall findet die Bemerkung der Stadtverordnetenvorsteherin, daß Fuldas Neubürger 'eine echte Bereicherung für uns sind.' Umgekehrt habe auch Fulda ihnen viel zu bieten.

'Ab jetzt sind Sie Deutsche, denn Sie haben viele Forderungen erfüllt', würdigt der Vorsitzende des Fuldaer Ausländerbeirats, Nihat Dalmiz, die Entscheidung gebürtiger Türken, Afghanen, Pakistani oder Bewohner Kameruns, die deutsche Staatsbürgerschaft anzunehmen. Nun hätten sie eine neue Aufgabe bekommen und dürften auch wählen. 'Machen Sie von Ihrem Recht Gebrauch', rät Dalmiz, der selbst aus der Türkei stammt und für den Deutschland zur neuen Heimat geworden ist. Gleichzeitig appelliert er an die Gäste des Empfangs, ihre alte Heimat nicht zu vergessen.

Eine schöne Gelegenheit, die eigenen Wurzeln zu pflegen und die Vielfalt der Kulturen den deutschen Mitbürgern nahezubringen, sei der Besuch der interkulturellen Woche, für die Dalmiz wirbt."[286]

„Eine multikulturelle Gesellschaft führt zu gesellschaftlichen Disharmonien, Egoismus bis hin zum Gruppenhaß ... Diese Phänomene sind überall dort zu beobachten, wo es multikulturelle Gesellschaften gibt. Ich bin gegen eine solche Entwicklung, egal ob sie mit dem Argument multikulturelle Gesellschaft, Aufrechterhaltung unserer Wirtschaft und der Sozialsysteme oder mit humanitären Aspekten begründet wird. Jede Zuwanderung bedeutet noch mehr Energieverbrauch, mehr Wohnungsbedarf, mehr Autos, mehr Abfall. Das kann vernünftigerweise niemand wollen."[287] (Dr. Friedhelm Farthmann, Ex-Fraktionsvorsitzender der SPD im Düsseldorfer Landtag, Frankfurter Rundschau, 16.4.1992, S. 2)

„Bislang ging man davon aus, daß der Abstand zwischen Einheimischen und Zugewanderten von Generation zu Generation kleiner wird – in Deutschland wächst er. Ausländer sprechen heute schlechter Deutsch als noch vor zehn Jahren, sie sind häufiger und länger arbeitslos und leben in größerem Maße von Sozialleistungen des Staates. Das ist neu und in seiner gesellschaftlichen Tragweite von der Mehrheit der Bürger noch nicht annähernd erfaßt"[288], stellt der „Spiegel"-Redakteur und Sachbuchautor („Unter Linken") Jan Fleischhauer kritisch fest.

So haben in der Bundesrepublik Deutschland lebende Türken an türkischen Werten mehr Interesse als an bundesdeutschen. „Zu diesem nicht gerade atemberaubenden Ergebnis kommt eine neue [Ende November 2009 veröffentlichte] Studie des Meinungsforschungsinstituts 'Liljeberg Research International'. Gemäß Umfrage-Ergebnis fühlen sich 45 Prozent der Türken in der BRD 'unerwünscht', 82 Prozent sind der Auffassung, daß die deutsche Gesellschaft stärker auf die Gewohnheiten türkischer Zuwanderer Rücksicht nehmen sollte."[289]

Daran sieht man, daß „Integration" für die angestammte Bevölkerung eines Landes eine zunehmende Anpassung an die Kultur und die Gepflogenheiten der Neuankömmlinge – und nicht umgekehrt –

bedeutet. Aus diesem Grund sind multikulturelle Gesellschaften bereits im Vorfeld zum Scheitern verurteilt; vielen Zuwanderern geht es nämlich keineswegs um eine erfolgreiche Eingliederung in die schon bestehende Gesellschaft, sondern um die Beibehaltung der eigenen Sitten, Gebräuche und Religion (wie Islam). Besonders schlimm wird es, wenn dies dann in Gewalt ausartet, wie das Beispiel eines 25jährigen Türken zeigt, der sich Anfang Dezember 2009 in Hamburg vor Gericht verantworten mußte. „Er soll seine Frau massiv geschlagen haben. Grund: Sie hatte für den dreijährigen Sohn eine Tüte Gummibärchen gekauft. Die aber enthalten in der Regel Schweinegelantine. Und? – 'Schweinegelantine geht gar nicht', dürfte der Religiöse gedacht haben und schlug offenbar sofort zu. Er leugnet. Die Verhandlung läuft.“[290]

„'Die 68er hatten zwei Ziele. Erstens: Die Familie muß weg. Zweitens: Deutschland muß weg. Beide Ziele wurden weitgehend erreicht.' [Anm.: Zu ersterem siehe eine Meldung vom 4. Februar 2010 unter der Schlagzeile „Traditionelle Familie auf dem Rückzug": „Immer mehr Jugendliche in Deutschland wachsen nicht mehr in einer 'klassischen' Familie auf. Rund 25 Prozent von ihnen leben bei Alleinerziehenden oder in Lebensgemeinschaften.

Wie das Statistische Bundesamt mitteilt, lebten im Jahr 2008 rund 842 000 Jugendliche in alternativen Familienformen. Das ist ein Viertel aller Jugendlichen im Alter 14 bis 17. Im Jahr 1996 waren es noch 600 000 Jugendliche, das sind 17 Prozent. Alternative Familienformen sind Lebensgemeinschaften mit Kindern oder alleinerziehende Mütter oder Väter mit ihren Kindern. ... Seit 1996 stieg die Zahl der Jugendlichen, die von alleinerziehenden Müttern und Vätern betreut werden um 37 Prozent. Die Zahl der Jugendlichen, die bei Lebensgemeinschaften aufwuchsen, erhöhte sich im gleichen Zeitraum um 56 Prozent.“[291]] So das Fazit des Demographen Herwig Birg in einem Interview mit der 'Schweizerischen Weltwoche' (Nr. 1, 09). Weiter stellt er fest: **'Deutschland zahlt mehr Sozialtransfers an Ausländer, als die Ausländer selber ins Steuer- und Sozialsystem einzahlen ... Im Durchschnitt belasten Zuwanderer, die weniger als 10 Jahre in Deutschland leben, pro Kopf und Jahr den deutschen Steuerzahler mit netto 2300 Euro ...** Wenn man alle Aufenthaltsdauern summiert, dann **kostet jeder Zuwanderer pro Kopf und Jahr 700 Euro**. Fiskalisch fällt die Bilanz also negativ aus ...

Die meisten Migranten haben nicht die benötigten Qualifikationen für den deutschen Arbeitsmarkt. Sie werden zweimal so häufig arbeitslos wie Deutsche und leben dreimal so häufig von Sozialhilfe ... Wenn Sie junge Ausländer fragen, was sie später einmal werden wollen, bekommen Sie häufig zu hören: Hartz IV. So nennt man in Deutschland jetzt die Sozialhilfe ...

In vielen Deutschen Großstädten stehen die unter vierzigjährigen Zuwanderer an der Schwelle zur absoluten Mehrheit ...

Das Schlimmste, was in Deutschland passieren kann, wäre, wenn sich die muslimischen Gruppierungen bei Wahlen über Listenverbindungen zusammenschlössen. Die herkömmlichen Parteien kämen ins Schleudern.

Zahlen zur Ausländerkriminalität wurden früher veröffentlicht, aber dann ist das eingestellt worden, als bekannt wurde, daß rund 80% aller schweren Gewaltverbrechen in Berlin und andernorts von Ausländern begangen wurden. Zu verzeichnen ist auch eine sehr hohe Präsenz von Ausländern in den Gefängnissen ...'

Auf die Frage 'Sehen Sie Auswege?' antwortet Birg: 'Nein. Es gibt keine. Wir sind in einer Falle.'"[292]

Sichten wir drei abschließende Meldungen von Oktober 2009, die jedenfalls keinen Zweifel daran lassen, daß sich der Islam in unserem Lande langsam aber sicher den Weg bahnt:

„Im Streit um das Schlachten nach islamischem Ritus hat der türkische Metzger Rüstem Altinküpe aus Aßlar vom Bundesverfassungsgericht Recht bekommen. Das Karlsruher Gericht beanstandete die Ablehnung eines Eilantrags, mit dem der Metzger eine neue Ausnahmegenehmigung für 2009 durchsetzen wollte. Der Hessische Verwaltungsgerichtshof hätte seinen Eilantrag intensiver prüfen müssen, heißt es in einem Eilbeschluß aus Karlsruhe. Das muß der VGH nun nachholen ... Beim Schächten wird dem nicht betäubten Tier die Kehle durchgeschnitten.

Hintergrund des Falles ist eine juristische Dauerfehde des muslimischen Metzgers mit Verwaltung und Justiz. **Anfang 2002 hatte Altinküpe vor dem Bundesverfassungsgericht das grundsätzliche Recht auf Erteilung einer Schächt-Erlaubnis erstritten.** Das Urteil hatte Aufsehen erregt. Doch der juristische Streit schwelte weiter. 2008 erhielt er eine befristete Erlaubnis, die aber bisher für 2009 nicht erneuert wurde.

Dagegen zog Altinküpe erneut vor Gericht. Das Verwaltungsgericht Gießen erlaubte ihm im Februar vorläufig das Schächten unter Auflagen. Der VGH dagegen versagte ihm die Erlaubnis komplett."[293]

Ebenfalls Anfang Oktober 2009 löste eine Berliner Gerichtsentscheidung eine Debatte aus. „**Ein muslimischer Gymnasiast darf an seiner Schule auch weiter in der Unterrichtspause beten. So entschied es das Berliner Verwaltungsgericht.** Der 16jährige Yunus M. reichte Klage ein, nachdem die Direktorin des Diesterweg-Gymnasiums im Bezirk Wedding es ihm unter Hinweis auf die weltanschauliche Neutralität der Schule untersagt hatte, auf dem Schulflur sein Mittagsgebet zu verrichten. Er und einige Freunde hatten dort ihre Jacken ausgebreitet und sich niedergekniet, während Mitschüler ihnen dabei zuschauten. Das Verbot wollten Yunus und seine Familie nicht hinnehmen; sie beriefen sich auf die Religionsfreiheit.

In einer Eilentscheidung gab das Verwaltungsgericht bereits im März 2008 dem Antrag auf einstweilige Anordnung im Sinne des Jugendlichen statt. Es sei ihm nicht zuzumuten, 'seiner Gebetspflicht nicht in dem Maße nachkommen zu können, wie er sie für sich als verbindlich ansieht', erklärten die Richter damals. Grundsätzlich blieben sie auch jetzt bei dieser Einschätzung."[294]

„Bei Politikern, Kirchenvertretern und Lehrerverbänden schlug das Urteil hohe Wellen. Der bildungspolitische Sprecher der Grünen im Berliner Abgeordnetenhaus, Özcan Mutlu, bezeichnete die Entscheidung als 'integrationspolitisch falsches Signal'. Er betonte, keine Religion dürfe in einer staatlichen Einrichtung ein Vorrecht auf ein Gebet bekommen. Die türkischstämmige Frauenrechtlerin Seyran Ates sagte: **'Wir können doch nicht in den Schulen das Kreuz**

abhängen, aber muslimische Jungen dort beten lassen.' Im Internet-Blog der türkischen Tageszeitung 'Hürriyet' wurde darauf verwiesen, daß es selbst in der Türkei verboten ist, in der Schule zu beten.

Der integrationspolitische Sprecher der CDU-Fraktion im Abgeordnetenhaus, Kurt Wansner, erklärte, das Urteil schade der Integration mehr, als damit gewonnen wäre. **'Mit dieser Aufkündigung der Neutralität an den Schulen ist ein Stein ins Rollen gebracht worden, der zu einer Zerfaserung und damit Parallelisierung führen kann,** die ernsthaft niemand wünscht.'"[295]

„Ströbele will Islam-Feiertag", titelte der Videotext von SAT.1 am 14. Oktober 2009 auf Seite 113. „Der Grünen-Politiker Ströbele hat sich dafür ausgesprochen, einen **muslimischen Festtag zum Feiertag** zu erklären. 'Ein gesetzlicher Feiertag wäre ein gutes Zeichen, daß wir den Islam als Weltreligion ernst nehmen', sagte Ströbele der 'Passauer Neuen Presse' zufolge.

An einem arbeitsfreien Tag könnten Muslime ihre Nachbarn zum gemeinsamen Feiern einladen."[296]

„Manchen Völkern genügt eine Katastrophe um sie zur Besinnung zu bringen. Dem Deutschen, so scheint es, bedarf es des Untergangs"[297], faßt Arthur Müller die traurige Situation in diesem Lande zusammen.

Der springende Punkt ist aber: weil die Menschen sich bis auf einen fast schon zur Unkenntlichkeit geschrumpften kleinen Rest in ihrer überwältigenden Mehrheit von der Kirche Christi abgewandt haben, bekommen sie folgerichtig als Strafe die Herrschaft der „Synagoge Satans" (Offb 2, 9), die sie nicht nur verarmen und versklaven, sondern ihr Volk auch in einem multikriminellen Chaos aufgehen lassen will. Sie selbst will nämlich als „Adelsrasse von Geistes Gnaden" über die gesamte Menschheit unumschränkt herrschen und von den Völkern gemeinschaftlich als „Gott auf Erden" angebetet werden. Dazu bedarf es nun eben der Abschaffung der Homogenität und der nationalen Eigenheiten (Grenzen, Währung usw.) eines Landes.

Alle gläubigen Katholiken, die mit den trägen, apathischen und freiwillig verdummten Deutschen sozusagen „im selben Boot" sitzen, müssen wissen, daß sowohl der Prophet Daniel im Alten Testament als auch der hl. Apostel Johannes im Neuen Testament keinen Zweifel daran lassen, daß es (nicht nur eine *irdische* sondern vor allem) eine *ewige* Gerechtigkeit gibt. Daniel schreibt hierzu folgendes: „Ich schaute so lange zu, bis Throne aufgestellt wurden und ein Hochbetagter Platz nahm. Sein Gewand war weiß wie Schnee, sein Haupthaar rein wie Wolle. Feuerflammen waren sein Thron, dessen Räder flackerndes Feuer. Ein Feuerstrom ergoß sich und ging von ihm aus. Tausendmal Tausende dienten ihm, zehntausendmal Zehntausende standen vor ihm. Das Gericht nahm Platz und Bücher wurden geöffnet" (Dan 7, 9f).

Die Offenbarung des hl. Johannes über das Endgericht deckt sich mit den Visionen Daniels frappierend, woraus man sehen kann, daß das Alte und das Neue Testament ein gleichbleibendes Testament des Schöpfers von Himmel und Erde ist: „Und ich sah einen mächtigen, leuchtenden Thron und den, der darauf sitzt. Vor seinem Angesichte flohen die Erde und der Himmel, und für sie fand sich kein Platz mehr. Ich sah die Toten, groß und klein, vor dem Throne stehen, und Bücher wurden geöffnet. Ein eigenes Buch wurde geöffnet, das ist das Buch des Lebens, und die Toten wurden aus dem, was geschrieben war in den Büchern, gerichtet nach ihren Werken. Das Meer gab die Toten heraus, die in ihm waren, und der Tod und die Unterwelt gaben die Toten, die in ihnen waren, zurück, und sie wurden gerichtet, ein jeder nach seinen Werken. Der Tod und die Unterwelt wurden in den Feuersee geworfen; das ist der zweite Tod, der Feuersee. Und wenn sich einer nicht eingeschrieben fand im Buche des Lebens, wurde er in den Feuersee geworfen" (Offb 20, 11-15).

Es gibt also in der Tat eine absolute Gerechtigkeit in diesem Leben und erst recht in der Ewigkeit! Das ist die freudige Gewißheit, die uns bleibt, auch wenn die Zustände in Deutschland trotz unseres beständigen Einsatzes für die Wahrheit – in erster Linie wegen der Gleichgültigkeit der breiten Masse unserer Landsleute – immer schlimmer werden sollten.

Wenn wir diese Welt dereinst verlassen müssen, werden wir wissen, daß *zumindest wir* unsere Aufgabe vor Gott erfüllt haben. Wir dürfen in diesem Zusammenhang auch nie vergessen, daß „unser

Aufenthalt in dieser Welt im Fleische nur kurz und flüchtig ist. Das Versprechen Christi aber ist großartig und wunderbar, und bringt uns Ruhe im Königreich, das kommen wird, und im ewigen Leben. Wenn wir also den Willen Christi befolgen, werden wir Frieden erlangen; wenn wir es aber nicht tun, wenn wir Seine Gebote außerachtlassen, wird uns nichts vor der ewigen Strafe bewahren"[298], wie uns der um das Jahr 150 verstorbene heilige Klemens von Rom mit Nachdruck ermahnt.

Kämpfen wir also den guten Kampf, zu dem wir berufen sind, und lassen wir uns nie mehr wieder etwas über das Phantom Fremdenfeindlichkeit vormachen! Die Deutschen gehören nämlich zu den ausländerfreundlichsten Völkern auf der ganzen Erde und sollten demzufolge voller Stolz wieder ihre Ehre und ihr Nationalbewußtsein nach außen tragen dürfen.

„Die ungeschriebenen Gesetze und Zwänge der Natur werden letztlich dasjenige Volk belohnen, das sich allen Widerwärtigkeiten zum Trotz erhebt, um gegen Ungerechtigkeiten, Lügen und Chaos anzukämpfen. Das war stets so in der Geschichte und so wird's immer sein. Weder uns noch unseren Nachkommen wird dieser Kampf ums Überleben erspart bleiben", war sich bereits der bedeutende deutsche Philosoph Immanuel Kant (1724-1804) sicher.

Auswahl der verwendeten Literatur

ANONYMUS, Die Zionistischen Protokolle. Das Programm
der internationalen Geheim-Regierung, Leipzig 1932

Cherep-Spiridovich, Major General Count: The Secret World
Government Or „The Hidden Hand", New York 1921

Epperson, A. Ralph: The Unseen Hand. An Introduction to the
Conspiratorial View of History, 16. Aufl. Tucson 1995

Freyenwald, Dr. H. Jonak von: Jüdische Bekenntnisse, Bremen 1992
(Nachdruck der Ausgabe Nürnberg 1941)

Olschewski, Malte: Von den Karawanken bis zum Kosovo. Die
geheime Geschichte der Kriege in Jugoslawien, Wien 2000

Robertson, Pat: The New World Order, Dallas 1991

Rothkranz, Johannes: Der Vertrag von Maastricht - Endlösung für
Europa, Band I, Durach 1993

Rothkranz, Johannes: Der Vertrag von Maastricht - Endlösung für
Europa, Band II, Durach 1993

Rothkranz, Johannes: Wußten Sie schon … ?, Durach 1991

Sichelschmidt, Gustav: Deutschland verblödet. Wem nutzt der
dumme Deutsche?, Kiel 1995

Sichelschmidt, Gustav: Ein Volk im Wahn. Wer will die Deutschen
krank?, Kiel 1998

Stein, Conrad C.: Die Geheime Weltmacht. Die schleichende
Revolution gegen die Völker, Tübingen 2001

Still, William T.: New World Order: The Ancient Plan of Secret
Societies, 10. Aufl. Lafayette 1990

Taylor, Ian T.: In The Minds Of Men. Darwin and the New World
Order, 4. Aufl. Minneapolis 1991

Wichtl, Friedrich & Schneider, Robert: Weltfreimaurerei
Weltrevolution Weltrepublik, Wobbenbüll 1981

Willrich, Kurt: Von der Unfreiheit eines multikulturellen Menschen,
Tübingen 2000

Verwendete Zeitungen und Zeitschriften

Abendzeitung
Berliner Zeitung
Bild
Bild am Sonntag
Der Spiegel
Die Welt
Euro-Kurier
Focus
Frankfurter Rundschau
Fuldaer Zeitung
junge Welt
Kurier der Christlichen Mitte
Marktkorb – Fuldaer Bote, Das Wochenblatt für Osthessen
Media Bypass
Nation & Europa
National-Zeitung
Politische Hintergrundinformationen – Auslandsdienst
Politische Hintergrundinformationen / Deutschlanddienst
Stimme des Gewissens
Süddeutsche Zeitung
World In Review

Quellenhinweise

[1] hr-text, 13.5.07, S. 125

[2] ebd. 19.6.07, S. 125

[3] ebd. 20.6.07, S. 128

[4] Hilfeschrei aus Köln-Ostheim, http://www.pro-koeln.org/artikel4/hilfeschrei.htm; zit. nach http://unglaublichkeiten.org/unglaublichkeiten/u3/u3_2319Koeln.html

[5] zit. nach national journal: 'Da reicht ein schiefer Blick, und die Klinge wird gezückt', http://globalfire.tv/nj/07de/multikultur/multikulti_ist_lustig.htm; Herv. im Orig.

[6] Focus, Nr. 10, 2007; zit. nach Nation & Europa, April 2007, S. 40; Herv. hinzugefügt

[7] Migranten-Gewalt: Täglicher Terror auf Berlins Straßen – Aus aller Welt – FOCUS ONLINE, 5.3.07, http://www.focus.de/panorama/welt/migranten-gewalt_aid_125798.html; Herv. hinzugefügt

[8] ebd.

[9] National-Zeitung, 14.8.09

[10] ebd. 29.1.10

[11] Radio Freiheit»Aktuell» Der alltägliche Terror: Ausländerbanden verbreiten Angst, Hans Kohlhase, 8. Mai 2009, http://www.radio-freiheit.info/archives/3157; Herv. hinzugefügt

[12] zit. nach Der Spiegel, 7.5.07, S. 44; Herv. hinzugefügt

[13] Fuldaer Zeitung, 19.11.08

[14] ebd.

[15] Unabhängige Nachrichten, Januar 2008, S. 2; Herv. hinzugefügt

[16] Fuldaer Zeitung, 21.11.08

[17] ebd. 4.12.08; Herv. hinzugefügt

[18] Vorstoß der EU-Kommission: Widerstand gegen Hartz IV für Asylbewerber, von AP-Korrespondent Uwe Gepp, zuletzt aktualisiert: 5.4.09, http://www.ngz-online.de/public/article/panorama/693628/Widerstand-gegen-Hartz-IV-fuer-Asylbewerber.html; Herv. hinzugefügt

[19] ebd.

[20] Fuldaer Zeitung, 3.9.09

[21] 13 Prozent mehr: Immer mehr Asylbewerber in Deutschland – RP ONLINE, 15.7.09, http://www.rp-online.de/public/article/panorama/deutschland/732335/Immer-mehr-Asylbewerber-in-Deutschland.html; Herv. hinzugefügt

[22] Die Welt, 10.8.09; Herv. hinzugefügt

[23] hr-text, 16.11.09, S. 145

[24] Der Spiegel, 22.10.01, S. 131

[25] zit. nach Nation & Europa, Juli/August 2005, S. 39; Herv. hinzugefügt

[26] ProSieben Text, 29.6.05, S. 116; Herv. hinzugefügt

[27] National-Zeitung, 28.8.09; Herv. hinzugefügt

[28] Entnommen aus: Unabhängige Nachrichten, Nr. 10/1992, S. 6; zit. nach Informations- und Dokumentationsdienst, 1996 - Folge 1, Nr. 0749

[29] Fuldaer Zeitung, 31.12.09
[30] RTLtext, 3.1.10, S. 112
[31] ebd. S. 125
[32] Fuldaer Zeitung, 9.1.10
[33] hessentext 28.1.03, S. 128; Herv. hinzugefügt
[34] ebd. 30.10.03, S. 125; Herv. hinzugefügt
[35] National-Zeitung, 4.10.02; Herv. hinzugefügt
[36] Focus, 6.8.07, S. 32
[37] Kosovokrieg – Wikipedia, http://de.wikipedia.org/wiki/Kosovokrieg
[38] ebd.
[39] Malte Olschewski, Von den Karawanken bis zum Kosovo, S. 287
[40] Fuldaer Zeitung, 30.11.99
[41] ARD-Text, 3.2.2000, S.125
[42] Fuldaer Zeitung 11.5.2000
[43] ARD-Text, 1.6.2000, S. 135
[44] ebd. 2.6.2000, S.135
[45] Fuldaer Zeitung, 3.6.2000
[46] ebd.
[47] ebd.
[48] ebd. 23.6.2000
[49] ARD-Text, 3.8.2000, S.136
[50] ebd. 19.8.2000, S. 129
[51] Fuldaer Zeitung, 21.8.2000
[52] ARD-Text, 27.8.2000, S. 136
[53] ebd. 10.11.2000, S. 135
[54] ebd. 22.11.2000, S. 135
[55] ebd. 24.11.2000, S. 126
[56] ebd. Letzte Meldung, S. 100, 16.2.01, 13.10 Uhr
[57] ebd. Letzte Meldung, S. 100, 18.2.01, 12:55 Uhr
[58] Fuldaer Zeitung, 1.3.01
[59] ebd. 5.6.03, S. 135
[60] Nation & Europa, Juli/August 2004, S. 23; Herv. hinzugefügt
[61] ebd. Herv. hinzugefügt
[62] ARD-Text, 9.1.2000, S. 131; Herv. hinzugefügt
[63] http://www.heise.de/tp/r4/artikel/17/17007/1.html; Herv. hinzugefügt
[64] Fuldaer Zeitung, 18.12.2000
[65] ebd.
[66] World In Review, Mai – Juni 2000, S.20f
[67] Berliner Zeitung, 22.9.99
[68] Media Bypass, Ausgabe 8, Nr.7, S. 57
[69] Politische Hintergrundinformationen – Auslandsdienst, Nr. A1-A3 / 2007, S. A7f
[70] Der Spiegel, 12.3.07, S. 106; Herv. hinzugefügt
[71] Nation & Europa, Januar 2008, S. 36
[72] ebd. Februar 2004, S. 32

[73] ebd. S. 32f; Herv. hinzugefügt

[74] Euro-Kurier, Oktober 2009; Herv. hinzugefügt

[75] CIA-Studie (21.04.08) – Altermedia Deutschland – Störtebeker-Netz, http://de.altermedia.info/general/cia-studie-210408_13861.html

[76] Radio Freiheit»Ausländerkriminaliät « Niederlande: Schon jede neunte Frau vergewaltigt, 9. Juli 2009, http://www.radio-freiheit.info/archives/3705; Herv. hinzugefügt

[77] Archiv 07/09 – Akte Islam – Für Europa – Gegen Eurabien, http://www.akte-islam.de/37.html

[78] Nation & Europa, November/Dezember 2008, S. 43; Herv. hinzugefügt

[79] Archiv 07/09 – Akte Islam – Für Europa – Gegen Eurabien, http://www.akte-islam.de/37.html; Herv. hinzugefügt

[80] National-Zeitung, 29.1.10

[81] ARD-Text, 24.5.08, S. 157

[82] Nation & Europa, November/Dezember 2008, S. 48; Herv. hinzugefügt

[83] Rassenunruhen und Straßenschlachten spalten Großbritannien – Nachrichten – DIE WELT, Thomas Kielinger, 28. Mai 2001, http://www.welt.de/print-welt/article453599/Rassenunruhen_und_Strassenschlachten_spalten_Grossbritannien.html

[84] Nation & Europa, Juli/August 2001, S. 51; Herv. hinzugefügt

[85] AKTE 09, SAT.1, 8. September 2009, 22.20-23.20 Uhr; Herv. hinzugefügt

[86] National-Zeitung, 18.9.09; Herv. hinzugefügt

[87] SPIEGEL ONLINE – Druckversion – Schwierige Ermittlungen: War siebenfacher Mord ein Racheakt der Chinesen-Mafia?, 6. Februar 2007, http://www.spiegel.de/panorama/justiz/0,1518,druck-464735,00.html

[88] ebd. Herv. hinzugefügt

[89] ebd.

[90] Drehkreuz Deutschland: Mörderische Russenmafia – REPORT MÜNCHEN – Das Erste, Markus Rosch & Oliver Bendixen, 23.3.09, http://www.br-online.de/das-erste/report-muenchen/report-drehkreuz-deutschland-russenmafia-ID1237562517921.xml

[91] ebd.

[92] ebd.

[93] ebd. Herv. hinzugefügt

[94] SPIEGEL ONLINE – Druckversion – Duisburger Mafia-Morde: Polizei faßt 'Ndrangheta-Boss, 18. September 2008, http://www.spiegel.de/panorama/justiz/0,1518,druck-578947,00.html; Herv. hinzugefügt

[95] SPIEGEL ONLINE – Druckversion – Pate der Mafia: „In Deutschland fühlen wir uns sehr wohl", 19. August 2008, http://www.spiegel.de/panorama/justiz/0,1518,druck-572828,00.html; Herv. hinzugefügt

[96] Quelle: Super-Illu vom 9.6.04, direkter Verweis zu diesem Artikel: http://heimatschutz.net/archiv//inhalt.php?id=4432; zit. nach Deutschland im

Griff der ausländischen Mafia – AM Bulletin Board, 1.8.04, http://forum.animemanga.de/showthread.php?t=13790; Herv. hinzugefügt

[97] ebd. Herv. hinzugefügt

[98] Nation & Europa, November/Dezember 2009, S. 57; Herv. hinzugefügt

[99] Quelle: Super-Illu vom 9.6.04, direkter Verweis zu diesem Artikel: http://heimatschutz.net/archiv//inhalt.php?id=4432; zit. nach Deutschland im Griff der ausländischen Mafia – AM Bulletin Board, 1.8.04, http://forum.animemanga.de/showthread.php?t=13790

[100] Die Wiegen blieben leer, Frank Westphal & Martin Lohmann, http://www.konservativ.de/mkg/rom.htm

[101] SAT.1, 10.11.09, S. 119

[102] Nation & Europa, Juli/August 2001, S. 54; Herv. hinzugefügt

[103] Fuldaer Zeitung, 5.9.09

[104] Nigeria: Immer wieder religioese und ethnische Konflikte! 21.9.2001, gesellschaft für bedrohte völker, Bozen, Göttingen, 21.9.01, http://www.gfbv.it/2c-stampa/01-3/010921de.html

[105] ebd. Herv. hinzugefügt

[106] Mehr als zweihundert Tote bei Gewaltwelle – Nigeria – derStandard.at/International, 29. Juli 2009, http://derstandard.at/1246543136354/Mehr-als-zweihundert-Tote-bei-Gewaltwelle?; Herv. hinzugefügt

[107] ZDFtext, 20.1.10, S. 132

[108] SAT.1, 8.10.09, S. 124; Herv. hinzugefügt

[109] Nation & Europa, Juli/August 2001, S. 50

[110] Fuldaer Zeitung, 10.10.09; Herv. hinzugefügt

[111] national journal: Sarrazin, Zentralrat will seinen Kopf, Erstveröffentlichung dieses Artikels: 11/10/2009 – Quelle: NJ-Autoren, http://globalfire.tv/nj/09de/juden/sarrazins_kopf.htm; Herv. im Orig.

[112] Fuldaer Zeitung, 9.1.10

[113] National-Zeitung, 14.8.09

[114] ebd. 13.11.09

[115] Main-Spitze, 26.5.05; zit. nach national journal: Schwangere geprügelt, weil ein Kind mit einer Katholikin eine Schande für Moslems ist, http://globalfire.tv/nj/05de/multikultur/totpruegeln.htm; Herv im Orig.

[116] RTLtext, 10.2.06, S. 124; Herv. hinzugefügt

[117] Weil er Kind nicht wollte: 16-Jähriger tritt Freundin, 24. April 2006, http://www.freenet.de/freenet/nachrichten/topnews_1544bf04870c5a78266855b23e358; Herv. hinzugefügt

[118] Der Spiegel, 27.9.04, S. 20; Herv. hinzugefügt

[119] Nation & Europa, September 2000, S. 39; Herv. hinzugefügt

[120] ebd. Februar 2008, S. 36; Herv. hinzugefügt

[121] ARD-Text, 5.11.05, S. 159; Herv. hinzugefügt

[122] Gülsüm S. vom eigenen Bruder erschlagen – Politically Incorrect, 2. April 2009, http://www.pi-news.net/2009/04/guelsuem-s-vom-eigenen-bruder-erschlagen

[123] „Ehrenmord" in Schweinfurt: Gezielt auf schlafende Tochter eingestochen, 25.6.09, http://www.br-online.de/studio-franken/aktuelles-aus-franken/schweinfurt-15-jaehrige

[124] ebd.

[125] Politische Hintergrundinformationen – Auslandsdienst, Nr. A23-A24, S. A184

[126] SAT.1, 11.11.05, S. 118; Herv. hinzugefügt

[127] Kurier der Christlichen Mitte, Januar 2006; Herv. hinzugefügt

[128] RTLtext, 7.6.06, S. 129; Herv. hinzugefügt

[129] ebd. 6.7.06, S. 130; Herv. hinzugefügt

[130] ebd. 23.10.06, S. 132; Herv. hinzugefügt

[131] ProSieben, 16.11.07, S. 131

[132] Augsburger Allgemeine, 22.12.05; zit. nach National-Zeitung, 6.1.06; Herv. hinzugefügt

[133] SAT.1, 17.5.09, S. 117

[134] RTLtext, 21.5.05, S. 135; Herv. hinzugefügt

[135] Fuldaer Zeitung, 5.12.08; Herv. hinzugefügt

[136] ARD-Text, 4.2.10, S. 160

[137] Pakistan: Frau wegen Ehebruchs gesteinigt – SPIEGEL ONLINE – Nachrichten, 15.3.07, http://www.spiegel.de/politik/ausland/0,1518,471992,00.html

[138] RTLtext, 12.1.06, S. 132; Herv. hinzugefügt

[139] Fuldaer Zeitung, 1.10.05; Herv. hinzugefügt

[140] Kurier der Christlichen Mitte, August 2009

[141] RTLtext, 15.8.07, S. 126; Herv. hinzugefügt

[142] Fuldaer Zeitung, 14.9.09

[143] ARD-Text, 24.11.05, S. 159

[144] ebd. 7.2.06, S. 130; Herv. hinzugefügt

[145] junge Welt, 13.8.07; Herv. hinzugefügt

[146] RTLtext, 19.6.07, 133; Herv. hinzugefügt

[147] Neue Zürcher Zeitung, 16.7.05; zit. nach National-Zeitung, 29.7.05; Herv. hinzugefügt

[148] RTLtext, 6.2.06, S. 124

[149] Der Spiegel, 10.4.06, S. 120

[150] RTLtext, 19.4.07, S. 122; Herv. hinzugefügt

[151] Fuldaer Zeitung, 24.11.07

[152] ebd.

[153] ARD-Text, 16.12.07, S. 126

[154] hr-text, 23.7.07, S. 120; Herv. hinzugefügt

[155] zit. nach National-Zeitung, 7. Oktober 2005; Herv. hinzugefügt

[156] Kurier der Christlichen Mitte, November 2005

[157] Die Welt, 29.11.04, S. 4 – http://www.welt.de/data/2004/11/29/367104.html?s=1; zit. nach national journal: Trotz Christenverfolgung soll die Türkei EU-Mitglied werden, http://globalfire.tv/nj/04de/politik/eu_christenverfolgung.htm; Herv. im Orig.

[158] Politische Hintergrundinformationen – Auslandsdienst, Nr. A13-A14 / 2005, S. A105; Herv. hinzugefügt

[159] national journal: Deutsche sind in der Türkei rechtlos und total diskriminiert, http://globalfire.tv/nj/05de/wortmeldung/nr04.htm; Herv. im Orig.; zit. nach Erwerbstätigkeit verboten, Leserbrief von Karl-Heinz Schüler, Baden-Baden in: Süddeutsche Zeitung, 30.12.2004, Schröder macht sich für Türkei stark / SZ vom 14. Dezember

[160] Türkei: Folterpraktiken als ein Exporthit der USA?, Jan Keetman – (Die Presse) 11.5.04, http://www.diepresse.com/Artikel.aspx?channel=p&ressort=ai&id=421217; zit. nach national journal: In Amerika werden türkische Folterer ausgebildet, http://globalfire.tv/nj/04de/politik/irakfolter1.htm; Herv. im Orig.

[161] Fuldaer Zeitung, 20.10.04; Herv. hinzugefügt

[162] Katholische Nachrichten-Agentur (KNA), 1.6.05 (Straßburg); zit. nach National-Zeitung, 10.6.05, S. 10; Herv. hinzugefügt

[163] Fuldaer Zeitung, 24.1.06

[164] ebd. 8.3.05; Herv. hinzugefügt

[165] ebd.

[166] ZDFtext, 31.1.08, S. 132; Herv. hinzugefügt

[167] Fuldaer Zeitung, 29.7.05; Herv. hinzugefügt

[168] ebd. 7.3.07; Herv. hinzugefügt

[169] ARD-Text, 3.11.05, S. 164; Herv. hinzugefügt

[170] War Atatürk Jude??? – Offtopic Allgemein – armenien.am – Forum, 18. März 2004, http://www.armenien.am/forum/index.php?page=Thread&threadID=1529; Herv. hinzugefügt

[171] Politische Hintergrundinformationen – Auslandsdienst, Nr. A3 - A4 / 2005, S. A23; Herv. hinzugefügt

[172] FAZ, 2.5.05; zit. nach Nation & Europa, September 2005, S. 27

[173] ebd. September 2004, S. 21; Herv. hinzugefügt

[174] Barack Obama schmeichelt Türkei und wirbt für EU-Beitritt – Politik – Bild.de, http://www.bild.de/BILD/politik/2009/04/07/barack-obama-schmeichelt-tuerkei/und; Herv. hinzugefügt

[175] National-Zeitung, 23.5.03; Herv. hinzugefügt

[176] Politische Hintergrundinformationen – Deutschlanddienst, Nr. 45 / 2003, S. 334; Herv. hinzugefügt

[177] Lieberman bringt EU-Beitritt Israels ins Gespräch, 25.4.09, http://www.tt.com/tt/home/story.csp?cid=7130714&sid=57&fid=21; Herv. im Orig.

[178] Nation & Europa, September 2009, S. 40f; Herv. hinzugefügt

[179] ebd. S. 41

[180] ZDFtext, 30.5.07, S. 130; Herv. hinzugefügt

[181] WDR-Text, 25.4.09, S. 123

[182] Kurier der Christlichen Mitte, November 2009

[183] Benedikt XVI. in Ankara – Papst hofft auf EU-Beitritt der Türkei – Ausland, 28.11.06, http://www.sueddeutsche.de/politik/238/356066/text

[184] SAT.1, 23.1.10, S. 127; Herv. hinzugefügt

[185] RTL.de; http://www.rtl.de/news/artikel/news/news_818441_428831.php

[186] ARD-Text, 13.10.05, S. 123; Herv. hinzugefügt
[187] ZDFtext, 3.10.05, S. 123
[188] ebd. S. 121; Herv. hinzugefügt
[189] ebd. S. 122
[190] Nation & Europa, Februar 2003, S. 30; Herv. hinzugefügt
[191] Fuldaer Zeitung, 29.7.09
[192] ebd.
[193] ebd. 10.11.09
[194] ebd. 11.11.09
[195] Prozess in Hamburg – Mord im Parkhaus: Suat G. will gestehen, Hamburger Abendblatt, 2. Oktober 2009, http://www.abendblatt.de/hamburg/article1210515/Mord-im-Parkhaus-Suat-G-will-gestehen.html
[196] ebd.
[197] ebd.
[198] hallo Deutschland, 20.11.09, 17.15-17.45 Uhr, Bericht von Thorsten Schaubrenner
[199] SAT.1, 22.6.05, S. 111; Herv. hinzugefügt
[200] Ausverkauf geht weiter, http://www.hr-online.de/website/rubriken/nachrichten/index.jsp?rubrik=5930&key; Herv. hinzugefügt
[201] zit. nach Nation & Europa, Februar 2005, S. 15
[202] RTLtext, 26.4.09, S. 123; Herv. hinzugefügt
[203] SAT.1, 30.5.09, S. 110
[204] ebd. S. 112; Herv. hinzugefügt
[205] ebd. 23.6.09, S. 127; Herv. hinzugefügt
[206] Finanzkrise kostet 10 Billionen Dollar – Märkische Allgemeine – Nachrichten, 29.8.09, http://www.maerkischeallgemeine.de/cms/beitrag/11594463/63589/Finanzkrise-kostet; Herv. hinzugefügt
[207] Marktkorb – Fuldaer Bote, Das Wochenblatt für Osthessen, 8.7.09; Herv. hinzugefügt
[208] SAT, 29.8.09, S. 110
[209] ebd. S. 111; Herv. hinzugefügt
[210] Unabhängige Nachrichten, Juli 2009; Herv. hinzugefügt
[211] Fuldaer Zeitung, 27.8.09
[212] ebd.
[213] ProSieben, 2.2.10, S. 100
[214] ebd. S. 116
[215] Radio Freiheit»Kurz & knapp » Arbeitgeberpräsident Dieter Hundt hält Lohnsenkungen für vernünftig, Totila Veckenstedt, 29. Juli 2009, http://www.radio-freiheit.info/archives/3824
[216] national journal: Mit dem Globalismus verwandeln sie die Erde in einen Lumpen-Planeten, http://globalfire.tv/nj/03de/globalismus/lumpenplanet.htm; Herv. hinzugefügt

[217] Radio Freiheit»Kommentar» Wer nicht bereit ist, für 69 Euro im Monat zu arbeiten, hat die Globalisierung nicht verstanden!, Claudia Maschke, 19. Mai 2009, http://www.radio-freiheit.info/archives/3273

[218] ebd.

[219] Freimaurer, http://www.helvetischejugend.ch/Freimaurer.html; Herv. hinzugefügt

[220] zit. nach Rev. Denis Fahey C.S.Sp., The Kingship of Christ and The Conversion of the Jewish nation, S. 100; Herv. hinzugefügt

[221] zit. nach Ulrich Fleischhauer: Die echten Protokolle der Weisen von Zion. Sachverständigengutachten, erstattet im Auftrag des Richteramtes V in Bern, Erfurt 1935, S. 109f; hier zit. nach Johannes Rothkranz, Wußten Sie schon … ?, S. 2; Herv. hinzugefügt

[222] zit. in „The Morning Post", London, September 1920; hier zit. nach Maj. Gen. Count Cherep-Spiridovich, The Secret World Government Or „The Hidden Hand", S. 168

[223] zit. nach Zitate von internationalen jüdischen „Persönlichkeiten", http://www.religionsforum-wogeheichhin.de/t294f23

[224] national journal: „Herr Bundespräsident, setzen Sie sich nicht nur gegen Antisemitismus, sondern mit gleicher Entschiedenheit gegen den judaistisch geprägten Haß gegenüber Nichtjuden ein!", http://globalfire.tv/nj/05de/briefe/feb05_04.htm; Herv. hinzugefügt

[225] zit. nach National-Zeitung, 19. Juni 2009

[226] national journal: „Herr Bundespräsident, setzen Sie sich nicht nur gegen Antisemitismus, sondern mit gleicher Entschiedenheit gegen den judaistisch geprägten Haß gegenüber Nichtjuden ein!", http://globalfire.tv/nj/05de/briefe/feb05_04.htm; Herv. hinzugefügt

[227] Simon-Tov Yacoel in „Israel, Réflexions sur la grande guerre et l'avenir des peuples", Saloniki 1921, S. 9 ; zit. nach Deutschland – Schrift für neue Ordnung, Folge 1/2 – 2002, S. 50; Herv. hinzugefügt

[228] zit. nach Dr. H. Jonak von Freyenwald, Jüdische Bekenntnisse, S. 238

[229] Der Jude Isador Loeb in „Le Problème Juif"; zit. nach Free American Newsmagazine, Dezember 2002, S. 10; Herv. hinzugefügt

[230] zit. nach The 100 Facts, S. 37; Herv. hinzugefügt

[231] Nation & Europa, 12/1991, zit. nach UN, Nr. 1/1992, S. 4; hier zit. nach Johannes Rothkranz, Der Vertrag von Maastricht – Band II, S. 561; Herv. hinzugefügt

[232] Protokolle der Weisen von Zion – Wikipedia, http://de.wikipedia.org/wiki/Protokolle_der_Weisen_von_Zion

[233] Die Zionistischen Protokolle, S. 29; Herv. hinzugefügt

[234] zit. nach John Kaminski, 25. Juli 2006, skylax@comcast.net, zit. nach The Truth Seeker – Ziophobia, http://www.thetruthseeker.co.uk/article.asp?ID=4866; Herv. hinzugefügt

[235] Das politische Ziel der Freimaurerei, http://www.wfg-gk.de/verschwoerung48g.html; Herv. hinzugefügt

[236] ebd. Herv. hinzugefügt

[237] ebd. Herv. hinzugefügt

[238] ebd. Herv. hinzugefügt

[239] Friedrich Wichtl & Robert Schneider, Weltfreimaurerei Weltrevolution Weltrepublik, S. 200f; Herv. hinzugefügt

[240] Das politische Ziel der Freimaurerei, http://www.wfg-gk.de/verschwoerung48g.html; Herv. hinzugefügt

[241] ebd.

[242] Gibt es eine Weltfreimaurerei?, http://www.wfg-gk.de/verschwoerung48b.html; Herv. hinzugefügt

[243] Die Weltanschauliche Grundlage der Freimaurerei, http://www.wfg-gk.de/verschwoerung48d.html; Herv. hinzugefügt

[244] ebd.

[245] zit. nach Kurier der Christlichen Mitte, März 2002; Herv. hinzugefügt

[246] lt. „Wiener Freimaurerzeitung", Nr. 6/7, Juni/Juli-Heft 1922, S. 9; zit. nach Dr. Jonak von Freyenwald, Jüdische Bekenntnisse, S. 163; Herv. hinzugefügt

[247] Nation & Europa, Februar 2006, S. 21; Herv. hinzugefügt

[248] RTLtext, 11.12.05, S. 141; Herv. hinzugefügt

[249] Frankfurter Rundschau, 25.1.07; Herv. hinzugefügt

[250] RTLtext, 3.2.10, S. 130

[251] zit. nach Nation & Europa, September 2009, S. 15; Herv. hinzugefügt

[252] ebd. Februar 2006, S. 20; Herv. hinzugefügt

[253] SAT.1, 10.2.07, S. 111; Herv. hinzugefügt

[254] ebd. 4.4.07, S. 124; Herv. hinzugefügt

[255] ARD-Text, 23.9.09, S. 120

[256] ebd. 9.11.09, S. 122; Herv. v. Verf.

[257] zit. nach John Steinbacker, The Child Seducers, S. 76; hier zit. nach A. Ralph Epperson, The Unseen Hand, S. 383

[258] William T. Still, New World Order: The Ancient Plan of Secret Societies, S. 180; Herv. hinzugefügt

[259] NETZEITUNG POLITIK AUSLAND NACHRICHTEN: An den Füßen gefesselt: Deutscher Urlauber tot, 31. März 2005, http://www.netzeitung.de/politik/ausland/332003.html?An_den_Fuessen_Gefesselt; Herv. hinzugefügt

[260] Fuldaer Zeitung, 24.2.07; Herv. hinzugefügt

[261] Deutscher in Namibia ermordet – Ausland – News – Blick.ch, http://www.blick.ch/news/ausland/news28821

[262] Abendzeitung, 15./16.3.08; Herv. hinzugefügt

[263] Berliner Zeitung, 12./13.4.08; Herv. hinzugefügt

[264] Jemen: Ermordete Deutsche waren Bibelschülerinnen, SPIEGEL ONLINE, 16. Juni 2009, http://www.spiegel.de/politik/ausland/0,1518,630793,00.html

[265] ARD-Text, 21.7.09, S. 162; Herv. hinzugefügt

[266] RTLtext, 19.9.09, S. 134

[267] ProSieben, 7.12.09, S. 132; Herv. hinzugefügt

[268] SAT.1, 18.2.10, S. 110

[269] ebd. S. 116

[270] zit. nach Nation & Europa, Oktober 2009, S. 32

[271] Kurt Willrich, Von der Unfreiheit eines multikulturellen Menschen, S. 176

[272] ebd. S. 187

[273] Fuldaer Zeitung, 19.8.09

[274] zit. nach Politik Übersicht, http://www.hoffnung-deutschland.de/main2.html

[275] ebd.

[276] ebd.

[277] ebd.

[278] ebd.

[279] ebd.

[280] ebd.

[281] ebd.

[282] national journal: Die Verschwörung gegen das deutsche Volk, Erstveröffentlichung dieses Artikels: 18/10/2009 – Quelle: NJ-Autoren, http://globalfire.tv/nj/09de/politik/hochverrat.htm

[283] Nation & Europa, November/Dezember 2009, S. 57

[284] national journal: Die Verschwörung gegen das deutsche Volk, Erstveröffentlichung dieses Artikels: 18/10/2009 – Quelle: NJ-Autoren, http://globalfire.tv/nj/09de/politik/hochverrat.htm

[285] zit. nach Politik Übersicht, http://www.hoffnung-deutschland.de/main2.html

[286] Fuldaer aktuell, 3./4.10.09

[287] zit. nach national journal: Das deutsche Volk, Ethno-Opfer der Zuwanderungslüge, http://globalfire.tv/nj/09de/multikultur/multikulturpolitik_das_boese.htm

[288] Nation & Europa, Oktober 2009, S. 44

[289] National-Zeitung, 4.12.09

[290] ebd. 11.12.09

[291] Traditionelle Familie auf dem Rückzug – Schekker, 4.2.10, http://www.schekker.de/content/traditionelle-familie-auf-dem-r%C3%BCckzug

[292] Kurier der Christlichen Mitte, November 2009; Herv. hinzugefügt

[293] Fuldaer Zeitung, 5.10.09; Herv. hinzugefügt

[294] ebd. 1.10.09; Herv. hinzugefügt

[295] ebd. Herv. hinzugefügt

[296] SAT.1, 14.10.09, S. 113; Herv. hinzugefügt

[297] zit. nach Deutschland im Griff der ausländischen Mafia – AM Bulletin Board, 1.8.04, http://forum.animemanga.de/showthread.php?t=13790

[298] F.O.F., Ausg. 1, S. 43; zit. nach Quote of the Day, 2.1.05, http://www.mostholyfamilymonastery.com/quotations.html

Im Verlag Anton A. Schmid, Credo: Pro Fide Catholica, Pf. 22, D - 87467 Durach, Tel./Fax 0831/218 95 sind erschienen:

Chemtrails existieren *doch*! - Teil 1
10 unwiderlegbare Beweise für die Existenz chemischer Kondensstreifen *Frank Hills, 263 Seiten., davon 32 S. Farbphotos, 22,90 €*

Die Probleme mit den Atmungsorganen, über die sich Millionen Menschen (nicht nur!) unseres Landes in jüngster Zeit beklagen, gehen auf die Aerosole zurück, die von Flugzeugen weit oben am Himmel versprüht werden. Es handelt sich dabei um eine bereits seit mehr als 10 Jahren in einer Reihe von Ländern durchgeführte Geheimoperation der „Synagoge Satans" (Offb 2, 9) mit dem Ziel, die Atmosphäre unseres Planeten mit hochgiftigen Stoffen zu durchtränken. In diesem Buch finden Sie die schlagkräftigen Beweise für die Existenz der in Insiderkreisen unter dem Namen „Chemtrails" bekanntgewordenen künstlichen Kondensstreifen und werden zu der Erkenntnis gelangen, daß sie unsere Wälder, Wildtiere und nicht zuletzt die Menschen selbst massiv verseuchen!

Chemtrails existieren *doch*! - Teil 2
Chemtrails, HAARP und Atomenergie - Geheimwaffen zur Reduzierung der Weltbevölkerung

Frank Hills, 287 Seiten, davon 32 Seiten Farbbildteil, 22,90 €

Angesichts der in diesem Buch beschriebenen Tatsachen kann niemand mehr ernsthaft leugnen, daß unsere Oberen uns den atomar-chemisch-biologischen Krieg erklärt haben! So wird aufgezeigt, daß die riesigen, im Auftrag der US-Regierung im entfernten Alaska errichteten HAARP-Antennen unter anderem für das schwere Erdbeben in Japan am 11. März 2011 verantwortlich waren, das durch die Reaktorkatastrophe in Fukushima eine beispiellose nukleare Verseuchung zur Folge hatte. Welche Rolle spielen die Chemtrails, jene mit zahlreichen gefährlichen Stoffen angereicherten Pseudo-Kondensstreifen bei diesen teuflischen Machenschaften? Erfahren Sie hier, wie weit die „Militarisierung des Planeten Erde" bereits fortgeschritten ist und warum der Wetterkrieg längst zu unserem Alltag gehört!

Chemtrails existieren *doch*! - Teil 3
Geo-Engineering im «Kampf» gegen den erlogenen Klimawandel *Frank Hills, 332 Seiten, davon 32 Seiten Farbbildteil, 29,90 €*

Befindet sich der Planet Erde tatsächlich inmitten einer „globalen Erwärmung"? Warum vermelden zahlreiche Orte seit Jahren dann immer neue Kälterekorde? Wie äußern sich führende Wissenschaftler zu diesem Thema? Hier erfahren Sie, daß der „Klimaschutz" zu einer neuen, äußerst gefährlichen Religion geworden ist, die uns nicht nur immer ärmer zu machen und politisch vollkommen zu entrechten droht, sondern auch noch als Vorwand dient, geschätzte 10 bis 20 Megatonnen giftiger Chemikalien am Himmel („Chemtrails") zu versprühen. Wem seine und die Zukunft seiner Familie am Herzen liegt, greife möglichst rasch zu diesem Buch, damit er die überzeugenden Argumente vorliegen hat, um diesen Wahnsinn zu stoppen.

Chemtrails existieren *doch*! – Teil 4
Chemische Kondensstreifen und der Todeskult der
Illuminaten *Frank Hills, ca. 340 Seiten, davon 32 Seiten Farbbildteil*

Die abgrundtief bösen Lenker der Weltpolitik – in der Hl. Schrift werden sie passend als „Feinde aller Menschen" (1 Thess 2, 15) bezeichnet – zelebrieren einen regelrechten Todeskult, bei dem es darum geht, dem Satan und seinen Dämonen möglichst viele Menschen als Blutopfer darzubringen.

Neben Kriegen, künstlich herbeigeführten Naturkatastrophen (mit anschließenden Hungersnöten) und Abtreibungen dient ihnen hierzu vor allem die systematische Verseuchung des menschlichen Organismus unter anderem mittels Quecksilber, Pestiziden, Natriumfluorid, raffiniertem Speisesalz (einem Nervengift!), Uranaerosolen oder eben den schädlichen Chemtrails, die beinahe tagtäglich am Himmel versprüht werden. Auch erleben wir parallel dazu seit Jahrzehnten einen heimtückischen Massenmord mittels des Einsatzes der Chemotherapie und die gleichzeitige brutale Unterdrückung wissenschaftlich verifizierter Heilmethoden wie etwa der „Germanischen Neuen Medizin" mit ihren 5 Biologischen Naturgesetzen.

Wir leben in einer Zeit, in der die „Elite" eingestandenermaßen rund 90 % der Weltbevölkerung beseitigen will. Anstatt diese Bedrohung wahrzunehmen und entsprechende Gegenmaßnahmen zu ergreifen, marschiert die breite Masse geradewegs ins Verderben, wovor indes bereits die Hl. Schrift ausdrücklich warnt: „Mein Volk kommt um, weil ihm Erkenntnis fehlt" (Hosea 4, 6). Nur das Wissen um die Zusammenhänge hinter den Machenschaften der „Synagoge Satans" (Offb 2, 9) wird uns also vor einem schlimmen Ende bewahren können!

Okkulte und freimaurerische Zahlensymbolik in Politik, Kultur und Presse
Band I: Ein Satanisten-Netzwerk regiert die Welt
Frank Hills, 346 Seiten, reich bebildert, 24,90 €

Erfahren Sie die ganze Wahrheit über die in Geheimgesellschaften, wie der Freimaurerei oder dem OTO, straff organisierten, einflußreichen Hintermänner der Weltpolitik, die ständig diabolische Rituale praktizieren, um die Massen „in magischen Bann zu schlagen", das heißt die Gesellschaft auf das Kommen des Antichristen und damit die offene Herrschaft des Satans vorzubereiten. Geschichtliche Ereignisse, wie die Jack-the-Ripper-Mordserie im Jahre 1888, das John F. Kennedy-Attentat im November 1963 oder der 11. September 2001 erscheinen in diesem Zusammenhang in einem ganz neuen Licht.

Da die irdischen Vasallen des Bösen der festen Überzeugung sind, Gottes Schöpfung sei ein Akt der „Numerierung" gewesen, nimmt die Zahlenmagie in ihrem Okkultismus eine bedeutende Stellung ein. Sie meinen, mithilfe unter anderem der Mathematik könnten sie die Natur und andere Menschen ihrem eigenen Willen unterwerfen. Dabei arbeiten sie mit einer Sammlung geheimer Glaubenslehren namens „Kabbala", der der bereits seit Jahrhunderten andauernden Verschwörung die nötige Kraft verliehen hat, immer mehr Einfluß zu erlangen.

Dieses spannende Buch beleuchtet nicht nur die Lebensläufe zahlreicher Anhänger der „Synagoge Satans" (Offb 2, 9) wie Dr. John Dee (1527-1608), Aleister Crowley (1875-1947) oder Jack Parsons (1914-1952), die allesamt den Grundstein für die im Jahre 1990 erstmals öffentlich proklamierte Neue Weltordnung legten, sondern beantwortet unter anderem auch die Frage, worum es sich bei der einmal im Jahr tief in den kalifornischen Redwood-Wäldern zusammenkommenden elitären Bohemian-Grove-Gesellschaft handelt. Es zeigt die Welt endlich so wie sie wirklich ist: als gewaltiges Schlachtfeld zwischen den Mächten des Guten und des Bösen!

Okkulte und freimaurerische Zahlensymbolik in Politik, Kultur und Presse
Band 2: **Die alchimistische Umwandlung der Menschheit**
*Frank Hills, **Band 2 Teil 1**, 205 Seiten, 17,90 €*
***Band 2 Teil 2**, 219 Seiten, 17,90 €*

In jedem Bereich des öffentlichen Lebens läßt sich anhand der Zahlensymbolik die Handschrift und unheilvolle Präsenz der Geheimen Oberen ausmachen. Von der Öffentlichkeit kaum bemerkt, wird jedes wesentliche Ereignis in Kultur und Politik mit bestimmten, sich stets wiederholenden Symbolzahlen versehen, um den Wissenden kundzutun, daß die scheinbar in keiner Beziehung zueinander stehenden Dinge, Fakten und Handlungen Mosaiksteine eines grauenvollen Planes sind, dessen Durchführung durch bestimmte magische Zahlen angezeigt wird.

Die Liquidierung Deutschlands
Frank Hills, 233 Seiten, bebildert, 20,90 €

Dieses Buch beschreibt mit aller Deutlichkeit den gegenwärtigen finanziellen, gesundheitlichen moralischen und sittlichen Verfall des deutschen Volkes. In dieser aktuellen Bestandsaufnahme der Bundesrepublik, in der unter anderem die Folgen der EU-Osterweiterung und der angestrebten EU-Mitgliedschaft der Türkei zur Sprache kommen, wird auch der Beweis erbracht, daß bereits vor mehr als 60 Jahren in den USA diabolische Pläne ersonnen wurden, wie den Deutschen endgültig der Garaus bereitet werden könnte. Dabei handelte es sich um den jeweils sogenannten Nizer-, Kaufman-, Morgenthau- und Hooton-Plan, allesamt üble Machwerke, die von Haß auf Deutschland und von unerschütterlichem Rassismus gegenüber allen Deutschen nur so strotzten. Sie verschwanden nicht etwa vor langer Zeit tief in einer Schublade, sondern dienen gegenwärtig als Fahrplan zur systematischen Vernichtung Deutschlands. Lesen Sie in diesem Buch, was wirklich hinter der europäischen Vereinigung und der Errichtung des Brüsseler Superstaates steckt, warum die ehemals souveränen christlichen Nationalstaaten Europas von ihren eigenen (!) Politikern systematisch entmachtet

und aufgelöst werden und welche Folgen das neue Zuwanderungsgesetz haben wird.
Nicht unerwähnt bleiben dabei auch die weitreichenden Auswirkungen der bedingungslosen Kapitulation der Deutschen Wehrmacht am Ende des Zweiten Weltkrieges, aber auch des europäischen Haftbefehls, der klar macht, daß die Deutschen jetzt keine „unveräußerlichen Grundrechte" mehr haben.
Durchschauen Sie die diabolischen Machenschaften geheimer Mächte im Hintergrund des Weltgeschehens, bevor es zu spät ist! Lesen Sie dieses Buch und helfen Sie mit, das Allerschlimmste zu verhindern!

Der private Schußwaffenbesitz – letztes Bollwerk gegen die Tyrannei   *Frank Hills, 183 Seiten reich bebildert, 14,90 €*

Eine außerordentlich kenntnisreiche und zudem mutige Studie, die das hierzulande leider bisher sträflich vernachlässigte Thema unter allen bedeutsamen Aspekten wirklich umfassend darstellt und beleuchtet, selbstverständlich quer zur weithin herrschenden «politischen Korrektheit».
An eine selbst den «Kenner» verblüffende Fülle nicht wegzuleugnender, weil wohldokumentierter Beweise für die Existenz und Wirksamkeit der Eine-Welt-Verschwörung schließen sich absolut überzeugende Argumente für die im Buchtitel formulierte These an, die gleichzeitig den häufig zu hörenden Einwänden theologischer, moralischer, rechtlicher und vor allem ordnungspolitischer Natur allen Wind aus den Segeln nehmen.
Untermauert bzw. veranschaulicht wird die Argumentation anhand vom Autor mit wachsamem Auge und Bienenfleiß zusammengetragenen aktuellen Nachrichten, die in solcher Massiertheit wahrlich erschüttern. Erschütternd ist auch der abschließende, ganz konkrete Einblick in die ungeheure Brutalität und dämonische Perfidie, mit der die Einpeitscher der sogenannten «Neuen Weltordnung» (Satans und des Antichristen) seit einer Reihe von Jahren die ganz überwiegend christlichen Patrioten in den USA zuerst als «Bösewichter» (neuerdings: «Terroristen» …!) hinzustellen und anschließend – in flagrantem Widerspruch zur US-Verfassung! – handstreichartig zu entwaffnen versuchen.

Evolutionslehre - Verschwörung gegen Gott
- Band 1: Die Wahrheit über die Schöpfung des Lebens und das Alter der Erde   *F. Hills, 235 Seiten durchgehend bebildert, 19,90 €*

- Band 2: Unchristliche Pseudo-Wissenschaft als Fundament der Neuen Weltordnung *Hills, 300 S. durchg. bebildert, 22,90 €*

- Band 3: Die Evolutionstheorie im Lichte der Endzeit und der Anbruch des Jüngsten Tages
Frank Hills, 222 Seiten, durchgehend bebildert 19,90 €